高等教育管理研究系列丛书

系统评价方法
在高等教育评估中的应用

孙继红　著

知识产权出版社
全国百佳图书出版单位
——北京——

图书在版编目（CIP）数据

系统评价方法在高等教育评估中的应用/孙继红著. —北京：知识产权出版社，2022.1
（2022.10 重印）

ISBN 978 - 7 - 5130 - 7869 - 6

Ⅰ.①系… Ⅱ.①孙… Ⅲ.①高等教育—教育评估—研究 Ⅳ.①G642.0

中国版本图书馆 CIP 数据核字（2021）第 234433 号

责任编辑：贺小霞　　　　　　　　　　责任校对：王　岩

封面设计：刘　伟　　　　　　　　　　责任印制：孙婷婷

系统评价方法在高等教育评估中的应用

孙继红　著

出版发行：知识产权出版社 有限责任公司	网　　址：http：//www.ipph.cn
社　　址：北京市海淀区气象路 50 号院	邮　　编：100081
责编电话：010 - 82000860 转 8129	责编邮箱：2006HeXiaoXia@ sina. com
发行电话：010 - 82000860 转 8101/8102	发行传真：010 - 82000893/82005070/82000270
印　　刷：北京九州迅驰传媒文化有限公司	经　　销：新华书店、各大网上书店及相关专业书店
开　　本：787mm×1092mm　1/16	印　　张：18.25
版　　次：2022 年 1 月第 1 版	印　　次：2022 年 10 月第 2 次印刷
字　　数：320 千字	定　　价：78.00 元

ISBN 978 - 7 - 5130 - 7869 - 6

前　言

　　高等教育评估是当前教育研究的三大热点领域之一，有关高等教育评估中的技术方法是开展评估实践的方法论基础。常规的统计方法虽然也在高等教育评估中得到应用，但其效果并不理想，相反一些非经典统计方法特别是系统综合评价方法，由于其方法的普适性和结果的稳健性，在诸多复杂系统评价中得到广泛应用。高等教育评估也是一个复杂的、主客观兼有的系统，完全可以采用系统评价方法。当前全面介绍系统评价方法应用于高等教育评估中的相关书籍尚不多见，本书基于基本原理，结合实际评估案例介绍系统评价方法如何应用于高等教育评估中，既有理论描述又有实际操作案例，同时提供了具体软件的使用过程，方便相关人员按照书中例子进行具体操作。

　　本书主要从国家、社会、高校三个视角对研究背景和研究意义进行分析。从国家层面来看，对我国教育质量的监管、教育机会的分配、教育政策的决策、社会人才的选拔都有着重要影响，同时成为推动我国教育发展的重要力量；从社会层面来看，高等教育的投入在不断增加、需求在不断多元化，高等教育已从计划走向市场，越来越多的社会力量介入到高等教育评价中；从高校层面来看，高等院校自身的质量管控已成为衡量教学水平、科研水平、管理水平的重要指标，同时各国教育界、政府和大众也越来越关注高等教育质量的评价。

　　本书运用灰色关联综合评价模型分析学生情况对"双一流"高校建设的影响。各高校应根据自身优势特色学科，按照创新引领要求，以人为本，培养高层次创新创业人才。首先，在"双一流"建设背景下，采集各类学生基本情况等指标数据，运用灰色关联综合评价模型进行综合量化评估。其次，基于灰色关联分析法构建我国高等教育系统灰色评价体系，对研究生学生数、外国留学生数等分别进行灰色关联回归。最后，分析总结各指标对我国"双一流"高校及学科的影响。

本书通过分析教职工结构比例，探究我国"双一流"高校的师资情况，对比国外发达国家建设世界一流高校的经验，提出相关对策建议。首先，介绍当前教育环境下"双一流"学校的政策、概念，对比世界一流高校典型案例，分析影响"双一流"学校建设的因素。其次，借鉴文献分析当下中国高等教育的环境背景。最后，针对以上分析因素结合我国高等教育现状，运用灰色层次综合评价法深入分析部分"双一流"高校教职工基本情况，对比典型发达国家世界一流高校政策对于我国高校建设的推动作用和启示。

本书运用TOPSIS综合评价方法分析高校教育用地对部分"双一流"高校建设的影响。高校土地集约利用是高等教育评估的一个重要方面，对提升高等教育质量具有重要的意义。首先，通过选取80所"双一流"高校作为样本进行数据分析。其次，运用TOPSIS方法对80所"双一流"高校土地集约利用状况进行评价。最后得出结论，从分城市来看，北京高校土地集约度比较高；从分地区来看，华北地区土地集约度比较高。

本书运用集对分析评价模型分析高校实验室建设对"双一流"高校建设的影响。首先，本书在对客观赋权的标准离差贡献率法、熵值法、变异系数法这三种评价方法分析的基础上，建立组合赋权评价模型，并选取全国74所"双一流"高校为样本对实验室建设评价进行实证分析。其次，在集对分析中融合了客观评价方法的优势，克服了主观评判的弊端。最后，根据数据分析结果确定各"双一流"高校实验室建设评价的排名，提出实验室建设的政策建议，该方法解决了不同单项评价方法对"双一流"高校实验室评价排名不一致、评价结果难统一的问题。

教育投资与经济增长二者的关系是十分复杂的。教育投资作为人力资本的一部分，在经济增长中发挥着越来越重要的作用，教育投资的增加将直接影响到整个社会经济的发展。同样，经济作为教育投资增加的一个物质基础，其发展会增强社会各方面加大教育投资的能力，从而促进教育的良性发展。首先，通过建立线性回归模型、VAR以及VEC模型，并采用协整分析、格兰杰因果检验、脉冲响应分析等方法对教育投资与经济增长的理论进行实证分析，从而揭示二者内在关系，结果表明我国教育投资与经济增长之间存在双向因果关系，教育投资对经济增长的拉动作用大于经济增长对教育投资的拉动作用，并且经济增长对教育投资的拉动作用具有一定的时滞性。其次，基于对教育事业经费支出在各地区之间的分配状况进行统计分析，提出应当建立健全教育经费分配体制及构建教育经费预算指标体系等针对性建议。

在当前我国创建世界一流大学和世界一流学科的背景下，本书对高校科研经费的投入进行了研究。首先，基于固定资产、教学科研仪器设备的配置情况、图书册数等角度选取六个变量作为评价指标，对 2013—2017 年 72 所教育部直属高校进行数据分析。其次，运用 BP 神经网络方法构建评价体系，并对其适用性进行验证。结果表明，通过调节六个指标，可以对高校科研经费的投入进行一定的调整与预测，为"双一流"高校建设提供参考。

为加快我国高等教育整体水平的提升，国家提出"双一流"建设目标，强调办出中国特色的世界一流高校，同时强调要对高校进行综合评估管理。首先对"双一流"高校建设内涵进行阐述。利用 BCC – DEA 模型从静态角度分析 2013—2018 年部分"双一流"高校科研产出效率每年的效率水平，并利用 Malmquist 模型从动态角度分析 2013—2018 年年平均的效率分解指标与全要素生产率。研究表明，我国部分"双一流"高校科研产出已达到 DEA 有效状态，但仍有部分高校存在科研投入与产出效率不成正比的现象，最根本的制约因素是管理决策与规模报酬递减。因此，各高校应因地制宜地提高科研投入产出效率水平，从而提升我国"双一流"高校科研水平。

本书通过研究我国高等教育发展的现状，发现当前高等教育人才培养存在以下问题：首先，创新型人才缺乏、人才分布不均、人才培养力度不够且开发利用率较低和缺乏良好的研究环境等。其次，在高等教育质量建设方面也存在着经费投入匮乏、生源质量下降等问题。最后，在高等教育质量评估方法上也存在一定缺陷和不足。本书借助主成分分析法估算权重，构造直觉模糊综合评价模型，对我国部分教育部直属高校的教育质量进行综合评价。研究发现约有 48.7% 的人认为当前的"双一流"高校教育质量优秀，31.9% 的人认为教育质量良好，19.3% 的人认为教育质量处于中等水平，0.12% 的人认为教育质量较差。

在"科教兴国""创新驱动"战略思想指导下，从 20 世纪 90 年代开始，高等教育通过创新、技术支持、高科技产品孵化、人力资源素质提升等途径，有力地促进了我国社会经济的发展。但由于数据及方法的局限，高等教育对社会经济的促进作用很难被量化。本书使用历年高等教育经费来源在整个教育行业中的比例作为指标将高等教育从教育行业投入产出表中分离出来，建立高等教育投入产出模型，计算高等教育影响其他各个行业的直接效应及完全效应，并从推动效应及拉动效应两个方面分析高等教育对其他行业的影响。结果发现高等教育的主要拉动作用集中体现在制造业上，而推动作用却体现在矿床采掘业上。另外，高等教育对各个产业的促进作用已经从制造业扩大到了服务业，在服务业中的作用越来越突出。纵观中国各产业的发展，高等教育与农业关联度较低，主要原因是高等教育孵化的高科技产品技术在农业服务业中应用不足。

本书是中国教育科学研究院基本科研业务费专项资金"'双一流'建设高校科研绩效评价研究"（项目批准号：GYD2018008）的研究成果。在写作过程中，南京航空航天大学谢乃明教授、曲阜师范大学王传会副教授对于全书的结构框架提出了修改建议，在此向两位教授深表谢意。博士后赵小云为本书的统稿、统校做出了一定贡献。同时中国教育科学研究院的同事对本书写作也提供了大力支持，本书借鉴了大量前人相关研究文献，在此向上述所有单位和个人表示衷心的感谢！

孙继红
2019 年 12 月于中国教育科学研究院

目　录

第1章 绪 论

1.1 引 言

随着全球化、信息化时代的到来，文化多维度、价值多元性愈发明显，中国高等教育随着世界高等教育的发展更加大众化、普及化，全面融入世界高等教育的发展浪潮中。高等教育从计划走向市场，从精英走向大众，以至普及。高等教育的群体变得越来越复杂与庞大，同时高等教育的规模和结构、体制和观念都发生了较大变化。普及化的高等教育与社会大众发生了密切联系，更多的人可以较为容易地接受高等教育，成为人们普遍的选择，由此产生了与社会大众紧密相连的问题。高等教育质量的好坏高低，尤其是当人们付出等价费用却接受了不均衡的高等教育。相继出现的不同高等教育利益主体，他们各自有着自己的高等教育价值观，有着各自的利益需求。每个利益主体都希望通过影响高等教育活动来实现自身的价值诉求，高等教育评价活动也随之产生。

由此看来，高等教育评价的产生和发展是与世界高等教育的迅速发展和变革紧密相连的。随着大学从社会的边缘走向中心，高等教育评价的社会影响力也越来越大。目前已经成为影响高等教育决策、教育资源分配、教育投入和选择的重要途径和手段，成为推动高等教育发展的重要力量，进而也成为备受关注的重要社会问题。高等教育评价已成为各国高等教育改革的政策工具和维持国家对高等教育影响力的重要手段，也是世界高等教育质量保障的共同举措。

1

1.1.1 研究背景

1. 国家角度

20 世纪 30 年代，教育评价理论开始在我国传播，但是对我国教育评价理论产生深远影响则是从 20 世纪 70 年代末才开始的。此后短短几十年里，教育评价理论与实践逐渐改变着中国教育的方方面面。教育评价理论对我国教育质量的监管、教育机会的分配、教育资源的决策、社会人才的选拔等都有着重要影响，同时成为推动我国教育改革发展的重要力量，教育评价成为社会发展的需要。

伴随改革开放的不断发展，多元化的教育趋势越来越明显。近年来，原有的教育评价与我国的文化背景和高等教育运行环境之间的矛盾愈发突显，高等教育评价的根本目的是改进教育活动并提高其质量和效率，然而改进教育若要取得好的效果必须在价值认同的情况下采取共同行动。当前，人们开始逐渐接受教育价值的多元化，但是现有的高等教育评价活动仍是建立在价值确定、价值预设的基础之上。

随着我国高等教育评价的影响越来越大，高等教育评价背离本意与初衷的现象越来越凸显，负面评价效应也越发凸显。虽然高等教育评价工作者做出了很多努力，但是许多问题仍没有得到根本解决。高等教育评价面临的矛盾与冲突是以"高等教育价值"能不能取得共识为前提的，这显然已经超出了单纯技术与方法的层次。多样化的高等教育价值冲击了原有的教育评价理论，其根源在于高等教育价值观提出的价值基础问题难以适应多元的教育现实，因此高等教育评价面临创新性的重任。我国的高等教育评价建立在已有教育价值基础之上，然而多元发展的现代教育给教育评价转换带来了现实难题。转化教育评价模式，使之适应多元教育价值；开发新的教育评价模式，使之适应我国教育评价的新环境，逐渐解决多样化教育价值与教育评价之间的矛盾，是现阶段我国高等教育评价发展所必须解决的问题。

2. 社会角度

在 21 世纪，高等教育大众化、普及化是我们的战略性抉择。中国正在由农业社会加速向工业社会转型，这个转变发生的同时，全球正迈向知识经济时代，对我们而言既是机遇也是挑战。我们需要抓住机遇，实现我国经济跨越式发展。在迎接知识化发展的背景下，让高等教育从计划走向市场、从精英走向大众，以至进入普及。在这一过程中，如何确保高等教育体系的质量，使我国高等教育在稳步中前进，已经成为社会焦点之一。

纵观世界高等教育的发展史可知，我国的高等教育评估实施以来，发展较为缓慢，这与其高等教育的管理体制以及高等教育评价指标体系不成熟有一定关系。虽然社会中很早就出现高等教育评价实践，也借鉴了许多西方的评价理论，但截至目前，我国所呈现的大众化高等教育，其质量观、质量标准、指标体系以及建立指标体系的方法等都还不够成熟，因此所得到的高等教育评价结果可信度不高，这些都影响着高等教育评价功能的发挥。

社会发展的必然趋势是高等教育大众化、普及化。我国的高等教育改革，已进入从精英教育向大众、普及教育的过渡期。努力建立一个针对大众化高等教育的质量评价体系，不断更新社会的教育观念，深化教育改革，不断健全高等教育评价体系，尽可能完善高等教育质量评价机制，提高全国各大高校的办学质量，促进高等教育整体水平的提升，更好地服务社会具有深远意义。同时随着我国高等教育的发展，高等教育从精英教育转变为大众化、普及化教育，其投入在不断增加，需求在不断多元化，越来越多的社会力量介入到高等教育评价活动中。

3. 高校角度

进入知识经济的时代，高等教育需求的转变迅速发生变化，高等院校自身的管理开始成为衡量教学水平、科技水平、管理水平的重要指标，同时全球各国的教育界、政府和大众也越来越关注高等教育的评价。高等教育想要与时俱进，教育质量成为关键，高等教育评价活动应运而生。高等教育评价也逐渐成为政府调控以及提高高等教育质量的重要途径。

高等教育面临的最关键问题是：如何做到"多而优"而非"多而劣"。随着高等教育向大众化转变，传统的高校自身质量评价体系已不能满足自身需求，更不能满足社会需求。所以，高校自身应该重新审视、评价自身的质量水平，不断创新观念，努力健全其评价制度，持续开发新的评价技术，完善评价方法，使高校在市场体制下可以充分发挥自身优势，获取各界的信任与支持，从而获取更多的发展空间。

1.1.2 研究意义

1. 国家角度

在我国，高等教育评价虽然很早就已出现，但仍然是一个新生事物，因此人们对高等教育评价发展的现状如何，应该如何根据国情建立适合我国的评价体系，更是缺乏相应的认识。在高等教育评价体系中，加强对高等教育评价的研究，建立符合我国国情的评价体系是实现政府职能转变的有效措施。在国外，教育评价体系发展已经趋于成熟，对保障国家教育质量发挥了积极作用。而在我国，高等教育评价才刚刚起步，其作用受到了自身固有条件限制并未得到充分发挥。希望通过本研究能够引起国家对高等教育评价的关注和重视，构建适合我国国情的高等教育评价模式。

从理论意义看，对这一问题展开研究，一方面，可以突出我国高等教育的特点，丰富我国高等教育的研究成果；另一方面，可以进一步加强大学的理论建设，为大学的社会转型提供重要的理论基础，更好地为其发展提供源源不断的精神动力。从现实意义看，对这一问题展开研究，不仅可以为我国大学管理提供方法指导，而且还可以提高大学的办学质量。同时还可以更好地培养出符合新时代要求的高水平人才，为服务创新驱动发展，"中国制造2025"，大众创业、万众创新等国家重大战略的落实奠定坚实的人才基础。

2. 社会角度

市场化成为全球潮流并席卷各个领域，教育也是如此。高等教育已不再是单纯地培养人才和进行科研活动，而是更多地成为社会公共服务体系的一部分。高等教育正在向大众化、普及化转变，使高等教育的质量问题成为其自身所应该关注的重点。

高等教育不仅是一项社会公共服务，更多地被赋予私人属性，成为一种"商品"，而个人这一群体正逐渐成为这一商品的消费主体，个人进行教育购买的资源与非政府性社会投资对高等教育影响越来越大。评价在我们生活中随处可见，我们时时刻刻都在评价与被评价中，评价在关键时刻会对国家和社会发挥重要作用。因此，从某种意义上看，高等教育评价改革就是抓住了其问题的核心。

3. 高校角度

高校教学评价理论研究与实践开展在我国已有几十年的历史，对我国高等教育的质量提升起到了十分重要的作用。教育评价作为一种实践性较强的教育活动，其理论研究将会对实践产生重要的影响。近年来，我国高等教育体系的评价建立了以学生为评价主体，以教育目标为评价内容的指标体系，将各种高等教育教学培养质量信息汇总，通过量化指标客观反映教学质量，制定科学合理的教育质量评价体系，用以提高高等教育质量。

1.2 文献综述

学术界对高等教育系统评价的研究一直没有停止，学者们从不同角度采用不同的方法进行了大量研究，取得了较为丰硕的研究成果，具体如下。

1.2.1 高等教育系统评价现状的研究

在高校教育管理现状方面，陈路、王艳艳（2017）从"双一流"建设促使中国高校布局调整和高校分类发展角度入手，从三方面的基础因素，综合分析了高校的分类发展。运用层次分析法和 SWOT 分析法，构建了"双一流"高校分类发展的评价模型，从高校分类发展目标与策略角度对"双一流"高校的影响进行了分析。余小波、陆启越、范玉鹏（2017）在"双一流"建设的背景下，加入了社会评价机制这一因素，突出了大学社会评价机制的重要性及其对高校建设的价值和意义，并从三个角度提出了大学社会评价机制引入高校建设中的建议。宾厚、孙平、王欢芳（2018）提出从优化课程设置、构建良好的研究生教育文化环境、创新教学方式、设立专项研究基金、改善教育机制和体制等方面探索在"双一流"建设背景下地方高校研究生教学与科研互动的路径和对策。赵颖、洪珊（2019）从当前"双一流"高校建设的现状入手，提出了高校学院内部治理四个方面的实现途径。于佳倩、秦猛、刘浩（2019）探索了关于适合学校自身高质量、有特色的科技管理方法的问题。以南京大学的基本科研业务费用为例，对项目的申报、审核立项、实施以及结题考核这四个过程进行管理分析，重点对不同的项目对学校整体科研发展的作用进行分析，根据管理过程中出现的问题和处理经验等提出具体建议，以便提高经费的使用效益。胡建华（2019）首先分析了影响大学学科调整的因素，再以我国"双一流"发展背景为切入点，全面详细地阐述我国高校在此影响下学科建设的调整和发展方向，并提出三方面的建设意见。谢玉龙、李芳、罗军（2019）从地方高校的经费管理角度出发，适应当前"双一流"高校建设的潮流，提出问题，指出要害，并进行相关策略的优化。

在学校配套设施及高校文化建设方面，高铃铃、方瑜、于晓云（2017）通过分析高校教学实验室发展现状，发现实验室存在资源利用率不高、实验人员积极性欠佳、投入不足、信息化程度不高等问题，提出从信息化建设和社会服务两方面优化教学实验室，从而让教学实验室更好地为学校"双一流"建设做贡献。张海峰、郑旭（2019）对现阶段高校大型仪器设备的开放共享现状进行总结，指出了存在的问题，并针对相应的问题提出具体举措。李漠叶（2019）通过对"双一流"建设高校中校园文化建设的要求，提出新期望，归纳当前背景下大学校园文化建设的若干评价方式，并提出相应的建设工作方案，为高校文化建设提供参考。郭霄鹏、张京京（2016）指出文化竞争力俨然成为一所大学核心竞争力的重要标志。高校"双一流"建设应该从精神文化、行为文化、制度文化以及管理文化等方面入手进行改革。仇洪星（2017）认为塑造优秀的大学文化是一流大学和一流学科建设的基础，高校的文化差异性形成了"双一流"的特色。

1.2.2 高等教育系统评价内容的研究

在"双一流"高校建设中，不同学者对高等教育系统评价内容的研究主要从人才情况、教育经费、科研效率等方面入手。

在人才方面，罗洪铁（2002）指出，对于人才的定义，其实质问题在于两点：一是具有良好的素质，二是有创造性劳动成果。即至少有良好的素质，并且创造出了一定的劳动成果，这两个条件缺一不可。胡云生（2003）提出了"人尽其才都是人才"的大人才观。他认为衡量人才的标准不是创造性成果，也不是高素质，而是人尽其才就是人才。这种人才的范围就宽泛得多，每个人都可以成为人才，前提只要是我们能够充分利用自己的才能。林春丽（2002）指出每个人要树立人人是人才，在自己岗位上贡献自己的观念。因此，人才可以从不同的角度去理解，不同的学者有不同的观点，只是侧重的角度不同得出的结论就不同。李海生等人（2019）以化机专业为例，细化创新人才培养过程，引入产学研联合机制，校企合作，对学生进行培养。冷余生（2000）认为创新型人才是具有一定创新精神和创造力的人，这种创新是相对于那些缺乏创造、不创造、较为保守的人提出的，侧重于人的创造力。

在教育经费方面，杜晓利、沈百福（2010）引用了 1993—2006 年中国的数据，通过研究预算内教育资金的分配，得出了预算内教育资金的分配在高等教育中合理、中等教育中不合理的结论。温以萍、包吉祥（2018），方超、黄斌（2018），顾芸（2018）均采用空间计量的方法，对中国经济增长与教育投入之间的关系进行实证研究，发现两者之间存在不平衡问题。孟望生、姜莱（2018）通过面板回归方法对人力资本投资与物质资本回报率的关系进行了实证研究。杨蓉、刘婷婷（2019）以 1995—2016 年教育经费统计为基础，按照中国经济发展和教育财政改革的思路，对教育经费来源结构、流通结构和使用结构的变化进行体制分析，并从国际对比角度分析中国教育资金的结构特征。卜振兴（2015）从 1990—2012 年的全国时序数据中对教育投资与中国教育投资结构进行调查，得出教育投资与经济增长存在正相关，弹性系数达到 0.8，而教育投资结构（高等教育投资占国家财政性教育支出的比重）与经济增长存在负相关。田家银（2017）利用哈罗德—多马模型计算了 2005—2014 年教育投资对安徽经济增长的贡献，计算出安徽的财政教育支出每增加 1 亿元，GDP 就会增加 19 亿元。刘治松、贾凯威（2009）通过研究得出结论，从长期来看，教育支出的增加可能对辽宁省的经济增长起到重要作用。徐立红（2009）借助柯布 - 道格拉斯生产函数，对 1990—2005 年内蒙古教育投资的贡献率进行了估算，结果显示 1990—2005 年 15 年间，内蒙古的年均 GDP 增长率为 12.781%，而教育的贡献率仅为 1%。

在科研效率方面，马玲玲（2018）利用 Malmqusit 指数方法对部分 985 院校进行科研绩效测算并提出相关政策建议。宗晓华、付呈祥（2019）运用超效率 - 非径向 DEA 模型，对教育部直属高校 2006—2015 年的科研效率及其影响因素进行分析。对科研效率影响因素的分析显示，投入要素质量提升、要素配置结构优化、院校竞争与知识外溢机制的有效发挥等可以显著改进科研效率。韩海彬等（2010）通过 AHP 与 DEA 结合的两阶段评价模型测度高校科研投入产出效率，发现 11 所高校中 5 所学校的技术效率较高，其余学校出现冗余。李彦华、张月婷、牛蕾（2019）以中国"双一流"高校为研究对象，应用 DEA 和 Malmquist 模型测度 2014—2017 年科研效率，科研全要素生产率随技术进步指标的变化呈现先上升后下降的趋势。Giovanni 等（2008）通过 DEA 与文献计量学相结合的方法分析意大利不同高校之间的科研效率存在显著差异性。Johnes J. 和 Li Yu（2008）整理了中国 109 所高校的面板数据，分析其科研生产效率，研究表明中国高校的平均科研效率超过 0.9。

1.2.3 高等教育系统评价政策的研究

在"双一流"高校建设的探索中，党中央、国务院一直在积极地制定政策，许多学者在政策分析基础上进行了研究。方惠坚、张宏涛（1997）主要研究了建设一流大学的必要因素，包括校园环境、办学条件和师资队伍三个因素。王冀生（1994）研究指出建设具有中国特色的教育制度，是建设一流大学的制度保障。施小光（2011）主要研究了如何构建高等教育体系这一问题，指出中国应该建立自己的高等教育体系，不要盲目照搬西方，而应该合理借鉴。马金森、李梅（2007）研究了高校给予的各项政策对于建设一流大学的重要性，举例说明美国通过一系列改革对高等教育质量进行宏观调控的举措。蔡宗模、杨慷慨、张海生（2019）研究表明在贯彻落实"双一流"战略大背景下各地方院校所采取的各项措施，为其超越发展提供了可能性和多样性，并描述了地方院校走向卓越要经历的三个阶段，并向政府提出相应对策建议。褚照锋（2017）提出不同地区对于"双一流"建设的指导思想有区别但规划目标特征明显，凸显区域特色、分层次支持、优化整合资源，推动引进人才的发展理念。吴增礼、巩红新（2017）指出"双一流"建设研究的核心问题表现为重点高校与普通高校的协调应对、人文社会科学学科评价机制、传承创新中国文化与其联系等。徐巧云、王惠芝（2019）通过分析日本、俄罗斯及法国创建世界一流大学出台相关政策以增强本国高校的综合实力和国际竞争力，为我国创建世界一流大学提供了经验借鉴。郑代良、钟书华（2012）研究认为当前中国高层次人才政策存在政策"项目碎片化""弱法律化""激励官本位""重引进轻自主培养""弱企业化"等显著特征。

1.2.4　高等教育系统评价运用的研究

耿叶萌（2015）以多元统计分析方法为基础理论依据，通过综合运用多种分析方法对数据做全方位的研究，使多元统计分析在高等教育评价中的应用系统化并证明该方法的有效性。魏春梅（2010）运用聚类分析方法，进行高校教师教学质量管理，并结合实例给出了运用聚类分析法评价教师教学质量的具体操作步骤。刘茂梅（2017）研究认为大数据能收集并处理大量、多类型的数据并能深入挖掘数据间的关系，因此大数据应用于高等教育绩效评价有助于拓展高等教育绩效评价功能的发挥。余天佐、韩映雄（2010）认为只要根据高等教育服务的特性对 SERVQUAL 进行一定程度的修订就可以对高等教育服务质量进行有效评价。于博（2016）指出在大数据时代如何把握各项信息，使第三方教育评价机构更客观地对大学的基本情况进行评估，是未来迫切需要解决的问题。

1.3　高等教育系统评价方法介绍

1.3.1　灰色关联综合评价模型

基于灰色关联模型的评价研究是灰色关联综合评价模型的主要方法。党耀国等（2007）对灰色关联模型的计算方法进行了改进，克服了一些计算方法的缺陷，重新定义曲线的相似性及灰色关联空间，使计算结果更加合理地体现了灰色关联度的实质。田民（2008）对现有的灰色关联度算法模型进行了分类综述和评价，进一步发展了灰色关联分析模型。王建玲（2010）建立的灰色关联模型拓展了灰色关联度的应用空间，对灰色关联度模型做了两点改进：一是定义了随机不确定数，既能体现随机数的特征且便于计算；二是在此基础上构建了新型灰色关联度，以服务品牌延伸实例对该模型的有效性进行了探讨。蒋诗泉、刘思峰、刘中侠等（2019）系统梳理了灰色关联分析模型的发展脉络，对未来发展趋势进行了展望。伴随灰色分析关联模型的改进与完善，更多的学者采用此种方法来分析解释各种评价问题。

基于随机不确定数的灰色关联度构建：

若随机不确定数 $\hat{Q}_a = (E(x), F(x))$，$\hat{Q}_b = (E(y), F(y))$，则称为

$$L(A,B) = |E(x) - E(y)| \tag{1.1}$$

为随机不确定数 A 和 B 的距离，该距离的取值为 $|E(x) - E(y)|$，可信度是 $F(x)F(y)$。

设系统行为随机不确定数序列为

$$X_0 = ((E_{01}, F_{01}), (E_{02}, F_{02}), \cdots, (E_{0n}, F_{0n}))$$
$$X_1 = ((E_{11}, F_{11}), (E_{12}, F_{12}), \cdots, (E_{1n}, F_{1n}))$$
$$X_2 = ((E_{21}, F_{21}), (E_{22}, F_{22}), \cdots, (E_{2n}, F_{2n}))$$
$$\cdots\cdots\cdots\cdots$$
$$X_m = ((E_{m1}, F_{m1}), (E_{m2}, F_{m2}), \cdots, (E_{mn}, F_{mn}))$$

则称为

$$\xi_{0i}(k) = \frac{\min_i \min_k L_{0i}(k) + \xi \max_i \max_k L_{0i}(k)}{L_{0i}(k) + \xi \max_i \max_k L_{0i}(k)} \tag{1.2}$$

$\xi_{0i}(k)$ 为随机不确定数 X_0 与 X_i 在 k 时刻的关联系数，其中 $L_{0i}(k)$ 为点 (E_{0k}, F_{0k}) 到点 (E_{ik}, F_{ik}) 的距离；分辨系数 $\xi \in [0, 1]$，通常令 $\xi = 0.5$。那么该时刻点关联系数取值为 $\xi_{0i}(k)$ 的可信度为

$$F(\xi_{0i}(k)) = F(\min_i \min_k E_{0i}(k)) \times F(E_{0i}(k)) \times F^2(\max_i \max_k E_{0i}(k)) \tag{1.3}$$

令

$$\sigma_{0i} = \sum_{k=1}^{n} \omega_k \xi_{0i}(k) \tag{1.4}$$

σ_{0i} 为随机不确定数序列 X_0 与 X_i 的关联度。其中，各时刻点的权重定义为

$$\omega_k = \frac{F(\xi_{0i}(k))}{\sum_{k=1}^{n} F(\xi_{0i}(k))} \tag{1.5}$$

且满足 $\omega_k > 0$ $(k = 1, 2, \cdots, n)$，$\sum_{k=1}^{n} \omega_k = 1$。

1.3.2　灰色层次综合评价模型

灰色评价模型是一种针对不确定的灰色信息进行评价研究的方法。目前灰

色评价模型的应用整体呈两种态势：以单一灰色评价模型为主的研究方法和以两种或两种以上评价模型相结合的研究方法。本书构建的灰色层次综合评价模型是综合极大熵优化模型和灰色系统理论的组合模型，即将灰色系统理论的区间权重作为约束条件放到优化模型里，通过极大熵优化求解，得出最终权重，解决了层次分析法主观赋权的问题。

研究政策评价常用的方法有专家打分法、问卷调查法、德尔菲法、层次分析法、排序递减法、TOPSIS 法、熵权法、实物期权法等，而每种方法都各有优劣，为了更加科学全面地评价，本书将灰色评价法同层次分析法相结合，采用区间灰数对指标进行量化分析，对部分"双一流"高校教师发展情况进行评价研究。

步骤 1：标准化处理。

为了增强计算的准确度，将数据进行 Z 标准化处理。

（1）求出各变量（指标）的算术平均值（数学期望）$\overline{x}_i$ 和标准差 s_i。

（2）进行标准化处理：

$$z_{ij} = (x_{ij} - x_i)/s_i \tag{1.6}$$

式中：z_{ij} 为标准化后的变量值；x_{ij} 为实际变量值。

步骤 2：计算指标最优决策的概率范围。

（1）计算各项指标的算数平均值并加总，见式（1.7）~式（1.14）：

$$\overline{x} = \frac{x_1 + x_2 + \cdots + x_n}{n} = \frac{\sum\limits_{i=1}^{n} x_i}{n} \tag{1.7}$$

三级指标的总均值：

$$\overline{x_{.1}} + \overline{x_{.2}} + \cdots + \overline{x_{.n}} = \sum\limits_{i=1}^{n} \overline{x_{.i}} \tag{1.8}$$

一级和二级指标的总均值：

$$\overline{x_{1.}} + \overline{x_{2.}} + \cdots + \overline{x_{n.}} = \sum\limits_{i=1}^{n} \overline{x_{i.}} \tag{1.9}$$

（2）计算各项指标的概率值：

$$\frac{\dfrac{\sum\limits_{i=1}^{n} x_i}{n}}{\sum\limits_{i=1}^{n} \overline{x_i}} \tag{1.10}$$

（3）计算标准偏差：

$$s = \sqrt{\frac{1}{n-1}\sum_{i=1}^{n}(x_i - \bar{x})^2} \qquad (1.11)$$

（4）确定上下界：

$$x_{max} = \frac{x_i}{\sum\limits_{i=1}^{n}\bar{x_i}} + \sqrt{\frac{1}{n-1}\sum_{i=1}^{n}(x_i - \bar{x})^2}$$

$$x_{min} = \frac{x_i}{\sum\limits_{i=1}^{n}\bar{x_i}} - \sqrt{\frac{1}{n-1}\sum_{i=1}^{n}(x_i - \bar{x})^2} \qquad (1.12)$$

步骤3：计算组合权重。

$$\max F = -\sum_{j=1}^{m}p_{ij}\ln P_{ij}$$

$$\text{s. t.}\begin{cases}\sum\limits_{j=1}^{m}P_{ij} = 1 \\[2mm] P_{ij} \in (\bar{P}_{ij min},\bar{P}_{ij max}) \\[2mm] \bar{P}_{ij min} = \min\left(\dfrac{\min(x_{ij}(1))}{\max(x_i(1))},\dfrac{\min(x_{ij}(2))}{\max(x_i(2))},\cdots,\dfrac{\min(x_{ij}(n))}{\max(x_i(n))}\right) \\[3mm] \bar{P}_{ij max} = \max\left(\dfrac{\max(x_{ij}(1))}{\min(x_i(1))},\dfrac{\max(x_{ij}(2))}{\min(x_i(2))},\cdots,\dfrac{\max(x_{ij}(n))}{\min(x_i(n))}\right) \\[3mm] \bar{P}_{i min} = E(\bar{P}_{ij min}) \\[2mm] \bar{P}_{i max} = E(\bar{P}_{ij max})\ (i = 1,2,\cdots,l;j = 1,2,\cdots,m)\end{cases}$$

$$(1.13)$$

按层对指标权重进行加权，计算组合权重：

$$\lambda = \frac{1}{\sum\limits_{i=1}^{n}x_i} \qquad (1.14)$$

在图1-1中，C层m个因素，C_1，C_2，$\cdots$，C_m，对总目标O的排序为 $\omega = a_1$，a_2，$\cdots$，a_m，W层n个因素对上层C中因素为C_j的层次单排序为b_{1j}，b_{2j}，$\cdots$，b_{nj}（$j = 1$，2，$\cdots$，m）。

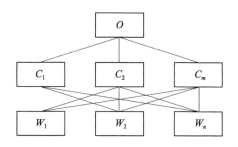

图1-1 层次分布图

1.3.3 TOPSIS 综合评价研究

TOPSIS 法是进行多目标决策时常用的一种决策方法。它没有严格的样本量大小限制，应用的领域广泛且运算比较简单，因此它的思想可以应用到高校土地集约评价的领域中。

TOPSIS 法认为评价对象最靠近最优解的同时又远离最劣解，是最理想的构成。各指标值都达到对应评价指标的最优值便是最优解，各指标值都达到各评价指标的最差值便是最劣解。对各个方案进行最优解和最劣解的比较，在分析过程中找出最靠近最优解和远离最劣解的方案，这个方案便是我们要选择的最佳方案。

步骤1：利用原始数据构建矩阵。

若评价体系的评价对象有 n 个，评价指标有 p 个，则可以构建一个 $n \times p$ 的空间矩阵，记为 X_1。

$$X_1 = \begin{bmatrix} x_{11} & x_{12} & \cdots & x_{1p} \\ x_{21} & x_{22} & \cdots & x_{2p} \\ \vdots & \vdots & & \vdots \\ x_{n1} & x_{n2} & \cdots & x_{np} \end{bmatrix} \qquad (1.15)$$

步骤2：标准化处理原始数据。

为了数据的可比性，将正向效益型指标和负向成本型指标都转化为同向影响指标。我们对数据进行标准化处理可以得到标准化矩阵，记为 X_2。

$$X_2 = \begin{bmatrix} x'_{11} & x'_{12} & \cdots & x'_{1p} \\ x'_{21} & x'_{22} & \cdots & x'_{2p} \\ \vdots & \vdots & & \vdots \\ x'_{n1} & x'_{n2} & \cdots & x'_{np} \end{bmatrix} \qquad (1.16)$$

式中：$i = 1, 2, \cdots, n$；$j = 1, 2, \cdots, p$。

$$x'_{ij} = \frac{x_{ij}}{\sqrt{\sum_1^n x_{ij}^2}} \qquad (1.17)$$

步骤3：各个指标权重的确定。

分析各个指标对研究的评价结果的影响程度，确定指标的权重是必不可少的步骤。确定权重的方法有很多，本书采用变异系数法来确定各个指标的权重。

步骤4：加权规范化矩阵的构建。

$$\boldsymbol{X}_3 = \boldsymbol{W} \times \boldsymbol{X}_2 = \begin{bmatrix} w_1 x'_{11} & w_2 x'_{12} & \cdots & w_p x'_{1p} \\ w_1 x'_{21} & w_2 x'_{22} & \cdots & w_p x'_{2p} \\ \vdots & \vdots & & \vdots \\ w_1 x'_{n1} & w_2 x'_{n2} & \cdots & w_p x'_{np} \end{bmatrix} = \begin{bmatrix} v_{11} & v_{12} & \cdots & v_{1p} \\ v_{21} & v_{22} & \cdots & v_{2p} \\ \vdots & \vdots & & \vdots \\ v_{n1} & v_{n2} & \cdots & v_{np} \end{bmatrix} = (v_{ij})_{n \times p} \quad (1.18)$$

式（1.18）中，$v_{ij} = w_j x'_{ij}$，$i = 1, 2, \cdots, n$；$j = 1, 2, \cdots, p$，w_j 为第 j 个指标权重值。

步骤5：最优解和最劣解的确定。

由加权规范化矩阵 $\boldsymbol{X}_3$，得到评价对象的各个指标的理想解 $\boldsymbol{X}_3^+$ 和负理想解 $\boldsymbol{X}_3^-$，假设第 j 个指标是效益型指标，则有

$$X_3^+ = \max\{V_{ij} \mid i = 1, 2, \cdots, n\}, \ j \in J \qquad (1.19)$$

$$X_3^- = \min\{V_{ij} \mid i = 1, 2, \cdots, n\}, \ j \in J' \qquad (1.20)$$

若第 j 个指标是成本型指标，则有

$$X_3^+ = \max\{V_{ij} \mid i = 1, 2, \cdots, n\}, \ j \in J \qquad (1.21)$$

$$X_3^- = \min\{V_{ij} \mid i = 1, 2, \cdots, n\}, \ j \in J' \qquad (1.22)$$

式中：J 为正向效益型指标集；J' 为负向效益型指标集。

步骤6：计算距离理想解距离。

采用加权欧式距离公式来计算加权规范化矩阵 $\boldsymbol{X}_3$ 中各样本点到最优解的

距离 S^+ 和最劣解的距离 S^-。具体公式为

$$S^+ = \sqrt{\sum_{j=1}^{P} w_j \left(v_{ij} - v_j^+ \right)^2} \tag{1.23}$$

$$S^- = \sqrt{\sum_{j=1}^{P} w_j \left(v_{ij} - v_j^- \right)^2} \tag{1.24}$$

步骤 7：综合评价。

各样本点与理想解的相近程度 C_i 的计算公式为

$$C_i = \frac{S_i^-}{S_i^+ + S_i^-}, \quad 0 \leqslant C_i \leqslant 1 (i = 1,2,\cdots,n) \tag{1.25}$$

1.3.4 集对分析组合评价模型

当多种评价方法对同一个评价对象给出不同的评价排序时，通过第 i 个被评价对象在某种方法下排名的分数 r 与第 k 名次的标准分数 $n - k + 1$ 的相同程度，计算 m 种评价方法的平均同一度 u_{ik}。若被排序第 k 名的第 i 个被评价对象在不同对象中的平均同一度 u_{1k}，u_{2k}，$\cdots$，u_{nk} 中最大（$u_{ik} = u_k$），则第 i 个被评价对象的最终排序为第 k 名，这就是集对分析组合评价的原理。

步骤 1：集对分析组合评价模型建立的步骤。

（1）通过对评价指标的规范化处理对指标打分。

（2）用不同的单一评价方法如标准差贡献率法、熵值法和变异系数法等客观评价法对评价指标进行赋权。

（3）对一个特定的评价对象，根据指标得分和不同的单一评价方法得到的指标权重，得到不同的评价结果和排名。

（4）对（3）中得到的不同排名进行 Kendall 一致性检验。若一致性检验通过，则进行下一步；若检验不通过，则返回进行（2）和（3）工作，直至通过检验。

（5）把（4）中的不同排名转换成排名的分数。

（6）用集对分析对（5）中得到的排名分数计算平均同一度。

（7）按照（6）中得到的平均同一度进行排名。

（8）对（7）中的排名次序与单一评价方法的排名次序进行 Spearman 一致性检验。

（9）如果通过一致性检验，说明集对分析组合评价结果和原始单一评价法的评价结果完全一致，得到最终的综合评价结果。如果一致性检验不通过，则返回重复进行（2）~（8）的工作，直至最后的评价排名次序通过 Spearman 一致性检验。

步骤 2：集对分析组合评价中单一评价方法的赋权。

（1）标准差贡献率法赋权。

设 ω_k 为第 k 个指标的权重；x_{ik} 为第 i 个评价对象第 k 个指标规范化后的值；n 为被评价对象的个数；l 为评价指标数量。标准差贡献率法得到的权重 ω_k 为

$$\omega_k = \frac{\sqrt{\dfrac{\sum\limits_{i=1}^{n}\left(x_{ik} - \dfrac{1}{n}\sum\limits_{i=1}^{n}x_{ik}\right)^2}{n}}}{\sum\limits_{k=1}^{l}\sqrt{\sum\limits_{i=1}^{n}\left[\dfrac{\left(x_{ik} - \dfrac{1}{n}\sum\limits_{i=1}^{n}x_{ik}\right)^2}{n}\right]}} \tag{1.26}$$

（2）熵权法求指标权重。

一是计算评价指标的熵值。设 ω_k 为第 k 个评价指标的熵值。熵值计算公式为

$$\omega_k = -\frac{1}{\ln l}\sum_{i=1}^{n}\left[\frac{x_{ik}}{\sum\limits_{i=1}^{n}x_{ik}} \times \ln \frac{x_{ik}}{\sum\limits_{i=1}^{n}x_{ik}}\right] \tag{1.27}$$

二是构建评价指标熵权集合。设所有评价指标的熵权集合为 $d'\,[\,d'_1,\ d'_2,\ \cdots,\ d'_n\,]$。第 k 个评价指标的熵权为

$$\omega_k = \frac{1 - \omega_k}{l - \sum\limits_{k-1}^{l}\omega_k} \tag{1.28}$$

步骤 3：变异系数法赋权。

利用变异系数法求得的权重 ω_k 为

$$\omega_k = \frac{\dfrac{\sqrt{\dfrac{\sum\limits_{i=1}^{n}\left(x_{ik} - \dfrac{1}{n}\sum\limits_{i=1}^{n}x_{ik}\right)^2}{n}}}{\dfrac{1}{n}\sum\limits_{i=1}^{n}x_{ik}}}{\sum\limits_{k=1}^{l}\dfrac{\sqrt{\dfrac{\sum\limits_{i=1}^{n}\left(x_{ik} - \dfrac{1}{n}\sum\limits_{i=1}^{n}x_{ik}\right)^2}{n}}}{\dfrac{1}{n}\sum\limits_{i=1}^{n}x_{ik}}} \tag{1.29}$$

步骤 4：单一评价方法的评价。

把第 i 个被评价对象的综合评价得分设为 d_i，再利用线性加权评价方程得到

$$d_i = 100 \times \sum_{k=1}^{l} \omega_k x_{ik} \tag{1.30}$$

根据上述公式计算得到的得分进行排序。

1.3.5 VEC 模型

运用向量自回归（VAR）模型以及向量误差修正（VEC）模型，通过 Johansen 协整检验的方法确定 VEC 模型，并采用脉冲响应分析的方法，探讨相互影响的内在关系。

步骤 1：格兰杰因果分析。

首先解释变量设为 X，被解释变量为 Y。设定模型为

$$Y = \alpha + \beta X + \varepsilon \tag{1.31}$$

ε 表示随机扰动项或随机误差项。

（1）平稳性检验。时间序列数据不平稳会造成"虚假回归"的现象，为了保证数据的稳定性，在建立回归模型之前先要对涉及的变量数据进行单位根检验，防止模型的伪回归。通过 Eviews 做单位根检验，对 X 和 Y 的时间序列进行 ADF 平稳性检验。

（2）协整分析。上述得出二者均不平稳的检验结果，因此，下一步进行协整分析。建立模型 $Y = \alpha + \beta X + \varepsilon$，做两个变量回归后，检验回归残差的平稳性。

（3）格兰杰因果检验。经过上述一系列对数据的处理，最后可以确定数据已为平稳的时间序列，并结合对方程的求解要求，接下来，为了确定二者是否具有相互影响的关系，对数据进行滞后期分别为 2、3、4、5、6、7 的格兰杰因果检验。

步骤 2：回归模型建立。

（1）回归方程建立。

根据上述的单位根检验和格兰杰检验结果，从长期来看具有稳定的关系。所以，可以使用模型 $Y = \alpha + \beta X + \varepsilon$ 进行二者关系的分析。

（2）F 检验

在显著性水平 0.1 下，对回归方程进行检验。

确定原假设 H_0：$\beta_1 = 0$，观察 F 检验在显著性水平下的值。

重复上述 F 检验的步骤，看 R^2 所代表的拟合度以及 F 检验统计值的结果看是否具有相关性。

步骤 3：模型构建和统计分析。

首先，为消除异方差和多重共线性问题对时间序列平稳性的影响，并缩小数据之间的差距，对所取数据进行了对数化处理。其次，在建立模型之前采用 *ADF* 法对涉及的变量数据进行单位根检验，以确保序列平稳性，

步骤 4：Johansen 协整检验及 VEC 模型建立。

为检验变量之间的协整关系存在与否，本书运用 Johansen 协整分析方法，确定二者之间是否存在协整关系及协整方程的个数。

步骤 5：脉冲响应分析。

本书采用脉冲响应分析的方法，首先对一阶单整序列进行 AR 根值法来确定序列的稳定性。

1.3.6 BP 神经网络方法

人工神经元实现了生物神经元的抽象、简化与模拟，它是人工神经网络的基本处理单元。大量神经元的相互连接才得以构成庞大的神经网络，从而实现复杂信息的处理与存储，同时表现出各种优越的特性。神经网络学习是人工智能领域的基本算法之一，是 1943 年由心理学家麦克洛克（McCulloch）和数学家皮茨（Pitts）合作提出的数学模型，并在之后不断完善发展。它主要涉及模

式识别、智能机器人、非线性系统识别、知识处理等应用领域。

1. 模型介绍

最普遍的只有单个隐藏层的神经网络模型是三层感知器，这三层分别为输入层、隐藏层和输出层。

在感知器中的输入向量为 $X = (x_1, x_2, \cdots, x_i, \cdots, x_n)^{\mathrm{T}}$；隐藏层输出向量为 $Y = (y_1, y_2, \cdots, y_j, \cdots, y_m)^{\mathrm{T}}$；输出层输出向量为 $O = (o_1, o_2, \cdots, o_k, \cdots, o_l)^{\mathrm{T}}$；期望输出向量为 $d = (d_1, d_2, \cdots, d_k, \cdots, d_l)^{\mathrm{T}}$。输入层到隐藏层之间的权值矩阵用 V 表示，$V = (v_1, v_2, \cdots, v_j, \cdots, v_m)^{\mathrm{T}}$，其中列向量 v_j 为隐藏层第 j 个神经元对应权向量；隐藏层到输出层之间的权值矩阵用 W 表示，$W = (w_1, w_2, \cdots, w_k, \cdots, w_l)^{\mathrm{T}}$，其中列向量 w_k 为输出层第 k 个神经元对应的权向量。

在三层感知器数学模型中，存在各层信号之间的数学关系如下。

对于隐藏层，有

$$\left.\begin{array}{l} y_i = f(net_j), j = 1,2,\cdots,m \\ net_j = \sum_{i=0}^{n} v_{ij}x_i, j = 1,2,\cdots,m \end{array}\right\} \tag{1.32}$$

对于输出层，有

$$\left.\begin{array}{l} o_k = f(net_k), k = 1,2,\cdots,l \\ net_k = \sum_{j=0}^{m} w_{jk}y_j, k = 1,2,\cdots,l \end{array}\right\} \tag{1.33}$$

式（1.32）和式（1.33）中，变换函数 $f(x)$ 通常均为单极性 sigmoid 函数：

$$f(x) = \frac{1}{1 + e^{-x}} \tag{1.34}$$

sigmoid 函数具有可导、连续的特点，对于式（1.34），有

$$f'(x) = f(x)[1 - f(x)] \tag{1.35}$$

根据需要，也可以采用双极性 sigmoid 函数：

$$f(x) = \frac{1 - e^{-x}}{1 + e^{-x}} \tag{1.36}$$

为降低计算复杂度，根据需要，输出层也可以采用线性函数：

$$f(x) = kx \tag{1.37}$$

2. BP 神经网络的学习算法

BP学习算法的实质,是求取关于网络总误差函数的最小值,可以采用"最速下降法",按照误差函数的负梯度方向,对权系数进行相应的修正。具体学习算法有两个过程:第一个过程是关于输入信号的正向传播,第二个过程是关于输出误差信号的反向传播。

信号的正向传播是指样本先从输入层开始,再到隐藏层单元,一层接一层地进行处理,经过所有的隐藏层之后,再传向输出层,最后传到输出层,模型会对现行输出和期望输出进行比较,如果出现现行输出与期望输出不相等的情况,模型就会进入反向传播过程。

误差的反向传播是指在传播过程中,把误差信号以正向传播的通路反方向进行传回,同时对各个隐藏层的神经元权系数依次进行修改,使信号误差趋向最小。一个变量从传播层到该层的误差大小决定了网络各层的权值。

3. BP 算法推导

下面以三层 BP 神经网络模型为例,推导 BP 学习算法。

步骤 1:网络的误差。

如果网络输出与期望输出不相等,那么就存在输出误差 E,即

$$E = \frac{1}{2}(d - O)^2 = \frac{1}{2}\sum_{k=1}^{l}(d_k - O_k)^2 \tag{1.38}$$

将以上误差展开至隐藏层,有

$$E = \frac{1}{2}\sum_{k=1}^{l}[d_k - f(net_k)]^2 = \frac{1}{2}\sum_{k=1}^{l}[d_k - f(\sum_{j=0}^{m}w_{jk}y_j)]^2 \tag{1.39}$$

进一步展开至输入层,有

$$E = \frac{1}{2}\sum_{k=1}^{l}\{d_k - f[\sum_{j=0}^{m}w_{jk}f(net_j)]\}^2 = \frac{1}{2}\sum_{k=1}^{l}\{d_k - f[\sum_{j=0}^{m}w_{jk}f(\sum_{i=0}^{n}v_{ij}x_i)]\}^2$$

$$\tag{1.40}$$

步骤 2:基于梯度下降的网络权值调整。

由式(1.40)可知,神经网络的输入误差是关于每层权值 w_{jk} 和 v_{ij} 的函数,所以通过调整权值就可以改变误差 E。权值调整的原则应使误差不断地减小,可以采用梯度下降算法,使权值的调整量与误差的梯度下降成正比,即

$$\Delta w_{jk} = -\eta \frac{\partial E}{\partial w_{jk}}, \, j = 0, 1, 2, \cdots, m; \, k = 1, 2, \cdots, l \qquad (1.41)$$

$$\Delta v_{ij} = -\eta \frac{\partial E}{\partial v_{ij}}, \, i = 0, 1, 2, \cdots, n; \, j = 1, 2, \cdots, m \qquad (1.42)$$

上式中，负号表示梯度下降，常数 $\eta \in (0, 1)$ 为比例系数，反映了学习速率。显然，BP 算法属于 σ 学习规则。

式（1.41）与式（1.42）只是用数学表达了对权值的调整思路，不是权值调整的具体计算公式。下面进行三层 BP 算法权值调整的计算式推导。假设在全部推导过程中，对各个输出层有 $j = 0, 1, 2, \cdots, m; \, k = 1, 2, \cdots, l$。对各个隐藏层有 $i = 0, 1, 2, \cdots, n; \, j = 1, 2, \cdots, m$。

对于输出层，式（1.41）可写为

$$\Delta w_{jk} = -\eta \frac{\partial E}{\partial w_{jk}} = -\eta \frac{\partial E}{\partial net_k} \times \frac{\partial net_k}{\partial w_{jk}} \qquad (1.43)$$

式（1.42）可写为

$$\Delta v_{ij} = -\eta \frac{\partial E}{\partial v_{ij}} = -\eta \frac{\partial E}{\partial net_j} \times \frac{\partial net_j}{\partial v_{ij}} \qquad (1.44)$$

对输出层和隐藏层各定义一个误差信号，令

$$\delta_k^o = -\frac{\partial E}{\partial net_k} \qquad (1.45)$$

$$\delta_j^y = -\frac{\partial E}{\partial net_j} \qquad (1.46)$$

综合应用式（1.33）和式（1.45）。可将式（1.43）的权值调整式改写为

$$\Delta w_{jk} = \eta \delta_k^o y_j \qquad (1.47)$$

综合应用式（1.32）和式（1.46）。可将式（1.44）的权值调整式改写为

$$\Delta v_{ij} = \eta \delta_j^y x_i \qquad (1.48)$$

可以看出，对式（1.45）与式（1.46）中的误差信号 δ_k^o 和 δ_j^y 进行计算，那么权值调整量的计算推导也完成了。

输出层 δ_k^o 可展开为

$$\delta_k^o = -\frac{\partial E}{\partial net_k} = -\frac{\partial E}{\partial o_k} \times \frac{\partial o_k}{\partial net_k} = -\frac{\partial E}{\partial o_k} f'(net_k) \qquad (1.49)$$

隐藏层 δ_j^y 可展开为

$$\delta_j^y = -\frac{\partial E}{\partial net_j} = -\frac{\partial E}{\partial y_j} \times \frac{\partial y_i}{\partial net_j} = -\frac{\partial E}{\partial y_i} f'(net_j) \qquad (1.50)$$

下面求式（1.49）与式（1.50）中网络误差对各层输出的偏导。

输出层，利用式（1.38），求偏导可得

$$\frac{\partial E}{\partial o_k} = -(d_k - o_k) \tag{1.51}$$

隐藏层，利用式（1.39），求偏导可得

$$\frac{\partial E}{\partial y_j} = -\sum_{k=1}^{l} (d_k - o_k)f'(net_k)w_{jk} \tag{1.52}$$

以上结果代入式（1.49）和式（1.50），并应用式（1.37）与 $f'(x) = f(x)[1-f(x)]$ 求得

$$\delta_k^o = (d_k - o_k)o_k(1 - o_k) \tag{1.53}$$

$$\delta_j^y = \left[\sum_{k=1}^{l} (d_k - o_k)f'(net_k)w_{jk}\right]f'(net_j) = \left(\sum_{k=1}^{l} \delta_k^o w_{jk}\right)y_j(1 - y_j) \tag{1.54}$$

将式（1.53）与式（1.54）代入式（1.47）与式（1.48），可得三层感知器的 BP 学习算法权值调整的计算公式：

$$\Delta w_{jk} = \eta \delta_k^o y_j = \eta(d_k - o_k)o_k(1 - o_k)y_j \tag{1.55}$$

$$\Delta v_{ij} = \eta \delta_j^k x_i = \eta\left(\sum_{k=1}^{l} \delta_k^o w_{jk}\right)y_j(1 - y_j)x_i \tag{1.56}$$

步骤 3：BP 学习算法的向量形式。

输出层：设 $Y = (y_1, y_2, \cdots, y_j, \cdots, y_m)^T$，$\boldsymbol{\delta}^o = (\delta_1^o, \delta_2^o, \cdots, \delta_k^o, \cdots, \delta_l^o)^T$，则隐藏层到输出层之间的权值矩阵调整量为

$$\Delta W = \eta(\boldsymbol{\delta}^o Y^T)^T \tag{1.57}$$

隐藏层：设 $X = (x_1, x_2, \cdots, x_i, \cdots, x_m)^T$，$\boldsymbol{\delta}^y = (\delta_1^y, \delta_2^y, \cdots, \delta_k^y, \cdots, \delta_l^y)^T$，则输入层到隐藏层之间的权值矩阵调整量为

$$\Delta V = \eta(\boldsymbol{\delta}^y X^T)^T \tag{1.58}$$

由式（1.57）与式（1.58）得出：在 BP 学习算法中，网络的期望输出和实际输出之差反映了输出误差的信号，每个隐藏层的误差信号和之前每层的误差信号相关，从输出层开始传输，逐层反传到输入层。

1.3.7 数据包络动态综合评价研究

关于效率的测算，通常采用有效前沿分析方法。有效前沿分析方法包括随机前沿分析（SFA）和数据包络分析（DEA）。与 SFA 相比，DEA 能解决多投

入和多产出的问题，基于 DEA 法的这一个优点，本书将利用 DEA 法来测算高校科研产出效率。

基于不同生产可能集，且满足凸性、锥性、无效性及最小性假设，在规模报酬不变的假定下，Charnes 等（1978）提出了 CCR-DEA 模型，用来评价各决策单元（DMU）的相对有效性。在现实经济环境中，不完全竞争、政府管制、财务约束等因素将导致决策单元不能在最优规模下运营，Banker 基于生产可能集规模报酬可变假定，提出了非阿基米德无穷小量 BCC-DEA 模型，以克服 CCR-DEA 模型的缺陷。通过运行 DEAP2.1 软件，可以获得每个决策单元的综合技术效率、纯技术效率、规模效率指数，三者的关系是综合技术效率＝纯技术效率×规模效率。BCC-DEA 模型的判别规则是：如果某厂商的效率值等于 1，即 $\theta = 1$ 且 $S-i = 0$，$S+r = 0$ 时，则表明该厂商位于前沿面上，因而其效率是有效的；反之，如果某厂商的效率值不等于 1，则其效率是无效的。

BCC-DEA 模型能够对截面数据或者时间序列数据进行效率测量，但无法测量某一 DMU 的动态演进变化趋势。Malmquist 指数法克服了这一缺陷，即全要素生产率能够表现出某一 DMU 不同时期的效率变化趋势。Malmquist 指数最早被马姆奎斯特（S. Malmquist）提出，他将此方法用来研究消费问题。后来，此方法与 DEA 理论相结合并逐渐发展，被广泛应用于各个领域。它可以利用多种投入与多种产出进行相对效率分析。本书在此引入 1997 年 Ray 与 Desli 对 FGNZ 修正过的 Malmquist 模型，Malmquist 指数可以分解为技术进步指数（TC）与综合技术效率变化指数（TEC），综合技术效率变化指数又可以分解为纯技术效率变化指数（$PTEC$）与规模效率变化指数（SEC）。

$$M(x^t, y^t, x^{t+1}, y^{t+1})$$
$$= \frac{D_v^{t+1}(x^{t+1}, y^{t+1})}{D_v^t(x^t, y^t)} \times \left[\frac{D_v^t(x^t, y^t)}{D_v^{t+1}(x^t, y^t)} \times \frac{D_v^t(x^{t+1}, y^{t+1})}{D_v^{t+1}(x^{t+1}, y^{t+1})} \right]^{\frac{1}{2}} \times$$
$$\left[\frac{D_c^t(x^{t+1}, y^{t+1})/D_v^t(x^{t+1}, y^{t+1})}{D_c^t(x^t, y^t)/D_v^t(x^t, y^t)} \times \frac{D_c^{t+1}(x^{t+1}, y^{t+1})/D_v^{t+1}(x^{t+1}, y^{t+1})}{D_c^{t+1}(x^t, y^t)/D_v^{t+1}(x^t, y^t)} \right]^{\frac{1}{2}}$$
$$= TE \times TC \times SE = TC \times TEC \tag{1.59}$$

式（1.59）中，x^t、x^{t+1}、y^t、y^{t+1} 分别表示在 t 时期以及 $t+1$ 时期的投入产出数量。在规模报酬不变的情况下，$D_c^t(x^t, y^t)$、$D_c^{t+1}(x^t, y^t)$ 是 (x^t, y^t) 在 t 时期以及 $t+1$ 时期的距离函数。$D_c^t(x^{t+1}, y^{t+1})$、$D_c^{t+1}(x^{t+1}, y^{t+1})$ 是 $(x^{t+1},$

y^{t+1}）在 t 时期以及 $t+1$ 时期的距离函数。同理，在规模报酬可变的情况下，$D_v^t(x^t,\ y^t)$、$D_v^{t+1}(x^t,\ y^t)$ 是 $(x^t,\ y^t)$ 在 t 时期以及 $t+1$ 时期的距离函数，$D_v^t(x^{t+1},\ y^{t+1})$、$D_v^{t+1}(x^{t+1},\ y^{t+1})$ 是 $(x^{t+1},\ y^{t+1})$ 在 t 时期以及 $t+1$ 时期的距离函数。

当 $M(x^t,\ y^t,\ x^{t+1},\ y^{t+1})>1$ 时，表示从 t 时期以及 $t+1$ 时期的全要素生产率呈现上升的趋势；当 M 等于 1 时，表示效率不变；当 M 小于 1 时，表示效率下降。而 TEC 反映决策单元在 t 时期以及 $t+1$ 时期内的技术效率变动情况，当 $TEC>1$ 时，表示技术效率改善；当 $TEC<1$ 时，表示技术效率恶化。TC 反映技术进步情况，当 $TC>1$ 时，表示产业技术进步；当 $TC<1$ 时，表示技术衰退。

按照 DEA 软件使用的经验规则，所选取数据必须满足以下条件：一是要求决策单元数大于投入产出指标数总和的五倍，本书人文社会科学决策单元数为 80，自然科学决策单元数为 72，投入产出指标数为 5，显然符合 DEA 操作规则。二是 DEA 模型要求输入输出的指标数据具有相同的量纲和非负值，本研究观测值出现了负数，因此需要对原始观测值进行无量纲化处理。为了满足条件二，具体操作方法如下：

$$Y_{ij}=0.1+\frac{X_{ij}-\min(X_{ij})}{\max(X_{ij})-\min(X_{ij})}\times0.9 \qquad (1.60)$$

式中：Y_{ij} 为无量纲化处理后的数据，$0\leqslant Y_{ij}\leqslant1$；$X_{ij}$ 为第 i 个单元第 j 项指标的原始值；$\min(X_{ij})$ 为所有单元第 j 项指标的最小值；$\max(X_{ij})$ 为所有单元第 j 项指标的最大值。

1.3.8 直觉模糊综合评价研究

直观模糊综合评价法是基于模糊数学原理，在考虑不同因素影响的同时，出于某种研究意义和目的来对事物做出综合性决策的方法。其特点是每个被评价对象都被赋予唯一的评价值，可以避免不同的被评价对象所处对象集合不同的影响。直观模糊综合评价的目的是要选出较优对象，故还需要确定全部对象的综合评价结果的排序集，最后基于排序总结果进一步择优选择。

依据"双一流"高校教育质量分析因素建立模糊综合评价法评判决策模型，首先，设置评判因素集 $U=\{u_1,u_2,\cdots,u_m\}$，其中 u_m 是单个评价因素。其次，构建评分集 $V = \{V_1, V_2, \cdots, V_n\}$，其中 V_n 代表第 n 个评价结果。根据"双一流"高校教育质量结果，将单因素模糊评价标准化并单位化后组成模糊关系矩阵 $\boldsymbol{R}$。

$$\boldsymbol{R} = \begin{bmatrix} \gamma_{11} & \gamma_{12} & \cdots & \gamma_{1n} \\ \gamma_{21} & \gamma_{22} & \cdots & \gamma_{2n} \\ \vdots & \vdots & & \vdots \\ \gamma_{m1} & \gamma_{m2} & \cdots & \gamma_{mn} \end{bmatrix} \tag{1.61}$$

事实上，由于每个评价因素的重要性不同，所以对各评价因素的权重进行赋值，并进一步设立权重集，设为 $A = \{a_1, a_2, \cdots, a_m\}$，其中 a_m 为第 m 个评价因素的权重，且 $a_m \geqslant 0$，$\Sigma a_m = 1$。

将权重集 A 与模糊关系矩阵 $\boldsymbol{R}$ 通过乘法运算合成模糊综合评价结果矢量 $\boldsymbol{B}$。模糊综合评价模型构建为

$$\boldsymbol{B} = A \times \boldsymbol{R} = (b_1, b_2, \cdots, b_m) \tag{1.62}$$

合理的权重集对最终的评判结果会产生重要的影响，因此本书选用层次分析法（AHP）估算权重。简言之，综合评价问题本质上就是一个确定顺序问题。

层次分析法中引入了 1—9 标度法，用判断矩阵形式表示，实现比较判断的定量化。然后在形成判断矩阵后，通过计算判断矩阵的最大特征根及其特征向量，得出某层对于上一层次某一个元素的相对重要性权值。计算得出某一层次相对于上一层次各个因素的单排序权值，对上一层次因素本身的权值进行加权综合处理得出结果，最终得到层次总排序权值。

1.4 本书特色

本书围绕高校建设中各个因素对"双一流"高校建设的影响展开讨论，主要运用灰色关联综合评价模型、灰色层次综合评价模型、TOPSIS 综合评价模型、组合赋权评价模型、线性回归模型、VAR 以及 VEC 模型、BP 神经网络方法、BCC – DEA 模型、直觉模糊综合评价模型等方法进行不同方面的讨论。

1. 灰色关联综合评价模型和灰色层次综合评价模型

采集各类学生基本情况等指标数据，运用灰色关联综合评价模型进行综合

量化评估，构建我国高等教育系统灰色评价体系，对研究生学生数、外国留学生数等分别进行灰色关联回归，分析评价其对高等教育"双一流"院校及学科的影响。运用灰色层次综合评价模型深入分析教职工基本情况，得出典型发达国家一流高校政策对于我国高校建设的推动作用和启示。

2. TOPSIS 综合评价模型

选取 80 所"双一流"高校作为样本，运用 TOPSIS 方法对 80 所"双一流"高校土地集约利用的状况进行评价。通过研究发现"双一流"高校在土地集约利用上存在的不足，并为其提出合理化的改进建议，以促进"双一流"高校土地集约度的提升，使其更大程度地发挥办学潜力，促进我国高等教育的发展。通过 TOPSIS 模型确定的最终相似接近度实际上就是各"双一流"高校土地集约利用的综合指数。若相似接近度越大，那么综合指数就越高，意味着相应的土地集约度就越高。

3. 集对分析评价模型

运用对客观赋权的标准离差贡献率法、熵值法、变异系数法这三种评价方法集对分析，建立组合赋权评价模型，并选取全国 74 个"双一流"高校为研究样本对实验室建设评价进行实证分析。融合了客观评价方法的优势，解决了不同单项评价方法对"双一流"高校实验室评价排名不一致、评价结果难统一的问题。

4. VEC 模型

通过建立线性回归模型、VAR 以及 VEC 模型，并采用协整分析、格兰杰因果检验、脉冲响应分析等方法对教育投资与经济增长理论进行实证分析，揭示二者的内在关系，通过 Johansen 协整检验的方法确定 VEC，并采用脉冲响应分析的方法，探讨教育投资和经济增长二者相互影响的内在关系。

5. BP 神经网络方法

对高校科研经费的投入进行研究。从固定资产、教学科研仪器设备的配置情况、图书册数等方面，选取六个变量作为评价指标，运用 BP 神经网络方法构建评价体系，并对其适用性进行验证。通过 R 软件创建 BP 神经网络，利用相关函数进行权值和阈值的确定。采用最小—最大标准化法对样本指标数据与总分进行归一化处理；采用 neuralnet 函数创建前向网络，实现神经网络从输入到输出的任意映射；计算神经网络的算法是 rprop +；输入层到隐含层的激励函数为 tansig；隐含层到输出层的激励函数为 purelin；学习速率设为 0.01；隐含层神经元个数为 3；误差函数的停止阈值为 0.001；允许最大迭代训练次数为 100000，展示的训练次数为 1000；设定网络收敛的误差性能指标为 MSE（均方误差）；linear. output = T 选择线性输出；其余参数均选用缺省值。在默认情况下，在 neuralnet 函数中使用的算法是基于未加权回溯的弹性反向传播，并且额外需要一个学习率，该学习率可以是与最小绝对梯度相关的学习率或者是最小学习率本身。

6. DEA 模型

在对"双一流"高校建设内涵等进行阐述的基础上，利用 BCC – DEA 模型从静态角度分析部分"双一流"高校科研产出效率每年的效率指标，并利用 Malmquist 模型从动态角度分析得到年平均的效率分解指标与全要素生产率。运用 DEAP2.1 软件，对部分"双一流"高校的人文科学及社会科学类、自然科学类分别进行 BCC 测算和 Malmquist 指数测度，分析其静态和动态变化。测算结果按照综合技术效率、技术进步、纯技术效率、规模效率和全要素生产率呈现。

7. 直觉模糊综合评价模型

借助主成分分析法估算权重，构造直觉模糊综合评价模型，对我国高校的教育质量进行综合评价。确定了九个指标：人文科学水平、社会科学水平、自然科学水平、科技经费投入、基建完成投资、长江学者数量、杰出青年数量、博士生数量和硕士生数量。对这九个指标进行量化处理，并进行相关的数据分析，对我国部分"双一流"高校的教育质量进行综合评价。

8. 高等教育投入产出模型的建立

首先将区域投入产出表中的教育行业分为高等教育及其他教育两个细分产业。由于数据的缺失等限制，高等教育对其他行业的投入很难确定。这里假设高等教育对每个行业的投入均是整个教育行业对其他行业投入的一部分，那么：

$$X_j^h = \alpha_j X_j^e \tag{1.63}$$

式中：X_j^h 为高等教育（high education）对其他各行业的投入；X_j^e 为整个教育行业（education）对其他行业的投入；α_j 为系数，用来确定教育行业对其他行业的投入中高等教育所占的比例。

价值型投入产业教育经费分解详见表 1.1。

表 1.1　价值型投入产出教育经费分解表

项目		中间使用（Intermediate Demands）			最终产出（Final Output）	总产出（Output）
		产业 1（Sector 1）	产业 j（Sector j）	产业 n（Sector n）		
中间投入（Intermediate Input）	产业 1（Sector 1）	x_{11}	x_{1j}	x_{1n}	Y_1	X_1
	产业 i（Sector i）	x_{i1}	x_{ij}	x_{in}	Y_i	X_i
	高等教育（Sector h）	x_{h1}	x_{hj}	x_{hn}	Y_h	X_h
	其他教育（Sector e）	x_{e1}	x_{ej}	x_{en}	Y_e	X_e
	产业 n（Sector n）	x_{n1}	x_{nj}	x_{nn}	Y_n	X_n
最初投入/增加值（Value – added）		v_1	v_j	v_n		
总投入（Input）		X_1	X_j	X_n		

投入产出行模型为

$$\sum x_{ij} + Y_i = X_i \tag{1.64}$$

（1）影响力系数，指 j 产业部门在生产过程中每增加单位最终需求，对国民经济各产业部门的生产需求波及程度，计算公式为

$$F_j = \sum_{i=1}^{n} b_{ij} \bigg/ \frac{1}{n} \sum_{j=1}^{n} \sum_{i=1}^{n} b_{ij} \quad (j = 1, 2, \cdots, n) \tag{1.65}$$

式中：$\bar{b}_{ij}$ 为列昂惕夫逆矩阵系数。

（2）感应度系数，指国民经济各产业部门均增加一个单位最终产品时，i 部门所受到的需求感应程度，i = 1，2，…，n，计算公式为

$$E_i = \sum_{j=1}^{n} b_{ij} \bigg/ \frac{1}{n} \sum_{j=1}^{n} \sum_{i=1}^{n} b_{ij} \quad (i = 1, 2, \cdots, n) \tag{1.66}$$

1.5　小　结

本书围绕高校建设中各关键因素对"双一流"高校建设的影响展开讨论，首先从国家、社会、高校三个层面分析高等教育系统评价的研究背景和研究意义。其次，从现状、内容、政策和相关运用四个方面对文献进行整理。最后，介绍灰色关联综合评价模型、灰色层次综合评价法、TOPSIS 综合评价模型、

组合赋权评价模型、线性回归模型、VAR 以及 VEC 模型、BP 神经网络方法、DEA – BCC 模型、直觉模糊综合评价模型等方法如何应用于高等教育评价实践中。

以学生情况为例。采集各类学生基本情况等指标数据，运用灰色关联综合评价模型进行综合量化评估，构建我国高等教育系统灰色评价体系，将研究生学生数、外国留学生数等分别进行灰色关联回归，分析评价其对"双一流"院校及学科的影响。

运用 TOPSIS 综合评价研究分析高等学校教育用地对"双一流"高校建设的影响。通过选取 80 所"双一流"高校作为样本，运用 TOPSIS 的方法对 80 所"双一流"高校土地集约利用的状况进行评价。通过研究发现"双一流"高校在土地集约利用上存在的不足，并为其提出合理化的改进建议。通过 TOPSIS 模型确定的最终相似接近度实际上就是各"双一流"高校土地集约利用的综合指数。若相似接近度越大，那么综合指数就越高，意味着相应的土地集约度越高。研究结果从城市来看，北京高校土地集约度比较高；从地区来看，华北地区土地集约度比较高。

运用组合赋权评价模型分析高校实验室建设对"双一流"高校建设的影响。对客观赋权的标准离差贡献率法、熵值法、变异系数法这三种评价方法集对分析，建立组合赋权评价模型并选取了全国 74 个"双一流"高校为研究样本对实验室建设评价进行实证分析，该方法融合了客观评价方法的优势，解决了不同单项评价方法对"双一流"高校实验室评价排名不一致、评价结果难统一的问题。

研究教育投资与经济增长二者复杂的关系。首先，通过建立线性回归模型、VAR 以及 VEC 模型，并采用协整分析、格兰杰因果检验、脉冲响应分析等方法对教育投资与经济增长的理论进行实证分析，来揭示二者内在关系，结果表明我国教育投资与经济增长之间存在双向因果关系，教育投资对经济增长的拉动作用大于经济增长对教育投资的拉动作用，且经济增长对教育投资的促进作用具有一定的时滞性。

本书对高校科研经费的投入进行了研究。从固定资产、教学科研仪器设备的配置情况、图书册数等方面选取六个变量作为评价指标，运用 BP 神经网络方法构建评价体系，并对其适用性进行了验证。通过 R 软件创建 BP 神经网络，利用相关函数进行权重和阈值的确定。能够对高校科研经费的投入进行一定的调整与预测，可以很好地将构建的理论模型应用到实践，为"双一流"高校建设提供参考。

利用 DEA - BCC 模型从静态角度分析部分"双一流"高校科研产出效率每年的效率指标，并利用 Malmquist 模型从动态角度分析得到年平均的效率分解指标与全要素生产率。运用 DEAP2.1 软件，对"双一流"高校的人文及社会科学类、自然科学类分别进行 BCC 测算和 Malmquist 指数测度，分析其静态与动态变化。测算结果按照综合技术效率、技术进步、纯技术效率、规模效率和全要素生产率呈现。研究表明，大部分"双一流"高校已达到 DEA 有效状态，但仍有部分高校存在科研投入与产出效率不成正比，最根本的制约因素是由于管理决策与规模报酬递减。

高等教育对社会经济的促进作用很难被量化。本书使用历年高等教育经费来源在整个教育行业中的比例将高等教育从教育行业投入产出表中分离出来，建立高等教育投入产出模型，从而计算出高等教育影响其他各个行业的直接效应及完全效应，并从推动效应及拉动效应两个方面分析了高等教育对其他行业的影响。结果发现高等教育的主要拉动作用集中体现在制造业上，而推动作用却体现在矿床采掘业上。另外，高等教育对各个产业的促进作用已经从制造业扩大到了服务业，在服务业中的作用越来越突出。纵观中国整个产业链的发展，高等教育与农业关联度较低，主要原因是高等教育孵化的高科技产品技术在制造业中应用最广泛。本书借助主成分分析法估算权重，构造直觉模糊综合评价模型对我国高校的教育质量进行综合评价。研究发现：约有 48.7% 的人认为当前的双一流高校教育质量优秀，31.9% 的人认为教育质量良好，19.3% 的认为教育质量处于中等水平，0.12% 的人教育质量较差。

参考文献

[1] 陈路，王艳艳. "双一流"建设背景下的高校分类发展 [J]. 教育发展研究，2017 (23)：50 - 55.

[2] 余小波，陆启越，范玉鹏. "双一流"建设中引入大学社会评价机制的思考 [J]. 大学教育科学，2017 (6)：26 - 31.

[3] 宾厚，孙平，王欢芳. 在"双一流"建设下地方高校研究生教学与科研互动路径探析 [J]. 课程教育研究，2018 (6)：13 - 14.

[4] 赵颖，洪珊. "双一流"建设背景下学院内部治理的路径分析 [J]. 北京教育（高

教），2019（7）：72 - 75.

［5］于佳倩，秦猛，刘浩. "双一流"建设背景下基本科研业务费的管理［J］. 中国管理信息化，2019，22（13）：216 - 218.

［6］胡建华. "双一流"建设对大学学科调整的影响［J］. 南京师范大学学报（社会科学版），2019（4）：20 - 26.

［7］谢玉龙，李芳，罗军. "双一流"大学建设背景下地方本科院校教育经费管理探讨［J］. 经济研究导刊，2019（19）：193 - 195.

［8］高铃铃，方瑜，于晓云. 教学实验室优化建设促高校"双一流"建设［J］. 新校园，2017（7）：47 - 48.

［9］张海峰，郑旭. "双一流"背景下高校大型仪器设备开放共享新举措［J］. 实验技术与管理，2019，36（6）：8 - 11.

［10］李漠叶. "双一流"建设视阈下对大学校园文化建设评价的若干思考［J］. 北京教育（高教版），2019（Z1）：90 - 91.

［11］郭霄鹏，张京京. 以大学文化引领高校"双一流"建设［J］. 课程教育研究，2016（13）：11 - 12.

［12］仇洪星. "双一流"建设与大学文化塑造分析［J］. 课程教育研究，2017（49）：45 - 46.

［13］罗洪铁. 再论人才定义的实质问题［J］. 中国人才，2002（3）：23 - 24.

［14］胡云生. 大河趟水：谁动了人才标准的奶酪［J］. 人才瞭望，2003（5）：21 - 22.

［15］林春丽. 论人才定义与人力资源开发［J］. 人才开发，2002（12）：13 - 14.

［16］李海生，陈英华，沈利民，等. 基于产学研联合的研究生创新人才培养研究与实践［J］. 大学教育，2019（11）：156 - 158.

［17］冷余生. 论创新人才培养的意义与条件［J］. 高等教育研究，2000（1）：50 - 55.

［18］杜晓利，沈百福. 我国公共教育资源配置研究［J］. 教育理论与实践，2010（5）：18 - 21.

［19］温以萍，包吉祥. 教育投入、人力资本优化与区域经济增长研究：基于省级面板数据的实证分析［J］. 价格月刊，2018（9）：82 - 89.

［20］方超，黄斌. 信息技术促进了学生的学业表现吗：基于中国教育追踪调查数据的实证研究［J］. 开放教育研究，2018，24（6）：88 - 99.

［21］顾芸. 教育投入、时空效应与经济增长：兼论教育投入对经济增长的"效率与公平"作用［J］. 现代教育管理，2018（5）：36 - 40.

［22］孟望生，姜莱. 人力资本投资与物质资本回报率互动关系的实证检验［J］. 统计与决策，2018，34（12）：173 - 177.

［23］杨蓉，刘婷婷. 中国教育经费配置结构分析：基于历史趋势和国际视野的双重探讨

［J］．全球教育展望，2019，48（6）：46－61.

［24］卜振兴．论教育投入及其结构对经济增长的作用［J］．西南大学学报（社会科学版），2015，41（5）：81－89，206－207.

［25］田家银．安徽省教育投资与经济增长的实证分析［J］．中国国际财经（中英文），2018（5）：53－56.

［26］刘治松，贾凯威．辽宁省政府教育支出与经济增长的协整关系研究［J］．财经问题研究，2009（6）：17－20.

［27］徐立红．内蒙古高等教育对经济增长贡献率的测算［J］．新西部（下旬刊），2009（11）：43，49.

［28］马玲玲．基于 Malmquist 指数模型的研究型高校科研绩效评价［J］．统计与决策，2018，34（22）：68－70.

［29］宗晓华，付呈祥．我国研究型大学科研绩效及其影响因素：基于教育部直属高校相关数据的实证分析［J］．高校教育管理，2019，13（5）：26－35.

［30］韩海彬，李全生．基于 AHP/DEA 的高校人文社会科学科研效率评价研究［J］．高教发展与评估，2010，26（2）：49－56，122.

［31］李彦华，张月婷，牛蕾．中国高校科研效率评价：以中国"双一流"高校为例［J］．统计与决策，2019，35（17）：108－111.

［32］ABRAMO G，D'ANGELO C A，PUG－NIF. The measurement of Italian universities' research productivity by a non parametric－bibliometric methodology［J］. Scientometric，2008，76（2）：225－244.

［33］JOHNES，J. LI Y. Measuring the research per－formance of Chinese higher education institutions using data envelopment analysis［J］. China economic review，2008（19）：679－696.

［34］方惠坚，张宏涛．"科教兴国"的关键之一是提高知识分子待遇［J］．清华大学学报（哲学社会科学版），1997（3）：12－13.

［35］王冀生．建设具有中国特色的高等教育评估制度的基本要点［J］．高等教育研究，1994（1）：43－47.

［36］施小光．文化传承与创新：现代大学新使命［J］．清华大学教育研究，2011，32（3）：50－52.

［37］马金森，李梅．全球化背景下高等教育公私属性的思考［J］．教育发展研究，2007（3A）：8－11.

［38］蔡宗模，杨慷慨，张海生，等．来华留学教育质量到底如何：基于 C 大学"一带一路"来华留学教育的深描［J］．清华大学教育研究，2019，40（4）：104－112.

［39］褚照锋．地方政府推进一流大学与一流学科建设的策略与反思：基于 24 个地区"双一流"政策文本的分析［J］．中国高教研究，2017（8）：50－55，67.

［40］吴增礼，巩红新. "双一流"建设研究的核心问题［J］. 大学教育科学，2017（4）：
31－36.

［41］徐巧云，王惠芝. 日俄法三国创建世界一流大学的政策研究［J］. 江汉大学学报
（社会科学版），2019，36（5）：118－124，129.

［42］郑代良，钟书华. 中国高层次人才政策现状、问题与对策［J］. 科研管理，2012
（9）：130－137.

［43］耿叶萌. 多元统计分析在高等教育评价中的应用［D］. 成都：电子科技大学，2015.

［44］刘茂梅. 我国高等学校绩效评价模式研究［D］. 长沙：湖南大学，2017：7－8.

［45］魏春梅. 多元统计分析在高校教师教学质量管理中的应用研究［J］. 高等函授学报
（自然科学版），2010，23（5）：52－55.

［46］余天佐，韩映雄. SERVQUAL 在高等教育服务质量评价中的应用研究述评［J］. 现
代大学教育，2010（6）：59－63.

［47］于博. 大学排名与第三方高等教育评价机构［J］. 经济研究导刊，2016（29）：
179－180.

［48］蒋诗泉，刘思峰，刘中侠，等. 灰色面板数据视域下的相似性和接近性关联度模型
拓展［J］. 运筹与管理，2019，28（4）：163－168.

［49］王建玲，刘思峰，邱广华，等. 基于信息集结的新型灰色关联度构建及应用［J］.
系统工程与电子技术，2010，32（1）：77－81.

［50］田民，刘思峰，卜志坤. 灰色关联度算法模型的研究综述［J］. 统计与决策，2008
（1）：24－27.

［51］曹明霞，党耀国，张蓉，等. 对灰色关联度计算方法的改进［J］. 统计与决策，
2007（7）：29－30.

第2章　高等教育学生基本情况灰色关联系统评价研究

2.1　引　言

本章从学生素质和学生质量出发，研究一流高校和一流学科建设过程中学生培养方面存在的问题，为我国"双一流"高校的建设、创新创业型人才的引进、高等教育学生质量的提升提供重要的理论依据。

2.1.1　研究背景

为实现中华民族伟大复兴，我国提出了"科教兴国，人才强国"的战略。在全球化视角下，为了突破视阈选择局限性和经验共性，创新性地提出了"双一流"战略。本章以我国部分高校学生现状为例，结合发达国家一流高校建设经验，分析了我国部分"双一流"高校学生培养的规模与结构、数量与质量，揭示学生培养水平在高校发展中的意义，进而为"双一流"高校建设的推进提供政策建议。

2.1.2　研究意义

高等教育的根本目的在于培养人才，提高学生的综合素质和能力。近年来，习近平总书记的"四个全面"得到很好的贯彻落实。此外，"创新"作为国家的大政方针，也突显了我们国家高度重视创新人才。本章对"双一流"、学生培养等概念进行梳理，并对部分"双一流"高校学生培养结构、数量、质量等方面进行科学合理的评价，从而为我国高校学生培养水平的发展提供可靠的理论依据。

高校学生素质和学生质量评估是高等教育评估的一个重要方面，对提升高等教育质量具有重要的意义。本章选取了 2014—2018 年 80 所"双一流"高校的学生的相关数据，构建合理的学生基本情况评价指标体系，运用灰色关联分析方法对其进行分析，旨在发现"双一流"高校在学生培养方面的薄弱之处，并提出合理化的改进建议，以促进"双一流"学生素质的提升，推动我国高等教育高质量发展。研究意义如下。

首先，有助于推动高校树立高素质学生的培养理念。通过对部分"双一流"高校各类学生素质情况的分析，从高校各类学生发展的视角出发，推动各高校树立提升学生素质的理念。合理提升学校水平必须从学生质量方面考虑，逐步提升学生整体发展水平。

其次，有利于坚持立德树人为根本支撑人才强国和创新驱动战略。通过灰色关联评价法对学生进行评价归纳影响因素，提升学生整体素质。

最后，有助于高校学生培养资源的合理分配。在学生培养方面合理的分配各种资源，积极促进学生之间资源的交流和融合，提升高校的学生培养水平，促进"双一流"高校的建设。

2.2　文献综述

大学生综合素质评价的结果既可以作为高校人才培养质量的检验标准，也可为人才选拔服务。胡玉蕾、高松（1998）简要分析在加强素质教育重要性的前提下，提出了高等教育学生所应具备的素质，并针对各个维度进行分析，最后提出政策建议。方惠坚、张宏涛（1997）主要研究了建设一流大学的必要因素，包括校园环境、办学条件和师资队伍三个因素。胡丽、张杨（2007）基于模糊评价高校学生素质综合评价模型（FIEM），并以此为基础设立综合评价系统，通过分层模糊运算得出评价结果，由系统智能生成评语。吴树青（2007）指出我国高校尚不能满足建设创新型国家的要求，同其他创新型国家的高校之间存在着较明显的差距，当务之急是大力提升我国高校的创新能力，因此要进行教育理念的改革，探索有利于创新型人才培养的教育模式，加强科技创新能力建设，缩小同国外创新型高校的差距。王中荣（2008）提出对学生素质的评价要从两方面入手，一是关注学业成绩，二是发现和发展学生各方面的潜能。张雅丽（2010）认为信息素养应该是在当代高速发展的信息技术环境下独立的学习、创新能力以及对于社会发展的责任感。杨强、李红卫（2011）提出学生素养的重要性指出学生创造性思维的根源，终身学习的理念都是素质的构建。丁念金（2014）提出学生素质发展评价要借助于科学手段收集最全面的信息，提倡个性化理念，并介绍了有关个性化理念的基本依据和关键途径。王辉、李慧卿、贾鹏（2014）提出当代大学生综合素质应受到重视，高校应科学构建评价体系，构建以关注学生个性发展为导向的大学生综合素质评价体系。昂洋（2016）将研究生教育作为研究对象，从思想引领、学术精神和自我管理、师生关系等角度分析了研究生教育在"双一流"建设中的策略和意义。黄保红（2018）提出大学生素质评价体系需要调整，应深化大学生综合素质内涵，提升结构，推动高校建设发展。

近年来，关于"双一流"高校的研究备受关注，但多用定性分析来讨论所面临的问题以及解决措施，这与如何建设"双一流"高校存在一定的偏差。在高校的建设上，学者们多采取各个省份的纵向对比，本章将以教育部直属高校为例，采取定量分析方法，分析各高校关于创新人才存在的问题，并试图给出解决方案，希望能为高校的发展提供新方向，为相关研究带来新思路。

本章通过对比分析为各高校提供建议，创新点在于采取定量的方式进行分析研究，运用随机不确定性的灰色关联分析模型进行多尺度多维度的分析，使问题和建议更具有针对性和可行性。

2.3 灰色随机不确定关联模型构建

本章采用灰色随机不确定关联模型来评价高校学生培养情况。并对该模型的相关定义及理论进行阐述。

2.3.1　基础定义

假设研究对象对某一问题 Q 在时间点 a 的评估，其数值分布如表 2.1 所示。

表 2.1　研究对象的取值分布

分　值	x_1	x_2	$\cdots$	x_n
可信度	$f(x_1)$	$f(x_2)$	$\cdots$	$f(x_n)$

研究对象对某一问题 Q 在时间点 a 的评估为不确定数，记作：

$$\hat{Q}_a = \begin{cases} (x_1, f(x_1)) \\ \quad\vdots \\ (x_n, f(x_n)) \end{cases} \tag{2.1}$$

同理，在时间点 b 的评估也为不确定数，记作：

$$\hat{Q}_b = \begin{cases} (y_1, g(y_1)) \\ \quad\vdots \\ (y_m, g(y_m)) \end{cases} \tag{2.2}$$

称表 2.2 的矩阵为可能值带边和矩阵，称表 2.3 所示矩阵为可信度带边积矩阵。将表 2.2 内 $n \times m$ 个可能值 $x_i + y_j$ 从小到大排列（相同的元素进行合并），记作 v_1，$\cdots$，v_l，将表 2.3 中相应 $n \times m$ 个可信度 $f(x_i)g(y_j)$ 排成一序列（相同的可能值元素可信度相加），记作 $h(v_1), \cdots, h(v_l)$，则

$$\hat{Q}_a + \hat{Q}_b = \begin{cases} (v_1, h(v_1)) \\ \quad\vdots \\ (v_l, h(v_l)) \end{cases} \tag{2.3}$$

其中 $l \leqslant n \leqslant m$。在对高阶不确定数进行计算时，将可信度进行合并来实行降阶运算。不确定数的减、乘、除运算是将表 2.2 中的 "＋" 分别换成 "－""×""÷"，但可信度仍是用乘法计算，表 2.3 中的可信度带边积矩阵不变。

表 2.2   可能值带边和矩阵

x_1	$x_1 + y_1$	$x_1 + y_2$	$\cdots$	$x_1 + y_m$
$\vdots$	$\vdots$	$\vdots$		$\vdots$
x_n	$x_n + y_1$	$x_n + y_2$	$\cdots$	$x_n + y_m$
+	y_1	y_2	$\cdots$	y_m

表 2.3   可信度带边积矩阵

$f(x_1)$	$f(x_1)g(y_1)$	$f(x_1)g(y_2)$	$\cdots$	$f(x_1)g(y_m)$
$\vdots$	$\vdots$	$\vdots$		$\vdots$
$f(x_n)$	$f(x_n)g(y_1)$	$f(x_n)g(y_2)$	$\cdots$	$f(x_n)g(y_m)$
$\times$	$g(y_1)$	$g(y_2)$	$\cdots$	$g(y_m)$

2.3.2   基于随机不确定数的定义及运算规则

1. 随机不确定数的定义

若 X 为随机变量，其取值分布如表 2.4 所示。则称 $\widehat{Q}_a = (E(x), F(x))$ 为随机不确定数[1]。

表 2.4   随机变量的取值分布

分值	x_1	x_2	$\cdots$	x_s
概率	p_1	p_2	$\cdots$	p_s

其中，$a \leqslant X_1 \leqslant X_2 \leqslant \cdots \leqslant X_s \leqslant b$，则称 $E(x) = \sum_{i=1}^{s} x_i p_i$ 为白化值。该随机不确定数的不确定度 $H = -\sum_{i=1}^{s} p_i \ln p_i$，不确定度越高说明其可信度越低，令可信度 $F(x) = 1/H$，$F(x)$ 越大，说明该随机不确定数取值为 $E(x)$ 的可信度就越高。

---

[1] 王建玲，刘思峰，邱广华，等. 基于信息集结的灰色关联度构建及应用 [J]. 系统工程与电子技术，2010（1）：77 – 81.

2. 随机不确定数的运算规则

设 $\hat{Q}_a = (E(x), F(x))$，$\hat{Q}_b = (E(y), F(y))$ 为随机不确定数，根据不确定数的运算法则，$\hat{Q}_a + \hat{Q}_b = (E(x) + E(y), F(x)F(y))$，其白化值运算及其可信度运算分别如表 2.5 和表 2.6 所示。

表 2.5　随机不确定数的白化值

$E(x)$	$E(x) + E(y)$
+	$E(y)$

表 2.6　随机不确定数的可信度

$F(x)$	$F(x)F(y)$
×	$F(y)$

同理，随机不确定数的减、乘、除运算是将表 2.5 中的 " + " 分别换成 " – " " × " " ÷ "，但可信度仍是用乘法计算，表 2.6 中的可信度带边积矩阵不变。

2.3.3　基于随机不确定数的灰色关联度构建

若随机不确定数 $\hat{Q}_a = (E(x), F(x))$，$\hat{Q}_b = (E(y), F(y))$，则

$$L(A, B) = | E(x) - E(y) | \tag{2.4}$$

为随机不确定数 A 和 B 的距离，该距离的取值为 $| E(x) - E(y) |$，可信度是 $F(x)F(y)$。

设系统行为随机不确定数序列为

$$X_0 = ((E_{01}, F_{01}), (E_{02}, F_{02}), \cdots, (E_{0n}, F_{0n}))$$

$$X_1 = ((E_{11}, F_{11}), (E_{12}, F_{12}), \cdots, (E_{1n}, F_{1n}))$$

$$X_2 = ((E_{21}, F_{21}), (E_{22}, F_{22}), \cdots, (E_{2n}, F_{2n}))$$

$$\cdots\cdots\cdots$$

$$X_m = ((E_{m1}, F_{m1}), (E_{m2}, F_{m2}), \cdots, (E_{mn}, F_{mn}))$$

则

$$\xi_{0i}(k) = \frac{\min_i \min_k L_{0i}(k) + \xi \max_i \max_k L_{0i}(k)}{L_{0i}(k) + \xi \max_i \max_k L_{0i}(k)} \tag{2.5}$$

为随机不确定数 X_0 与 X_i 在 k 时刻的关联系数，其中 $L_{0i}(k)$ 为点 (E_{0k}, F_{0k}) 到点 (E_{ik}, F_{ik}) 的距离；分辨系数 $\xi \in [0, 1]$，通常令 $\xi = 0.5$。那么该时刻点关联系数取值为 $\xi_{0i}(k)$ 的可信度为

$$F(\xi_{0i}(k)) = F(\min_i \min_k E_{0i}(k)) \times F(E_{0i}(k)) \times F^2(\max_i \max_k E_{0i}(k))$$

令

$$\sigma_{0i} = \sum_{k=1}^{n} \omega_k \xi_{0i}(k) \tag{2.6}$$

式中：σ_{0i} 为随机不确定数序列 X_0 与 X_i 的关联度。

其中，各时刻点的权重定义为

$$\omega_k = \frac{F(\xi_{0i}(k))}{\sum\limits_{k=1}^{n} F(\xi_{0i}(k))} \tag{2.7}$$

且满足

$$\omega_k > 0 \quad (k = 1, 2, \cdots, n), \quad \sum_{k=1}^{n} \omega_k = 1 \tag{2.8}$$

2.4　学生基本情况灰色关联度分析

采用基于随机不确定数的灰色关联度。以各类学生基本情况作为特征行为序列，计算该行为序列和相关因素序列 X_1，X_2，$\cdots$，X_{14} 之间的关联度，其中第 1 个时间点代表 2018 年，第 2 个时间点代表 2017 年，以此类推，一直到第 5 个时间点代表 2014 年，由此可以得知各类学生基本情况的指标取值。

2.4.1　数据来源

1. 样本数据的选取

选取目前各类学生基本情况作为研究样本，然后根据各类学生的特点，对硕士研究生数、博士研究生数、学历教育外国留学生分层次情况进行具体分析，本章数据均来自"教育部直属高校工作咨询委员会"内部数据。

2. 样本指标的选取

本章选取 2014—2018 年各类学生的基本数据，形成灰色关联分析体系。

由点及面分析教育部直属高校学生素质情况。

2.4.2　硕士研究生数灰色关联分析

选取 2014—2018 年硕士研究生数作为分析指标进行灰色关联度分析，计算灰色关联系数结果如下。

1. 确定特征行为序列和相关因素序列

本章将北京大学作为特征行为序列 $X_0 = (x_0(1), x_0(2), x_0(3))$，其他 74 所高校作为相关因素序列 $X_1 \sim X_{74}$，主要研究硕士毕业生数、授予学位数、预计毕业生数对高校学生评估的关联度。由 75 所高校和前面确定的指标集，建立 75×75 的行为指标矩阵。以 2014—2018 年的平均值为例计算各高校的灰色关联度。

2. 灰色绝对关联度的计算

将行为指标矩阵代入式（2.4）得到序列的始点零化像 x_i^0。

序列 [1] 为系统特征序列，其余序列与它的邓氏关联度的计算过程如下。

第一步，计算序列初值像。

表 2.7　2014—2018 年部分高校硕士研究生数序列初值像

学校名称	授予学位数	预计毕业生数
中国人民大学	0.9995	1.417
清华大学	0.9966	1.021
北京交通大学	0.9953	1.9435
北京科技大学	0.9988	1.765
北京化工大学	0.9966	1.2144
北京邮电大学	0.9995	1.2765
中国农业大学	0.9579	1.5898
北京林业大学	1.0328	1.3146
北京中医药大学	1.0715	1.2573
北京师范大学	0.9984	1.5024

续表

学校名称	授予学位数	预计毕业生数
北京外国语大学	0.9994	1.258
北京语言大学	0.9984	1.2395
中国传媒大学	0.9990	1.3218
中央财经大学	1.0000	1.0209
对外经济贸易大学	0.9935	1.2006
中央音乐学院	0.9570	1.2258
中央美术学院	1.0115	1.266
中央戏剧学院	1.0000	0.9733
中国政法大学	1.0581	1.3411
中国石油大学（北京）	1.0034	1.327
中国石油大学（华东）	1.0038	1.3774
华北电力大学	1.0000	1.1602
南开大学	1.0000	1.2232
天津大学	0.9267	1.5411
大连理工大学	0.9694	1.6048
东北大学	1.0000	1.6021
吉林大学	1.0000	1.2263
东北师范大学	1.0000	0.8501
东北林业大学	1.0000	1.4763
复旦大学	0.9861	1.4886
同济大学	1.0208	1.9075
上海交通大学	0.9660	1.2527
华东理工大学	0.9651	1.3859
东华大学	0.9990	1.344
华东师范大学	0.9934	1.4664
上海外国语大学	1.0000	1.3298
上海财经大学	0.9855	1.5056

续表

学校名称	授予学位数	预计毕业生数
南京大学	0.9940	1.6549
东南大学	0.9792	1.5767
中国矿业大学	0.9841	1.4899
中国矿业大学（北京）	1.0007	1.1835
河海大学	1.0000	1.7733
江南大学	0.9899	1.3195
南京农业大学	0.9773	1.7586
中国药科大学	0.9990	1.279
浙江大学	0.9979	1.4296
合肥工业大学	0.9530	1.5269
厦门大学	0.9945	1.4917
山东大学	0.9999	1.2347
中国海洋大学	0.9996	1.375
武汉大学	1.0089	1.3064
华中科技大学	1.0059	1.3242
中国地质大学（武汉）	1.0003	1.5195
中国地质大学（北京）	1.0000	1.3221
武汉理工大学	0.9967	1.4663
华中农业大学	0.9933	1.625
华中师范大学	0.9990	1.3599
中南财经政法大学	0.9955	1.5849
湖南大学	1.0000	1.8241
中南大学	1.0184	1.7483
中山大学	0.9852	1.5576
华南理工大学	0.9969	1.4008
重庆大学	1.0000	1.13
西南大学	0.9963	1.5225

学校名称	授予学位数	预计毕业生数
四川大学	0.9338	1.3678
西南交通大学	0.8972	2.0405
电子科技大学	0.9996	1.3192
西南财经大学	1.0000	1.315
西安交通大学	1.0030	1.63
西安电子科技大学	0.9925	1.4072
长安大学	1.1012	1.325
西北农林科技大学	0.9946	1.2407
陕西师范大学	0.9988	1.4057
兰州大学	0.9611	1.2924

第二步，计算差序列。

表 2.8　2014—2018 年部分高校硕士研究生数灰色关联差序列

学校名称	授予学位数	预计毕业生数
中国人民大学	0.0029	0.3960
清华大学	0.0042	0.5265
北京交通大学	0.0007	0.3480
北京科技大学	0.0029	0.2025
北京化工大学	0.0001	0.1405
北京邮电大学	0.0416	0.1728
中国农业大学	0.0332	0.1024
北京林业大学	0.0720	0.1597
北京中医药大学	0.0011	0.0854
北京师范大学	0.0001	0.1590
北京外国语大学	0.0011	0.1774
北京语言大学	0.0005	0.0952
中国传媒大学	0.0005	0.3961
中央财经大学	0.0061	0.2164
对外经济贸易大学	0.0425	0.1912

学校名称	授予学位数	预计毕业生数
中央音乐学院	0.0120	0.1510
中央美术学院	0.0005	0.4437
中央戏剧学院	0.0586	0.0759
中国政法大学	0.0039	0.0900
中国石油大学（北京）	0.0043	0.0396
中国石油大学（华东）	0.0005	0.2568
华北电力大学	0.0005	0.1938
南开大学	0.0728	0.1241
天津大学	0.0302	0.1878
大连理工大学	0.0005	0.1851
东北大学	0.0005	0.1906
吉林大学	0.0005	0.5669
东北师范大学	0.0005	0.0593
东北林业大学	0.0134	0.0716
复旦大学	0.0213	0.4905
同济大学	0.0336	0.1643
上海交通大学	0.0344	0.0311
华东理工大学	0.0005	0.0730
东华大学	0.0061	0.0494
华东师范大学	0.0005	0.0872
上海外国语大学	0.0140	0.0886
上海财经大学	0.0056	0.2379
南京大学	0.0203	0.1597
东南大学	0.0154	0.0729
中国矿业大学	0.0012	0.2334
中国矿业大学（北京）	0.0005	0.3563
河海大学	0.0096	0.0975
江南大学	0.0222	0.3416
南京农业大学	0.0005	0.1380
中国药科大学	0.0016	0.0126
浙江大学	0.0465	0.1099

学校名称	授予学位数	预计毕业生数
合肥工业大学	0.0050	0.0748
厦门大学	0.0004	0.1823
山东大学	0.0001	0.0420
中国海洋大学	0.0094	0.1106
武汉大学	0.0064	0.0928
华中科技大学	0.0007	0.1025
中国地质大学（武汉）	0.0005	0.0948
中国地质大学（北京）	0.0029	0.0493
武汉理工大学	0.0062	0.2080
华中农业大学	0.0005	0.0570
华中师范大学	0.0040	0.1679
中南财经政法大学	0.0005	0.4071
湖南大学	0.0189	0.3313
中南大学	0.0143	0.1407
中山大学	0.0026	0.0162
华南理工大学	0.0005	0.2870
重庆大学	0.0033	0.1055
西南大学	0.0657	0.0492
四川大学	0.1023	0.6235
西南交通大学	0.0001	0.0978
电子科技大学	0.0005	0.1020
西南财经大学	0.0035	0.2130
西安交通大学	0.0070	0.0098
西安电子科技大学	0.1017	0.0920
长安大学	0.0049	0.1763
西北农林科技大学	0.0007	0.0113
陕西师范大学	0.0384	0.1246
兰州大学	0.3527	0.0135

第三步，计算极差。

极差最大值：0.6576。极差最小值：0.0000。

第四步，计算关联系数。

表 2.9　2014—2018 年部分高校硕士研究生数灰色关联系数

学校名称	授予学位数	预计毕业生数
中国人民大学	0.9907	0.4405
清华大学	0.9866	0.3719
北京交通大学	0.9977	0.4726
北京科技大学	0.9908	0.6062
北京化工大学	0.9998	0.6894
北京邮电大学	0.8822	0.6434
中国农业大学	0.9037	0.7528
北京林业大学	0.8124	0.6613
北京中医药大学	0.9966	0.7849
北京师范大学	0.9995	0.6623
北京外国语大学	0.9964	0.6373
北京语言大学	0.9985	0.7661
中国传媒大学	0.9984	0.4404
中央财经大学	0.9810	0.5903
对外经济贸易大学	0.8800	0.6199
中央音乐学院	0.9630	0.6737
中央美术学院	0.9984	0.4127
中央戏剧学院	0.8419	0.8042
中国政法大学	0.9877	0.7760
中国石油大学（北京）	0.9864	0.8874
中国石油大学（华东）	0.9984	0.5484
华北电力大学	0.9984	0.6167
南开大学	0.8107	0.7152
天津大学	0.9118	0.6241
大连理工大学	0.9984	0.6274
东北大学	0.9984	0.6205
吉林大学	0.9984	0.3548
东北师范大学	0.9984	0.8402
东北林业大学	0.9589	0.8133
复旦大学	0.9360	0.3886
同济大学	0.9028	0.6548

学校名称	授予学位数	预计毕业生数
上海交通大学	0.9005	0.9093
华东理工大学	0.9983	0.8103
东华大学	0.9809	0.8632
华东师范大学	0.9984	0.7815
上海外国语大学	0.9571	0.7787
上海财经大学	0.9825	0.5672
南京大学	0.9389	0.6613
东南大学	0.9529	0.8106
中国矿业大学	0.9963	0.5718
中国矿业大学（北京）	0.9984	0.4667
河海大学	0.9700	0.7619
江南大学	0.9336	0.4772
南京农业大学	0.9983	0.6932
中国药科大学	0.9947	0.9610
浙江大学	0.8702	0.7393
合肥工业大学	0.9842	0.8066
厦门大学	0.9988	0.6311
山东大学	0.9997	0.8814
中国海洋大学	0.9708	0.7381
武汉大学	0.9798	0.7706
华中科技大学	0.9976	0.7526
中国地质大学（武汉）	0.9984	0.7667
中国地质大学（北京）	0.9909	0.8635
武汉理工大学	0.9804	0.5999
华中农业大学	0.9983	0.8453
华中师范大学	0.9874	0.6499
中南财经政法大学	0.9984	0.4337
湖南大学	0.9429	0.4848
中南大学	0.9560	0.6891
中山大学	0.9917	0.9506
华南理工大学	0.9984	0.5207

学校名称	授予学位数	预计毕业生数
重庆大学	0.9897	0.7472
西南大学	0.8259	0.8636
四川大学	0.7530	0.3333
西南交通大学	0.9998	0.7613
电子科技大学	0.9984	0.7534
西南财经大学	0.9888	0.5941
西安交通大学	0.9781	0.9696
西安电子科技大学	0.7540	0.7721
长安大学	0.9844	0.6388
西北农林科技大学	0.9977	0.9649
陕西师范大学	0.8904	0.7145
兰州大学	0.8543	0.5421

第五步，计算其余序列与序列 ［1］ 的邓氏关联度。

最后得出以北京大学为基础序列，2014—2018 年 74 所高校硕士生数综合关联度，并对其进行排名，具体如表 2.10 所示。

表 2.10　2014—2018 年部分高校硕士研究生数综合关联度

学校名称	灰色综合关联度	排名
中国海洋大学	0.9822	1
中国石油大学（华东）	0.9806	2
华南理工大学	0.9754	3
华东理工大学	0.974	4
西安电子科技大学	0.9739	5
陕西师范大学	0.9692	6
华中师范大学	0.9688	7
中国人民大学	0.9588	8
东华大学	0.9553	9
浙江大学	0.9502	10
江南大学	0.9457	11
上海外国语大学	0.9433	12
中国传媒大学	0.9383	13

学校名称	灰色综合关联度	排名
中国石油大学（北京）	0.938	14
中国地质大学（北京）	0.9376	15
四川大学	0.9371	16
电子科技大学	0.9359	17
华中科技大学	0.9335	18
西南财经大学	0.9325	19
华东师范大学	0.9285	20
武汉理工大学	0.9254	21
武汉大学	0.9184	22
东北林业大学	0.9159	23
复旦大学	0.9156	24
中国矿业大学	0.9129	25
厦门大学	0.912	26
中国药科大学	0.9106	27
北京邮电大学	0.9086	28
上海财经大学	0.9055	29
中国政法大学	0.9048	30
北京林业大学	0.9039	31
北京师范大学	0.9023	32
兰州大学	0.9017	33
北京外国语大学	0.8984	34
西北农林科技大学	0.8942	35
西南大学	0.8939	36
中央美术学院	0.8916	37
中国地质大学（武汉）	0.8916	38
北京语言大学	0.8899	39
山东大学	0.8862	40
上海交通大学	0.8832	41
吉林大学	0.8821	42
南开大学	0.8806	43
中山大学	0.8801	44

学校名称	灰色综合关联度	排名
北京化工大学	0.8799	45
对外经济贸易大学	0.8771	46
中南财经政法大学	0.8671	47
东南大学	0.8664	48
长安大学	0.8655	49
合肥工业大学	0.8653	50
中国矿业大学（北京）	0.8631	51
中央音乐学院	0.8623	52
东北大学	0.8563	53
华北电力大学	0.855	54
华中农业大学	0.8548	55
大连理工大学	0.8465	56
重庆大学	0.8447	57
南京大学	0.8446	58
西安交通大学	0.8437	59
中国农业大学	0.8421	60
北京中医药大学	0.8413	61
天津大学	0.8383	62
清华大学	0.8183	63
中央财经大学	0.8149	64
北京科技大学	0.8116	65
南京农业大学	0.8104	66
河海大学	0.8087	67
中央戏剧学院	0.8047	68
湖南大学	0.7986	69
中南大学	0.7976	70
北京交通大学	0.7841	71
东北师范大学	0.7835	72
同济大学	0.766	73
西南交通大学	0.7048	74

关联度越大，说明被评价高校与理想高校的相关性越强，被评价高校学生

素质越好。具体的排名含义是排名越靠前,被评价高校与理想高校的关联性越高,则该高校在读的硕士生人数更加趋于合理。

2.4.3 博士研究生数灰色关联分析

选取 2014—2018 年博士研究生数作为分析指标进行灰色关联度分析,计算关联系数结果如下。

1. 确定特征行为序列和相关因素序列

本书将北京大学作为特征行为序列 $X_0 = (x_0(1), x_0(2), x_0(3))$,其他 74 所高校作为相关因素序列 $X_1 \sim X_{74}$,主要研究博士毕业生数、授予学位数、预计毕业生数对高校评估的关联度。由 75 所高校和前面确定的指标集,建立 75×75 的行为指标矩阵。以 2014—2018 年的平均值为例计算各高校的灰色关联度。

2. 灰色绝对关联度的计算

以北京大学为基本序列,计算 2014—2018 年部分高校博士研究生数综合关联度,并对其进行排名,具体如表 2.11 所示。

表 2.11 2014—2018 年部分高校博士研究生数综合关联度

学校名称	灰色综合关联度	排名
华东师范大学	0.9937	1
华北电力大学	0.9911	2
四川大学	0.9905	3
北京语言大学	0.9897	4
华东理工大学	0.988	5
浙江大学	0.9876	6
北京化工大学	0.9848	7
中国人民大学	0.9807	8
厦门大学	0.9801	9
复旦大学	0.9773	10
天津大学	0.9712	11
上海外国语大学	0.9698	12

学校名称	灰色综合关联度	排名
对外经济贸易大学	0.9688	13
兰州大学	0.9673	14
中国传媒大学	0.9658	15
中山大学	0.9632	16
中国药科大学	0.9631	17
中国地质大学（北京）	0.9623	18
山东大学	0.9619	19
武汉大学	0.9557	20
中国矿业大学（北京）	0.9537	21
南开大学	0.9533	22
江南大学	0.9507	23
上海交通大学	0.9487	24
上海财经大学	0.9482	25
南京农业大学	0.9469	26
华中科技大学	0.9418	27
中国石油大学（北京）	0.94	28
中国农业大学	0.9396	29
北京师范大学	0.9358	30
北京外国语大学	0.9346	31
华中师范大学	0.9331	32
南京大学	0.933	33
华中农业大学	0.9328	34
北京林业大学	0.931	35
北京邮电大学	0.9289	36
西北农林科技大学	0.9257	37
吉林大学	0.9235	38
中南财经政法大学	0.9166	39
中国海洋大学	0.9114	40
西南大学	0.9105	41
同济大学	0.9099	42
中央美术学院	0.9089	43

学校名称	灰色综合关联度	排名
中央财经大学	0.9082	44
中国政法大学	0.9041	45
重庆大学	0.9022	46
中国石油大学（华东）	0.8965	47
东华大学	0.8965	48
电子科技大学	0.8965	49
华南理工大学	0.8961	50
中央戏剧学院	0.8958	51
西南财经大学	0.8927	52
北京中医药大学	0.8916	53
清华大学	0.8884	54
中央音乐学院	0.887	55
东北师范大学	0.8866	56
东南大学	0.8865	57
中南大学	0.8863	58
大连理工大学	0.8785	59
东北林业大学	0.8656	60
湖南大学	0.8652	61
武汉理工大学	0.8575	62
北京科技大学	0.857	63
陕西师范大学	0.8566	64
中国地质大学（武汉）	0.8465	65
西安电子科技大学	0.8445	66
西安交通大学	0.8429	67
中国矿业大学	0.838	68
北京交通大学	0.8132	69
河海大学	0.8128	70
东北大学	0.8103	71
长安大学	0.8045	72
西南交通大学	0.7692	73
合肥工业大学	0.7674	74

关联度越大，说明被评价高校与理想高校的相关性越强，被评价高校学生素质越好。具体的排名含义是排名越靠前，被评价高校与理想高校的关联性越高，则该高校在读的博士生人数评价效果越好。

2.4.4　学历教育外国留学生分层次灰色关联分析

选取 2014—2018 年学历教育外国留学生分层次情况作为分析指标进行灰色关联度分析，计算关联系数结果如下。

1. 确定特征行为序列和相关因素序列

本章将北京大学作为特征行为序列 $X_0 = (x_0(1), x_0(2), x_0(3))$，其他 74 所高校作为相关因素序列 $X_1 \sim X_{74}$，主要研究毕业生数（含博士、硕士、本科）、招生数（含博士、硕士、本科）、在校生数（含博士、硕士、本科）对高校评估的关联度。由 75 所高校和前面确定的指标集，建立 75×75 的行为指标矩阵。以 2014—2018 年的平均值为例计算各高校的灰色关联度。

2. 灰色绝对关联度的计算

以北京大学为基本序列，计算 2014—2018 年部分高校学历教育外国留学生毕业生数灰色关联度，并对其进行排名，具体如表 2.12 所示。

表 2.12　2014—2018 年部分高校学历教育外国留学生毕业生数灰色关联度

学校名称	留学生毕业情况灰色关联度	排名
北京科技大学	0.9696	1
厦门大学	0.9489	2
复旦大学	0.942	3
华东理工大学	0.9388	4
中国传媒大学	0.932	5
大连理工大学	0.9301	6
华东师范大学	0.9183	7
同济大学	0.9153	8
西南交通大学	0.9072	9
北京邮电大学	0.8996	10
武汉理工大学	0.898	11

学校名称	留学生毕业情况灰色关联度	排名
中国地质大学（武汉）	0.8977	12
山东大学	0.8898	13
南京大学	0.8804	14
中国地质大学（北京）	0.8792	15
西安交通大学	0.8775	16
清华大学	0.8709	17
四川大学	0.8639	18
中国药科大学	0.8624	19
北京师范大学	0.8571	20
中央戏剧学院	0.8494	21
东南大学	0.8473	22
东北师范大学	0.8434	23
中央音乐学院	0.8291	24
吉林大学	0.8239	25
江南大学	0.8217	26
华中科技大学	0.8214	27
兰州大学	0.8185	28
浙江大学	0.814	29
中山大学	0.8126	30
中南财经政法大学	0.8033	32
中国矿业大学	0.8033	31
对外经济贸易大学	0.8032	33
中国海洋大学	0.7981	34
合肥工业大学	0.7973	35
上海交通大学	0.7956	36
上海财经大学	0.7926	37
华北电力大学	0.7909	38
中南大学	0.7893	39
中国政法大学	0.7882	40
西南大学	0.7847	41
东华大学	0.7839	42

续表

学校名称	留学生毕业情况灰色关联度	排名
武汉大学	0.772	43
上海外国语大学	0.7663	44
中央财经大学	0.7504	45
东北大学	0.7464	46
华中师范大学	0.7448	47
北京交通大学	0.737	48
重庆大学	0.733	49
北京化工大学	0.7285	50
华南理工大学	0.7228	51
中国石油大学（北京）	0.7202	52
西安电子科技大学	0.7132	53
北京林业大学	0.7129	54
中央美术学院	0.7127	55
河海大学	0.7109	56
南开大学	0.7097	57
中国人民大学	0.7031	58
西南财经大学	0.7016	59
北京中医药大学	0.6985	60
天津大学	0.6981	61
北京语言大学	0.6911	62
北京外国语大学	0.6749	63
华中农业大学	0.6744	64
中国石油大学（华东）	0.6701	65
南京农业大学	0.6678	66
陕西师范大学	0.6644	67
东北林业大学	0.6594	68
西北农林科技大学	0.6592	69
湖南大学	0.6511	70
长安大学	0.6435	71
中国农业大学	0.6417	72
电子科技大学	0.6366	73
中国矿业大学（北京）	0.6183	74

以北京大学为基本序列，计算 2014—2018 年部分高校学历教育外国留学生招生数灰色关联度，并对其进行排名，具体如表 2.13 所示。

表 2.13 2014—2018 年部分高校学历教育外国留学生招生数灰色关联度

学校名称	招生数灰色关联度	排名
北京科技大学	0.9615	1
天津大学	0.9614	2
西安交通大学	0.9313	3
北京师范大学	0.9274	4
华东理工大学	0.9137	5
厦门大学	0.9051	6
东北大学	0.9037	7
复旦大学	0.9015	8
北京邮电大学	0.8926	9
上海交通大学	0.8896	10
上海财经大学	0.8858	11
中国传媒大学	0.8707	12
东南大学	0.8681	13
中央戏剧学院	0.8677	14
清华大学	0.8627	15
华东师范大学	0.8596	16
西南财经大学	0.858	17
中央财经大学	0.8579	18
对外经济贸易大学	0.8494	19
中南大学	0.8492	20
华中师范大学	0.8464	21
南京大学	0.833	22
同济大学	0.8313	23
武汉理工大学	0.827	24
山东大学	0.8255	25
中山大学	0.8205	26
西南交通大学	0.818	27
吉林大学	0.8174	28
北京化工大学	0.8169	29

学校名称	招生数灰色关联度	排名
西南大学	0.8167	30
华中科技大学	0.8101	31
长安大学	0.8055	32
南开大学	0.7992	33
武汉大学	0.7972	34
江南大学	0.7948	35
东北师范大学	0.7905	36
西安电子科技大学	0.7841	37
北京交通大学	0.7811	38
浙江大学	0.775	39
中国石油大学（北京）	0.7728	40
中国政法大学	0.769	41
中国海洋大学	0.7675	42
中南财经政法大学	0.7642	43
中央音乐学院	0.7616	44
大连理工大学	0.7605	45
东华大学	0.7564	46
华南理工大学	0.7554	47
北京中医药大学	0.7547	48
中国药科大学	0.7542	49
东北林业大学	0.7534	50
湖南大学	0.7486	51
中国人民大学	0.7483	52
陕西师范大学	0.7473	53
河海大学	0.7403	54
兰州大学	0.7399	55
华北电力大学	0.7397	56
北京林业大学	0.7355	57
合肥工业大学	0.735	58
中国地质大学（北京）	0.7268	59
中国矿业大学	0.7186	60

学校名称	招生数灰色关联度	排名
重庆大学	0.7157	61
电子科技大学	0.7107	62
中央美术学院	0.7088	63
上海外国语大学	0.7087	64
中国石油大学（华东）	0.7072	65
四川大学	0.7038	66
中国矿业大学（北京）	0.6938	67
北京语言大学	0.6892	68
中国农业大学	0.6825	69
中国地质大学（武汉）	0.6769	70
南京农业大学	0.6669	71
西北农林科技大学	0.6498	72
北京外国语大学	0.6371	73
华中农业大学	0.6017	74

以北京大学为基本序列，计算 2014—2018 年部分高校学历教育外国留学生在校生数灰色关联度，并对其进行排名，具体如表 2.14 所示。

表 2.14　2014—2018 年部分高校学历教育外国留学生在校生数灰色关联度

学校名称	在校生数灰色关联度	排名
上海交通大学	0.9908	1
东南大学	0.9607	2
西安交通大学	0.9603	3
北京师范大学	0.9576	4
吉林大学	0.9524	5
山东大学	0.9425	6
西南大学	0.9281	7
南开大学	0.926	8
中国传媒大学	0.9241	9
中国药科大学	0.9212	10
西安电子科技大学	0.9203	11
复旦大学	0.9188	12

学校名称	在校生数灰色关联度	排名
华东理工大学	0.9138	13
华东师范大学	0.913	14
东北师范大学	0.9116	15
中山大学	0.9116	16
北京科技大学	0.8952	17
中国矿业大学	0.8904	18
同济大学	0.8892	19
厦门大学	0.8859	20
对外经济贸易大学	0.8797	21
中国人民大学	0.876	22
浙江大学	0.8744	23
中国海洋大学	0.8686	24
清华大学	0.8676	25
东华大学	0.8568	26
武汉理工大学	0.8551	27
天津大学	0.8495	28
西南财经大学	0.8481	29
华南理工大学	0.8436	30
中央音乐学院	0.8405	31
南京大学	0.8376	32
长安大学	0.8372	33
东北大学	0.8353	34
北京邮电大学	0.8327	35
华中科技大学	0.8271	36
陕西师范大学	0.827	37
武汉大学	0.8228	38
上海财经大学	0.8198	39
中央戏剧学院	0.8109	40
江南大学	0.8108	41
中国石油大学（北京）	0.8096	42
中南大学	0.8055	43

学校名称	在校生数灰色关联度	排名
中央财经大学	0.805	44
北京化工大学	0.8048	45
北京中医药大学	0.7979	46
四川大学	0.7973	47
合肥工业大学	0.7853	48
西南交通大学	0.781	49
上海外国语大学	0.7787	50
大连理工大学	0.7675	51
北京语言大学	0.761	52
北京交通大学	0.7511	53
中国地质大学（北京）	0.7488	54
中央美术学院	0.7481	55
华中师范大学	0.7456	56
中国矿业大学（北京）	0.7428	57
中国石油大学（华东）	0.7298	58
中国政法大学	0.7194	59
中南财经政法大学	0.7171	60
华北电力大学	0.7047	61
北京外国语大学	0.7015	62
南京农业大学	0.6984	63
兰州大学	0.6963	64
中国地质大学（武汉）	0.6935	65
重庆大学	0.6714	66
河海大学	0.6666	67
中国农业大学	0.6647	68
湖南大学	0.6558	69
北京林业大学	0.6515	70
东北林业大学	0.6483	71
华中农业大学	0.6385	72
西北农林科技大学	0.6284	73
电子科技大学	0.6208	74

　　以北京大学为基本序列，计算 2014—2018 年部分高校学历教育外国留学生数综合灰色关联度，并对其进行排名，具体如表 2.15 所示。

表 2.15　2014—2018 年部分高校学历教育外国留学生数综合灰色关联度

学校名称	综合灰色关联度	排名
北京师范大学	0.9783	1
复旦大学	0.9742	2
清华大学	0.9702	3
华东理工大学	0.9695	4
对外经济贸易大学	0.9661	5
西南大学	0.9609	6
吉林大学	0.9587	7
中山大学	0.9573	8
武汉理工大学	0.9554	9
中南大学	0.9529	10
东北师范大学	0.952	11
上海财经大学	0.9508	12
厦门大学	0.9507	13
中国传媒大学	0.9504	14
中央财经大学	0.9494	15
华中科技大学	0.9489	16
同济大学	0.9472	17
中国石油大学（北京）	0.945	18
北京科技大学	0.9361	19
天津大学	0.9359	20
华东师范大学	0.9348	21
西安电子科技大学	0.9325	22
武汉大学	0.9321	23
中南财经政法大学	0.932	24
中央戏剧学院	0.9317	25
上海交通大学	0.9293	26
北京中医药大学	0.9275	27
中国海洋大学	0.9254	28
山东大学	0.9242	29

学校名称	综合灰色关联度	排名
中国人民大学	0.9227	30
中央美术学院	0.9216	31
北京邮电大学	0.9195	32
中国政法大学	0.9167	33
陕西师范大学	0.9166	34
华南理工大学	0.9158	35
中国药科大学	0.915	36
北京语言大学	0.9134	37
西安交通大学	0.9124	38
北京外国语大学	0.9097	39
中央音乐学院	0.9092	40
南开大学	0.9089	41
华中师范大学	0.9029	42
中国农业大学	0.9025	43
重庆大学	0.9008	44
上海外国语大学	0.9007	45
江南大学	0.8915	46
东南大学	0.8832	47
北京交通大学	0.8828	48
兰州大学	0.8825	49
东华大学	0.8818	50
南京大学	0.8786	51
中国地质大学（武汉）	0.8756	52
电子科技大学	0.8743	53
浙江大学	0.8736	54
西南财经大学	0.8727	55
西南交通大学	0.8435	56
河海大学	0.8359	57
中国石油大学（华东）	0.8326	58
南京农业大学	0.8311	59
华北电力大学	0.8305	60

学校名称	综合灰色关联度	排名
合肥工业大学	0.8265	61
中国矿业大学	0.8198	62
湖南大学	0.817	63
中国地质大学（北京）	0.8156	64
北京化工大学	0.8119	65
大连理工大学	0.8101	66
四川大学	0.8055	67
北京林业大学	0.7973	68
东北大学	0.7894	69
中国矿业大学（北京）	0.7888	70
西北农林科技大学	0.7876	71
华中农业大学	0.782	72
长安大学	0.7505	73
东北林业大学	0.7406	74

关联度越大，说明被评价高校与理想高校的相关性越强，被评价高校学生素质越好。具体含义是排名越靠前，被评价高校与理想高校的关联性越高，则该高校在读学历教育外国留学生人数评价结果越好。

2.5　我国高校学生综合素质培养面临的问题

目前我国高校学生综合素质培养面临的问题如下。

2.5.1　学生素质培养及评价体系中存在的问题

我国高校在学生素质及培养方面存在德育教育不受重视，分数至上、忽视过程性评价，评价内容不够全面等问题。

1. 德育教育不受重视

教育的首要目的是立德树人，德育的培养是第一位的。在教学评价中，学生成绩评价占比过大，德育评价被忽视，部分学校不能做到统筹规划，按需求提升学生素质；在规划学科上盲目地追求大而全，不能贴合实际，在学生培养建设上出现偏差。

2. 分数至上、忽视过程性评价

德育评价之外的智育评价同样需要引起重视，学生要更充分、更好地发展，都必须是在完成特定阶段学习内容的前提下实现。学习能力越高越有利于实现这种发展。然而实际操作中，特别是在理论课程和必修课程中，单纯地以成绩确定智育评价。智育评价占比高，就会形成错误的固化思维：成绩好的学生就是综合素质高的学生，就是好学生。这也无形中弱化了德育，过程性评价起不到应有的评价作用。

3. 评价内容不够全面

现有评价机制过分强调专业课成绩而忽略了道德修养、公民意识。很多高校注重学生科研项目的参与而缺乏学生科研能力的培养，忽略了学生本身的发展潜力。

2.5.2　学生创新能力培养中存在的问题

学生培养过程缺乏创新意识。

1. 学生学习方法老套

学生学习方法应灵活多变，但很多学生生搬硬套，学习能力不足，不擅长总结和利用学习方法，学习效率不高。

2. 学生的创新意识有待提高

高校响应"大众创新，万众创业"的号召，教育水平和学科能力应同步创新，应在教育内容上进行创新，提高学生的创新意识。

2.6　提升我国高校学生综合素质培养水平的建议

针对上述问题，借鉴国外一流高校发展经验，根据我国实际情况提出以下建议。

1. 提升学生素质建设

首先，有明确的构建导向，确保方向的正确，构建个性化方式。我国各高校应根据自身情况建立专属目标，设立学生培养机制，为学生素质提高奠定基础。在素质教育背景下，素质评价是核心，也是方向的保证。各高校应根据自身特点优势，以学生培养为核心，建立完善的学生培养体系。

其次，全面反映学生素质。关注学生的个性化，引入个性化评价策略。以科学的评价体系为指导让学生选择适合自身发展的特长，根据学生自身特点，采用专项、多样化人才培养机制，优化学生培养体系。发掘学生潜能，带动优势发挥，让学生成长为社会发展需要的专业人才和复合人才。全面性并不等于全部，要避免不加权衡地将所有要素考虑进去，加大评价的负担，做好系统全面评价。

最后，完善学生素质评价标准体系。创新评价体系，增加评价内容，让评价更全面、更科学。由于各高校存在差异，应充分发挥自身作用，积极采取措施增强地方高校的竞争力。各高校对学生评价时应考核其综合实力，制定完善的学生素质评价标准，确保学生德智体美劳多层次发展，全方位贯通。

2. 加强人才创新意识

创新是发展的核心，加强学生的创新意识是重中之重，要改变现行的培养模式，将创新引入学生培养过程中。

首先，改变现行的引才方式，化被动为主动。第一，要协同发展，深入分析各个学科的发展规划，各学院要主动出击，实现院校协同。第二，要有针对性，根据学科特色培养学生，选择具有发展前景，与社会需求、市场相适应的学科来强化发展，实现自主发展，协同学科特色共同进步。第三，要有增强自身发展的前瞻性，对于学生质量的建设，要做好全面规划。

其次，提高学生的创新意识。学生的创新意识对于推动高校创新发展具有至关重要的意义，是一流大学发展的关键因素。对于政府来说，要对创新课程、奖励机制、政策支持等进行一系列的政策设计。各大高校应在国家和社会资助下对学生开展培训，强化学生创新意识，多向世界一流高校借鉴学习，培养创新人才。

2.7 小 结

我国各高校为打造一流学科和一流高校，根据自身优势特色学科，按照创新引领要求，以人为本，培养高层次创新创业人才。在"双一流"建设的背景下，对部分"双一流"高校的研究生学生数、外国留学生分层次情况等分别进行灰色关联分析，分析评价其对高校学生素质评价的意义及影响，从而提出完善学生培养体系模式的建议。

参考文献

[1] 胡玉蕾，高松. 浅论高等教育学生基本素质与培养 [J]. 云南师范大学学报（哲学社会科学版），1998（6）：124 – 128.

[2] AL – KURDI O F, EL – HADDADEH R, ELDABI T. The role of organisational climate in managing knowledge sharing among academics in higher education [J]. International journal of information management, 2019（50）：217 – 227.

[3] GHOSH T, MARTINSEN K, DAN P K. Development and correlation analysis of non – dominated sorting buffalo optimization NSBUF II using Taguchi's design coupled gray relational analysis and ANN [J]. Applied soft computing journal, 2019, 85（9）：1 – 15.

[4] PANIGRAHI S, BEHERA H．S．. A study on leading machine learning techniques for high order fuzzy time series forecasting [J]. Engineering applications of artificial intelligence, 2020, 87（8）：1 – 6.

[5] BUI D T, HOANG N D, MARTíNEZ – ÁLVAREZ F．, et al. A novel deep learning neural network approach for predicting flash flood susceptibility：A case study at a high frequency tropical storm area [J]. Science of the total environment, 2020, 701（1）：1 – 12.

[6] HESSELS J, RIETVELD C, THURIK A R, et al. The higher returns to formal education for entrepreneurs versus employees in Australia [J]. Journal of business venturing insights, 2020, 13（6）：1 – 11

[7] CALISKAN O, AKIN S, ENGIN – DEMIR C. Democratic environment in higher education：the case of a Turkish public university [J]. International journal of educational development, 2019, 72（1）：102 – 129.

[8] NAVARRO – MARTíNEZ R, CHOVER – SIERRA E, COLOMER – PéREZ N, et al. Sleep quality and its association with substance abuse among university students [J]. Clinical neu-

rology and neurosurgery, 2020, 188 (1): 1 – 8.

[9] SHIGEMOTO Y, SONE D, OTA M, et al. Voxel – based correlation of 18 F – THK5351 accumulation and gray matter volume in the brain of cognitively normal older adults [J]. Ejnmmi research, 2019, 9 (1): 1 – 5.

[10] SAHO H, EKUNI D, KATAOKA K, et al. Structural equation modeling to detect predictors of oral health – related quality of life among Japanese university students: a prospective cohort study [J]. Quality of life research, 2019, 28 (8): 3213 – 3224.

[11] CHAYAN C, CROWTHER J E, KORETZ Z A, et al. How well did our students match? A peer – validated quantitative assessment of medical school match success: the match quality score [J]. Medical education online, 2019, 24 (1): 1 – 6.

[12] GENUARDI F J, KELLY M N., ROSENBERG E I., et al. Teaching students how to improve safety and quality in two children's hospitals: building a pediatric clerkship patient safety and quality experience [J]. Academic pediatrics, 2019, 19 (6): 712 – 715.

[13] 张丕彦. 基于学生素质培养的地方课程开发和教学实践 [J]. 西部素质教育, 2019 (15): 90.

[14] 田民, 刘思峰, 卜志坤. 灰色关联度算法模型的研究综述 [J]. 统计与决策, 2008 (1): 24 – 27.

[15] 王中荣. 利用信息技术构建学生评价体系的实践与思考 [J]. 中国电化教育, 2008 (1): 67 – 71.

[16] 曹明霞, 党耀国, 张蓉, 等. 对灰色关联度计算方法的改进 [J]. 统计与决策, 2007 (7): 29 – 30.

[17] 吴树青, 江玲. 高中学生信息素养的现状及原因分析 [J]. 中国教育信息化, 2007 (2): 30 – 32.

[18] 胡丽, 张杨. 模糊评估在高校学生素质智能综合评价中的应用 [J]. 现代教育技术, 2007 (5): 38 – 41.

[19] 丁念金. 论学生素质发展评价的个性化理念 [J]. 上海师范大学学报 (哲学社会科学版), 2014, 43 (4): 146 – 152.

[20] 边慧敏. 大学生素质的测量与评价 [J]. 财经科学, 2004 (S1): 220 – 221.

[21] 吴树青. 深化高等教育改革增强创新能力促进创新型人才培养 [J]. 清华大学教育研究, 2007 (5): 1 – 7.

[22] 王建玲, 刘思峰, 邱广华, 等. 基于信息集结的新型灰色关联度构建及应用 [J]. 系统工程与电子技术, 2010, 32 (1): 77 – 81.

[23] 张雅丽. 试论信息素养的概念与培养维度 [J]. 发展, 2010 (12): 116 – 117.

[24] 周光礼. 把握契机　探索拔尖人才培养新途径 [J]. 中国高等教育, 2011 (1):

28 – 30.

［25］施小光. 文化传承与创新：现代大学新使命［J］. 清华大学教育研究，2011，32
（3）：50 – 52.

［26］杨强，李红卫. 研究生创新能力培养的思考［J］. 科技信息，2011（35）：332，351.

［27］杨强. 成教生信息素养培养研究［J］. 中国教育技术装备，2011（36）：67 – 68.

［28］辛力娟. 大学生综合素质测评研究［D］. 成都：西南石油大学，2011.

［29］王欢芳，张幸，宾厚，等. 教学科研的冲突与共生：基于教学研究型高校青年教师
的调查研究［J］. 当代教育理论与实践，2018，10（2）：137 – 141.

［30］黄保红. 大学生素质评价体系的重构研究［J］. 教育教学论坛，2018（33）：39 – 40.

［31］昂洋. 研究生教育管理在高校"双一流"建设中的作用浅析［J］. 课程教育研究，
2016（33）：146 – 147.

［32］FIDAN H. Grey relational classification of consumers' textual evaluations in e – commerce［J］.
Journal of theoretical and applied electronic commerce research，2020，15（1）：48 – 65.

［33］方惠坚，张宏涛. "科教兴国"的关键之一是提高知识分子待遇［J］. 清华大学学报
（哲学社会科学版），1997（3）：12 – 13.

［34］王冀生. 建设具有中国特色的高等教育评估制度的基本要点［J］. 高等教育研究，
1994（1）：43 – 47.

［35］田国强. "双一流"建设与经济学发展的中国贡献［J］. 财经研究，2016，42（10）：
35 – 49.

［36］吴增礼，巩红新. "双一流"建设研究的核心问题［J］. 大学教育科学，2017（4）：
31 – 36.

［37］吴小玮. 省域"双一流"建设政策文本的内容分析［J］. 中国高教研究，2017（8）：
56 – 60.

［38］杨岭，毕宪顺. "双一流"背景下大学高层次人才流动的失序与规范［J］. 社会科学
家，2017（8）：130 – 135.

［39］郭书剑，王建华. "双一流"建设背景下我国大学高层次人才引进政策分析［J］. 现
代大学教育，2017（4）：82 – 90，112 – 113.

［40］王小力，彭正霞. C9 高校青年高层次人才引进问题与对策研究［J］. 高等教育研究，
2017，38（6）：32 – 39.

［41］蒋诗泉，刘思峰，刘中侠，等. 灰色面板数据视域下的相似性和接近性关联度模型
拓展［J］. 运筹与管理，2019，28（4）：163 – 168.

［42］褚照锋. 地方政府推进一流大学与一流学科建设的策略与反思：基于 24 个地区"双
一流"政策文本的分析［J］. 中国高教研究，2017（8）：50 – 55，67.

第3章 高等教育教职工 发展情况综合评价研究

3.1 序 言

3.1.1 研究背景

国际上对于一流高校与一流学科的研究已经拥有较多的经验，形成了一系列的一流高校评价指标，对一流高校创建、发展所需的条件以及影响一流高校建设发展的因素等都有研究。英国《泰晤士报高等教育副刊》从五个指标对一流高校的内涵进行了界定，认为一流高校必须在同行评议、雇主评价（国际公司对各大学的评价）、研究产出、教学质量以及国际化这五个方面得到较高的认可。加拿大时事杂志《麦克林斯》的新闻周刊发表了成为一流高校所需的必要条件，主要是学生概况、课堂情况、师资状况、财务状况、图书馆、大学声誉等。除此之外，美国作为世界上经济、科研等各方面都居于前列的国家，影响了世界一流高校、一流学科的建设。《美国新闻与世界报道》多年以来都在进行高校质量的评价工作，通过设置评价指标对全美的高校进行调查，形成一流高校的评价体系，其评价指标主要包含一级指标：同行评议、学生素质、教师资源、毕业率和续读率；二级指标：高中成绩排名前10%与前25%、教师的薪水、最高学历教师的数量、专职教师比例、师生比、班级人数规模。从以上三个发达国家的研究来看，三者对成为一流高校所需的条件所持观点有共同点，也存在着差异，而这些差异可以作为三者各自的补充。经过整合发现，一流高校的评价指标主要有同行评议、学生素质、教师资源、毕业率与续读率、雇主评价、研究产出、财务状况以及大学声誉。以美国一流高校密歇根大学为例，学者郐大光因参加高校领导海外培训项目，在密歇根大学进行了为期两周的学习，对密歇根大学成为世界一流大学的原因进行了解读。他认为首先办学理念是其跻身世界一流大学的最根本原因，各高校只有在认清大学与社会关系的基础上弄清楚学生该做什么和怎么做的问题，才能办好教育，培养学生；其次是足够的经费支持，最后是优秀学科和跨学科融合。由此可以发现，作为"一流"高校必须要考虑到办学理念、经费、以生为本、优秀学科和跨学科融合这四大因素。

而国内"双一流"高校经过多年的探索发展，也取得了一定成就。就如何创建发展"双一流"高校这一问题，相关政策明确指出，建设发展"双一流"高校的核心在于推动校内形成一流学科，并促使不同学科之间相互融合，以一流学科带动其他学科的发展，以其他学科的发展推动一流学科往更高水平的方向前进。而一流学科的形成必须具备优秀的学术团队以及顶尖的团队指挥者、大量优质的学术研究成果以及学术成果的应用转化率、以学生为本的理念以及高质的教育质量、充足的研究经费以及先进的研究所需的设备、去行政化以及协同竞争的创新机制、办学历史以及学术环境。但是在建设的过程中产生了一些为争创一流学科而过于目的化的行为，教师为增加学术研究的产量以及发表率，忽视了教育的根本，花费过多的时间与精力投入于学术研究。为了提高人才培养质量，提升高校的核心竞争力，实现高校的发展战略目标，高校需要采取科学的绩效管理方法来提高办学水平。本章基于灰色层次分析法对教职工情况进行评价，就教职工素质情况在"双一流"高校建设中如何发挥能动性和积极性进行分析。

3.1.2 研究意义

创建世界一流大学和一流学科是国家在教育方面崛起的迫切要求，也是提升国家整体水平的迫切要求，世界一流大学和一流学科不仅是现代科学、技术和教育的来源，而且是现代文化、思想、文明的重要源泉。建设中国的"双一流"大学是由我国现阶段教育背景决定的。

首先，对整个国家来说，通过建设"双一流"高校有助于积极全面地贯彻党的教育理念和方针，坚持中国特色社会主义的办学目标，加强党对高校的领导，深扎根于中国大地，遵循教育规律，批判性地继承和弘扬中华民族优秀文化，培养中国特色社会主义事业建设者和接班人，更好地为社会主义现代化建设服务、为人民服务。同时，创建世界一流大学对于我国来说可以不断提升我国教育发展水平，增强国家发展的实力和竞争力，为中国当前和今后经济的发展奠定人才基础，为实现人才强国战略和国家发展战略奠定制度基础。

其次，对各高校来说，借鉴世界发达国家一流高校建设的经验，可以打破高校与高校之间存在的壁垒和障碍，积极促进学校之间教育资源交流与融合，最大限度挖掘高等教育的潜力，为实现"两个一百年"奋斗目标和中华民族伟大复兴提供动力。

3.2　文献综述

"双一流"高校建设已经逐步体现出多样化、具体化的发展趋势，其相应的研究方法也多种多样，比如层次分析法、文献法、案例分析法、实地调查法、数理统计法等；研究角度也更加具体，比如图书馆服务改革、高校文化建设改革、完善绩效评价体系等。然而，相关研究依然存在一些不足，尚待未来研究予以拓展。

顺应高校"双一流"建设发展需求，本章通过建立灰色－层次模型，对"双一流"高校教职工素质情况进行评估，为高校发展政策的制定提供了理论依据，同时也能够给高校的"双一流"建设带来启示。

3.2.1　高层次人才发展情况研究

罗洪铁（2002）指出，对于人才的定义，其实质问题在于两点：一是具有良好的素质，二是有创造性劳动成果，即有良好的素质，并且创造出了一定的劳动成果，这两个条件缺一不可。胡云生（2003）认为衡量人才的标准不是创造性成果，也不是高素质，而是只要人尽其才就是人才。这种人才的范围就宽泛得多，每个人都可以成为人才，前提只是我们必须充分利用自己的才能。林春丽（2002）提出每个人要树立人人是人才的观念。因此，人才可以从不同的角度去理解，不同的学者有不同的观点，侧重的角度不同得出的结论就不同。罗洪铁（2002）的"人才"定义相对来说范围比较狭窄，因为它必须满足人才拥有良好素质，比一般人要有更高更好的素质，然后需要创造一定劳动成果的条件。对于这样的标准笔者认为不是每个人都能达到的，它只是针对一小部分人。胡云生（2003）的"人尽其才就是人才"的"人才"定义范围比罗洪铁的宽泛，认为只要发挥自己的才能就是人才，并不要你必须创造出一定的劳动成果。林春丽（2002）的观点是针对中国人而言的，她认为中国是盛产人才的摇篮，人人都是人才，只要让他们在合适的岗位上，每个人都有自己的用处，并不存在无用之人。

从人的角度出发，汪群、汪应洛（1999）认为"人才就是具备了做出某些较大贡献的能力的人"。燕补林（2007）研究认为所谓的高技能人才，就是那些具有必要的理论知识、掌握现代设备的维修与使用技术、在生产和服务领域中能完成初中级技工难以掌握的高难度或关键环节并有创新能力的高级技工、高级技师，他们属于高素质劳动者。郑代良、钟书华（2012）认为当前中国高层次人才政策存在政策"项目碎片化""弱法律化""激励官本化""重引进轻自主培养""弱企业化"等显著特征。倪海东、杨晓波（2014）指出在人才思想和人才政策方面，要树立正确的人才观，人才创新水平要与国家战略发展目标相互契合。

3.2.2 灰色评价模型研究

20世纪60年代以来，多种不确定性系统理论和方法被相继提出。其中扎德（L. A. Zadeh，1965）于20世纪60年代创立的模糊数学（Fuzzy mathematics），邓聚龙（1982）于20世纪80年代创立的灰色系统理论，帕夫拉克（Z. Pawlak，1990）于20世纪90年代创立的粗糙集理论（Rough Sets Theory）等，都是产生了广泛国际影响力的重要成果。这些成果从不同视角、不同侧面论述了各类不确定性信息的理论和方法。邓聚龙、刘思峰（1994，2000）研究GM（1，1）模型的建模思想，并给出了实际应用。王正新等（2008）提出用时间系数对等间距序列进行修正，给出了计算时间系数的方法，并且根据时间系数的特点利用反向累加生成的GOM（1，1）模型，建立GM（1，1）模型与GOM（1，1）模型相结合的两阶段灰色模型。钱吴永、党耀国（2009）提出先通过加速平移变换将振荡序列变为单调增加序列，再对加速平移变换后的序列进行加权生成变换，然后建立灰色预测模型的构想。牛晓东等（2001）提出了季节型负荷预测的组合优化灰色神经网络模型，研究了同时考虑两种趋势的复杂季节型负荷预测问题。汤少梁等（2008）将灰色绝对关联分析应用到组合预测中，提出了基于灰色绝对关联度预测模型，并在此基础上给出了灰色绝对关联度优性组合预测、预测方法优超、冗余度等概念。

有大部分学者在灰色系统理论和灰色评价模型的基础上，将多种评价方法相结合进行研究。首先，多数学者考虑到指标的多样性和层次性，选用多层次灰色评价方法。胡少培（2018）通过利用层次分析法计算指标权重，在此基础上运用灰色理论进行结果评价，在确定评价灰类时采用灰数及灰数的白化函数，从而构造多层次的灰色评价模型。其次，也有学者考虑到指标之间的关联性，采用灰色关联度评价模型进行研究。陈义华（2007）选择参考序列，利用极值法对指标值进行规范化处理，最后计算灰色关联系数得到灰色关联度。刘光才、赖汪湾（2017）基于熵的粗糙集理论筛选指标，计算指标的客观权重，然后利用多级灰色关联分析法计算综合指数。最后，有部分学者提出将主成分分析法同灰色系统理论相结合，构架主成分灰色评价模型。袁周、方志耕（2016）将主成分拓展到灰色系统领域，构建灰色主成分评价模型，采用灰色相对关联度矩阵进行灰色评价。李丽、李西灿（2019）为了提高 GM（1，1）精准度，给出一种灰微分方程，研究表明优化数列之后的背景系数数列和平移量可使模型精确度提高。

层次分析法存在权重确定主观性太强的缺陷，灰色系统理论存在确定权重不确定的缺陷，本章综合层次分析法和灰色系统理论的优点，克服其缺点，构建灰色层次模型。本模型是极大熵优化模型和灰色系统理论组合模型，灰色系统理论的区间权重作为约束条件放到优化模型里面，通过极大熵优化求解，得出最优权重，解决了层次分析法主观赋权的问题。高等教育发展中教职工素质至关重要，老师是学生学习的合作者、引导者、参与者，一个优秀的老师能够激发学生学习热情，发散学生思维，帮助学生更上一层楼。本章旨在构建灰色层次分析法模型对中国一流高校教职工发展情况进行系统评价，并提出相应的建设对策。

3.3 当前一流高校建设现状分析

3.3.1 我国一流高校建设现状

当前我国一流高校建设的重大战略是推进"双一流"高校建设。"双一流"是指一流大学和一流学科的建设，目的是推进中国国内大学进入国际前列，打造顶尖学府，培养优秀的创新人才，为国家的发展注入源源不断的活力。对于我国而言，建设"双一流"高校是为了提升中国教育的综合竞争能力以及增强整个国家的核心竞争力，为实现"两个一百年"中国梦提供制度和人才保障。

中国高等教育在建设一流大学与学科的道路上进行了很长一段时间的探索。清华大学方惠坚、范德清教授在其主编的《2000年中国高校高等教育的改革与发展》一书中研究了建设一流大学的必要条件，包括校园环境、办学条件和师资队伍三个因素。围绕着三个因素具体展开论述，提出中国只有净化学校环境，提高办学条件，扩充优秀师资才能更好地建设一流大学。原国家教委高教研究中心的王冀生教授在1994年研究了关于建设有中国特色的高等教育制度这一主题。他认为，一方面，随着世界开放程度的不断扩大，国际上各学校主体间的交流愈发频繁；另一方面，各国之间经济、政治、文化等方面存在差异，学校间的交流无法达到趋同，因此，建设有本国特色的高等教育制度是建设"一流"大学的制度保障。中国人民大学周光礼教授研究了学科建设对于我国一流高校的重要性。中国构建一流高校离不开学科的发展，而目前中国高等教育带有强烈的欧洲体系色彩，学科建设要遵循"以人为本"的原则。施小光、陈洪捷在2014年著的《高等教育文献讲读》一书中研究了如何构建高等教育体系这一问题，指出中国应该建立自己的高等教育体系，不要盲目照搬西方，而应该合理借鉴。目前我国建设"双一流"高校的政策比较空缺，目前有教育部2010年7月29日印发的《国家中长期教育改革和发展规划纲要（2010—2020）》，党中央在十八届五中全会上提出推动一批高水平大学和学科进入世界前列。可见，我国"双一流"高校的建设在未来既充满机遇又充满挑战，应当深入挖掘国内高等院校发展潜力。

3.3.2　国外一流高校建设案例

在研究现状中简单介绍了几个发达国家建设一流大学推出的政策。首先是美国加利福尼亚大学的崛起。该大学是一个大学系统，它由九所研究型大学和一所专业学院组成。在系统的内部，整合资源，充分调动学校内的教学优势，享誉世界，多个学科已经达到世界顶尖水平。这些都要归功于学校系统的建设给了大学很大的自主权，在这片自由的土地上，没有清规戒律，没有言论束缚，可以畅想一切，可以保持不断创新的精神，并扩大了原有的学科范围。另外，加利福尼亚大学还注重人才建设，通过高薪聘请的手段，辅之以浓厚的学术研究氛围，不论资排辈，只讲学术至上。

华中理工大学樊明武（2005）提出了培养高质量人才，尤其是国际化的人才是"双一流"学校建设的主要目标，国际化的人才就要靠国际化的学校来培养。墨尔本大学教授马金森（2007）研究了高校政策对于建设世界一流大学的重要性问题。研究中提到美国高等教育的成功之处在于国际化政策，这给了美国教育很大的自主发展权，美国通过一系列改革，如修订《高等教育法》等手段对高等教育质量进行宏观调控。纽曼曾在其著作《大学的理想》一书中研究了大学的主要任务应该是什么的问题。他认为大学应该以教育而设，卓越化作为一种新的大学价值观，将有利于大学在新的环境中发挥时代功能。

韩国著名研究学者李春根在《研究型大学培育方案研究》中主要研究了韩国在"BK21 工程"实施的过程中出现的问题以及呈现的各种优点。他认为一流大学的发展必须以优势的学科为基础。韩国"BK21 工程"旨在进一步改革和完善高等教育体制，充分发挥高等教育的特点和优势。它也称"21世纪智慧韩国一流大学与卓越人才建设工程"、七年时间的智能头脑工程，使少数大学构建成为世界一流大学，通过政府与民间联合集资、人力、物力等手段，来推动工程的顺利实施。

早在 20 世纪 90 年代初，日本针对高等教育水平的提升推出了"研究生院重点化方案""国公私 TOP30 计划"等，目的是提高大学的科研水平，培养高质量的人才，建设世界一流大学。在 21 世纪初又推出"21 世纪 COE 计划"，更明确地指出要建设双一流大学。该计划的重点是通过对卓越研究基地的重点资助,利用第三者评估制度,引入竞争机制,提高大学竞争力。同时政府对此项计划的审核机构、评估程序、制度保障等方面做出了严格规定,并制定了专门的"研究基地建设补助金"。总体来说,日本"21 世纪 COE 计划"的实施不仅对国内大学的发展起着推动作用,而且对我国建设"双一流"大学具有借鉴意义。日本著名学者丸山文裕研究了日本大学的改革的起源问题,发现日本大学改革的开端始于1991 的大学基准大纲化。2012 年,日本文部科学省颁发了《大学改革实施计划》,显示了日本中央政府对日本高等教育发展的重视程度。综上所述,不论在国内还是国外,各国学者对于建设一流大学的问题都从不同维度进行了研究,在制度、学科、办学目的等方面给出了不同看法,为本章的研究提供了宝贵资料。

3.3.3 我国"双一流"高校建设影响因素

从发达国家建设一流高校的典型案例中可以发现,有以下几种因素影响着我国"双一流"高校的创建。

1. 良好的治学环境

作为汇聚全国各地乃至全世界人才的地方,良好的学校环境和氛围有着很好的推动作用。开放的思想在自由的土地上汇聚一堂,没有约束,没有僵化,没有体制、机制的束缚,形成以人为核心的治学观念而不是走应试教育的封闭老路,学生在大学中积极表达自己的见解而不是通过老师的提问等手段强迫自己去思考、去讨论、去发言。良好的治学环境是建设一流大学的前提。

2. 充足的财力

充足的财力是创建一流大学和一流学科的关键。不管是美国的加利福尼亚大学、日本的"21 世纪 COE 计划",还是韩国的"BK21 工程",政府对大学的建设投入了相当的资金,以便于更好地开展学术研究活动。同时,政府的教育拨款不是僵硬体制发挥作用而是市场起基础作用,使大学有着相当的自主权,大学可通过市场来进行资金流动,弱化政府的干预作用。政府并不是投资的唯一渠道,政府会联合地方企业、基金会等机构对大学进行投资,投资渠道的多样化使大学的创办更加灵活。

3. 一流标准的硬件设备

学校的硬件设施是衡量教学水平的重要指标。发达国家大学的硬件设备如科研设备、教学设备、学术研究设备等达到了一流水平，并且设备的利用率也极高。

4. 政府支持力度

百年大计，教育为本。纵观古今，发达国家在教育方面重视程度只增不减。目前为止，发达国家的人均教育经费支出接近 3000 美元，而我国人均教育经费支出仅为 40 多美元，跟发达国家差距较大。政府对于教育的支持力度是"一流"学校建设的重要影响因素。

5. 高校对人力资源的重视

老师是学生学习的合作者、引导者、参与者。一个优秀的老师能够激发学生学习热情，发散学生思维，帮助学生更上一层楼。如美国加利福尼亚大学就是通过高薪聘请等手段揽聚优秀的教师资源，推动学校建设；注重老师自身能力的提升，给老师提供进修的机会，在为学生传道解惑的同时提升教学水平；实行宏观加微观的控制原则，发挥教师最大的潜能。

3.3.4　我国一流高校教育发展情况分析

自改革开放以来，我国高等教育事业获得极大的发展，改革成绩令世界瞩目，初步形成了适应经济建设和社会发展需要的多形式、多层次、学科种类齐全的社会主义高等教育制度体系，为社会主义现代化建设培养了大批优秀顶尖人才，在国家经济建设、科技进步和社会发展中发挥了很大作用，但在发展过程中也存在那样这样的小问题，诸如，对一流大学和学科的理解和认知比较肤浅，观测点往往是办学经费、科研能力等，以急于求成的心态追求一流之"形"而不及其"魂"。21 世纪中国已经成为教育大国但并不意味着中国迈入了教育强国行列。因此，中国推出了"211 工程"和"985 工程"，重点支持部分高校率先建成世界一流高校或学科。二者的不同点是，"985"高校是以发展成为世界一流学校为奋斗目标，"211"高校则是以建设一批世界一流水平的学科为目标，共同点是都围绕国家发展战略和学科前沿，在全国的顶尖优势学科内重点建设一批顶尖学科创新平台，从而提高学科的科技创新能力和解决经济社会发展重大问题的能力，打造一批世界一流学科群。

表 3.1　32 所样本大学国家一级重点学科拥有情况

拥有量	数量	大学
8 个及以上	10	清华大学、北京大学、复旦大学、南京大学、上海交通大学、中国科学技术大学、西安交通大学、浙江大学、哈尔滨工业大学、北京航空航天大学
5~7 个	9	南开大学、天津大学、华中科技大学、厦门大学、武汉大学、东南大学、中南大学、四川大学、北京师范大学
3~4 个	6	北京理工大学、吉林大学、大连理工大学、重庆大学、东北大学、同济大学
2 个及以下	7	华南理工大学、中山大学、山东大学、湖南大学、西北工业大学、电子科技大学、华东师范大学

3.4　基于随机不确定数的灰色层次分析评价模型

3.4.1　灰色－层次分析模型

目前对于"双一流"高校教师发展情况的测量和评价，应用较多的评估方法是 AHP，即层次分析法，它主要针对具有多个目标的指标体系，并将指标分解成目标层、准则层和方案层，利用定性分析与定量分析相结合的方法进行决策。然而，"双一流"高校教师发展情况存在信息不对称的问题，使得高校教师发展情况评价指标具有未可知性和半透明性，即具有"既确定，又不确定"的灰色性。因此，本章针对变量的灰色特征，采用灰色分析与层次分析法相结合的组合赋权法，对模糊性的灰色风险指标进行评价。

如图 3.1 所示，C 层 m 个因素，C_1，C_2，$\cdots$，C_m，对总目标 O 的排序为 $\omega = a_1$，a_2，$\cdots$，a_m，W 层 n 个因素对上层 C 中因素为 C_j 的层次单排序为 b_{1j}，$b_{2j}, \cdots, b_{nj}(j = 1, 2, \cdots, n)$。

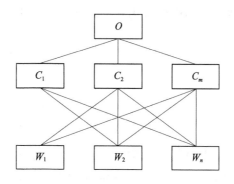

图 3.1 层次分布图

首先，确定评价指标体系。当然在"双一流"高校建设过程中，我们不应仅仅评估"双一流"高校教师发展结构问题，也应评估教师发展质量情况，如此，可以将"双一流"高校教师发展情况与"双一流"高校建设情况联系在一起。

其次，确定评价区间灰数。层次分析法所运用的指标为定性指标，为了方便运算的需要，采用区间灰数替代专家打分的样本数值，运用区间灰数将定性指标定量化。灰数是指在某一个区间或某个一般的数集内取值的不确定数，用记号"$\otimes$"表示灰数，则得到"双一流"高校教师发展质量指标的最优决策概率范围。

设有灰数$\otimes_1 \in [a, b]$，$a < b$；$\otimes_2 \in [c, d]$，$c < d$，用符号 * 表示$\otimes_1$与$\otimes_2$间的运算，若$\otimes_3 = \otimes_1 * \otimes_2$，则$\otimes_3$亦应为区间灰数，因此应有$\otimes_3 \in [e, f]$，$e < f$，且对任意的$\otimes_1$、$\otimes_2$，$\otimes_1 * \otimes_2 \in [e, f]$[1]。

最后，确定灰色评价指标权重。令 X 表示"双一流"高校教师发展情况的被评价对象，则指标 C 层的指标 U 属于第 m 个评价灰类的灰色评价系数，记为 x_{ijm}，被评价对象 X 属于各个评价灰类的总灰色评价数为

$$\max F = -\sum_{j=1}^{m} x_{ijm} \ln x_{ijm}$$

研究政策评价常用的评价方法有专家打分法、问卷调查法、德尔菲法、层次分析法、排序递减法、TOPSIS 法、熵权法、实物期权法等，而每种方法都各有优劣，为了更加科学全面地评测风险，本章将灰色评价法同层次分析法相

---

❶ 刘思峰，杨英杰，吴利丰，等. 灰色系统理论及其应用［M］. 北京：科学出版社，2014：16.

结合，采用区间灰数对指标进行量化分析，对"双一流"高校教师发展情况进行评价研究。

3.4.2 实证分析

双一流高校教师发展评价指标体系分为三类：专任教师情况；研究生指导教师情况；非教学与教职工人员情况。其中，专任教师情况包括专任教师职称情况、专任教师学历情况、专任教师本学年不担任教学工作人员情况、专任教师变动情况；博士、研究生指导教师情况包括研究生指导教师职称情况，研究生导师担任情况，博士、硕士指导教师年龄情况（同时担任硕士生导师和博士生导师），博士生指导教师年龄情况（不同时担任硕导）；非教学与教职工人员情况包括非教学人员、有专业技术职务人员情况和教职工人员分布情况。数据采用2014—2018年"教育部直属高校工作咨询委员会"内部数据。

评价模型及步骤的介绍详见第一章，利用式（3.1）将数据做标准化处理，并根据式（3.2）~式（3.5）计算指标的最优决策概率范围，得到表3.2。

表3.2 我国"双一流"高校师资结构指标最优决策概率范围表

一级指标	二级指标	三级指标	下界（%）	上界（%）
专任教师情况	专任教师职称情况	正高级	25.02	27.18
		副高级	26.31	28.42
		中级	36.71	41.53
		初级	52.37	55.34
		未定职称	20.13	22.54
	专任教师学历情况	博士	48.32	53.12
		硕士	39.43	44.16
		本科	22.31	25
		专科以下	11.12	12.03

续表

一级指标	二级指标	三级指标	下界（%）	上界（%）
专任教师情况	专任教师本学年不担任教学工作人员情况	进修	22.53	27.62
		科研	48.98	52.03
		其他	47.36	51.63
	专任教师变动情况	录用毕业生	48.43	51.56
		外单位教师调入	48.45	51.56
		校内非教师调入	14.14	17.11
		自然减员	15.41	18.54
		调离教师岗位	17.21	21.2
研究生指导教师情况	研究生指导教师职称情况	正高级	14.45	17.57
		副高级	15.08	18.23
		中级	14.02	17.04
		初级	55.69	59.11
		未定职称	41.12	44.08
	研究生导师担任情况	博士、硕士	48.38	52.24
		博士	35.46	41.23
		硕士	11.45	14.12
	博士、硕士指导教师年龄情况（同时担任硕士生导师和博士生导师）	29 岁及以下	12.34	14.23
		30～34 岁	22.13	23.14
		35～39 岁	31.21	32.31
		40～44 岁	35.67	39.41
		45～49 岁	48.14	52.31
		50～54 岁	41.17	44.53
		55～59 岁	35.23	36.71
		60～64 岁	22.03	23.04
		65 岁及以上	12.31	13.4
	博士生指导教师年龄情况（不同时担任硕导）	29 岁及以下	6.71	8.94
		30～34 岁	20.13	21.34
		35～39 岁	29.81	31.21
		40～44 岁	31.04	32.31
		45～49 岁	45.03	50.23
		50～54 岁	36.71	39.21
		55～59 岁	30.14	33.25
		60～64 岁	20.14	21.15
		65 岁及以上	10.01	11.23

续表

一级指标	二级指标	三级指标	下界（%）	上界（%）
非教学与教职工人员情况	非教学人员有专业技术职务人员情况	行政人员	49.38	56.25
		科研人员	45.7	48.67
		教辅人员	48.5	53.44
		附设机构	48.55	51.5
	教职工人员分布情况	党员	48.61	51.59
		团员	48.41	51.4
		民主党派	49.46	52.58
		华侨	47.5	50.46
		港澳台	47.93	50.93
		少数民族	49.05	52.08

最后，结合灰色评价指标的层次分布图（图3.1），计算得到三级指标的权重及排名，如表3.3所示。

表3.3 我国"双一流"高校师资结构三级指标的权重及排名

三级指标	权重（%）	排名	三级指标	权重（%）	排名	三级指标	权重（%）	排名
正高级	13.2	4	录用毕业生	29.2	2	29岁及以下	0.6	9
副高级	21.3	2	外单位教师调入	39.3	1	30~34岁	3.2	7
中级	20.3	3	校内非教师调入	12.7	4	35~39岁	15.6	4
初级	32.5	1	自然减员	5.6	5	40~44岁	25.4	1
未定职称	12.7	5	调离教师岗位	13.2	3	45~49岁	24.6	2
博士	42.5	1	正高级	15.4	4	50~54岁	19.2	3
硕士	32.6	2	副高级	23.1	2	55~59岁	6.7	5
本科	21.5	3	中级	35.6	1	60~64岁	4	6
专科以下	3.4	4	初级	19.8	3	65岁及以上	0.7	8
进修	25.7	2	未定职称	6.1	5	29岁及以下	0.5	9
科研	53.8	1	博士、硕士	54.3	1	30~34岁	3.2	7
其他	20.5	3	博士	36.7	2	35~39岁	14.7	4
党员	56.8	1	硕士	9	3	40~44岁	25.4	2
团员	32.1	2	行政人员	16.4	4	45~49岁	25.6	1
民主党派	0.3	6	科研人员	26.7	2	50~54岁	17.2	3
华侨	1.5	5	教辅人员	32.4	1	55~59岁	7.7	5
港澳台	5.6	3	附设机构	24.5	3	60~64岁	4	6
少数民族	3.7	4				65岁及以上	1.7	8

注：师资结构分类标准参考"教育部直属高校工作咨询委员会"内部数据。

首先，在专任教师职称情况中，相差最大的未定职称与初级职称之间相差19.8%，说明高校中中级职称对一流高校建设具有更加重要的意义。在专任教师学历情况中，博士、硕士权重高达75.1%，占比较大。在专任教师本学年不担任教学工作人员情况中，科研人员占比高达53.8%，比进修人员高出28.1%。专任教师变动情况中，录用毕业生和外单位教师调入占比较大。

其次，对于博士、研究生指导教师情况，在博士、硕士指导教师年龄情况（同时担任硕士生导师和博士生导师）中，在40～49岁权重比例较高。在博士生指导教师年龄情况（不同时担任硕导）中，同样在40～49岁权重比例较高。

最后，对于非教学与教职工人员情况，在非教学人员有专业技术职务人员情况中，所占权重基本持平，教辅和科研人员占比较高。在教职工人员分布情况中，党员占比高达56.8%。

综上所述，三级指标权重相当，一部分占比更高，对于一流高校和一流学科建设都具有重要意义。

3.5　小　结

本章通过构建灰色层次分析法评价模型，分析了包括24项指标在内的三大类主因素的指标权重，得出以下结论。

从主因素指标的角度分析，高等教育教职工发展情况主要来源于专任教师情况，博士、研究生指导教师情况，非教学与教职工人员情况，专任教师情况包括专任教师职称情况、专任教师学历情况、专任教师本学年不担任教学工作人员情况、专任教师变动情况；博士、研究生指导教师情况包括研究生指导教师职称情况，研究生指导教师导师情况，博士、硕士指导教师年龄情况（同时担任硕士生导师和博士生导师），博士生指导教师年龄情况（不同时担任硕导）；非教学与教职工人员情况包括非教学人员有专业技术职务人员情况和教职工人员分布情况。主因素指标权重相近，说明以上指标均可作为研究高等教育教职工发展情况的重要指标，是分析综合评价问题不可忽视的关键因素。

通过权重大小可知，各项三级综合指标的权重相差不大。首先，在专任教师职称情况中，高校中中级职称占比较大，说明中级职称对一流高校建设具有更加重要的意义；专任教师学历情况中，博士、硕士权重占比较大，专任教师本学年不担任教学工作人员情况中科研人员占比高；专任教师变动情况中，录用毕业生和外单位教师调入占比较大。以上结论说明学历因素和责任意识对建设高校意义重大。其次，对于博士、研究生指导教师情况，在博士、硕士指导教师年龄情况（同时担任硕士生导师和博士生导师）中，在 40～49 岁权重比例较高。在博士生指导教师年龄情况（不同时担任硕导）中，同样在 40～49 岁权重比例较高。以上事实说明在引进人才年龄上对高校教育综合评价也有一定的影响。最后，对于非教学与教职工人员情况，在非教学人员有专业技术职务人员情况中，所占权重基本持平，教辅和科研人员占比较高。在教职工人员分布情况中，党员占比较高，说明积极发展科研人才，提高教学水平，才可稳步促进高等教育的进一步发展。

综上，通过对高校教职工发展情况的灰色评价可知，高校教职工发展形式多样，分析其权重高低，可以为高校及学科建设指明方向。

参考文献

[1] 张晓报，包水梅. 大学发展战略规划：制定背景、问题与优化策略：以《山东大学创建世界一流大学战略规划（2010—2020）》为例 [J]. 教育与考试，2015（4）：50－54.

[2] 张有声. 关于高等教育可持续发展的研究现状分析 [J]. 哈尔滨工业大学学报，2006，8（1）：108－112.

[3] 张伟，徐广宇，缪楠. 世界一流学科建设的内涵、潜力与对策：基于 ESI 学科评价数据的分析 [J]. 当代教育管理，2016（6）：32－36.

[4] 陈勇. 美国高等教育国际化政策分析及学科国际化建设启示 [J]. 贵州师范大学学报（社会科学版），2004（6）：154－158.

[5] 胡宏亮. 法、英、美三国高等教育质量评估模式及对我国的启示 [J]. 航海教育研究，2016，33（3）：31－36.

[6] 王海燕. 德国大学卓越计划研究 [D]. 吉林：吉林大学，2014.

[7] 施雨丹. 21 世纪以来日本高等教育的改革与发展：访日本广岛大学高等教育研究开发中心主任丸山文裕 [J]. 世界教育信息，2016，29（13）：3－8.

[8] 龚兴英. 日本"21 世纪 COE 计划" [D]. 重庆：西南师范大学，2005.

[9] 杨德泽. 深化教育改革 建设一流学校 [J]. 吉林教育科学，1995（4）：45，20.

[10] 何洋. 加州大学伯克利分校崛起的因素分析 [D]. 辽宁：沈阳师范大学，2016.

[11] 张春浩. 中日韩建设世界一流大学政策比较研究 [D]. 吉林：东北师范大学，2003.

[12] 毕栋栋. 论中国教育现状与发展 [J]. 中国外资, 2013 (22)：255 – 256.

[13] 吴越, 李晓斌. 高等教育强国发展的三维模式：日本的探索 [J]. 中国高教研究, 2013 (5)：57 – 62.

[14] 王向华, 张艳芳. 山东省高等教育国际化现状研究：基于山东省与相关省市的比较 [J]. 当代教育科学, 2014 (13)：50 – 54.

[15] 马陆亭. 建设一流的高等学校体系 [J]. 中国高教研究, 2009 (9)：22 – 25, 39.

[16] 陈燕. 基于 ESI 的山东省省属高校科研统计分析 [J]. 中国科技信息, 2016 (21)：112 – 114.

[17] 范钦栋, 王凯. 基于优序对比法的城市景观视觉协调性评价：以华北水利水电大学为例 [J]. 西北林学院学报, 2014, 29 (4)：243 – 246.

[18] 樊明武. 以学生为中心　培养高质量人才　办人民满意的大学 [J]. 中国高等教育, 2005 (Z1)：17 – 18.

[19] 马金森, 李梅. 全球化背景下高等教育公私属性的思考 [J]. 教育发展研究, 2007 (05)：8 – 11.

[20] 宣勇. 建设世界一流学科要实现 "三个转变" [J]. 中国高教研究, 2016 (5)：1 – 6.

[21] 杨旸, 吴娟. 地方高校 "双一流" 发展路径探寻 [J]. 长江大学学报 (社会科学版), 2016, 39 (5)：74 – 76.

[22] 李一希, 方颖, 刘宏伟, 等. 推动学科交叉建设一流学科的若干思考 [J]. 国家教育行政学院学报, 2016 (12)：25 – 31.

[23] 刘景爱. 人才引进风险及对策研究 [J]. 湖北科技学院学报, 2015, 35 (7)：46 – 48.

第4章　高等学校教育用地多属性
TOPSIS 综合评价研究

4.1　引　言

4.1.1　研究背景

1995 年我国中央出台《中共中央国务院关于加速科学技术进步的决定》，第一次提出了"科教兴国"的思想，并于 1996 年第八届全国人民代表大会第四次会议中通过一致决定把"科教兴国"定为基本国策。此后，我国高校便成了培养战略人才和科技创新人才，实现"科教兴国"战略目标的重要保证。随着我国经济的迅速发展，为了适应我国社会经济的发展对于人才的需求，我国高校的招生人数以及在校生人数持续增加，从 1999 年我国高校扩招以来，我国的高等院校数量由 1986 所增加到 2663 所，在校生由 800 万人增加到 3833万人，在量上实现了一个大的飞跃，中国高等教育正式进入"大众教育"时代。中国特色社会主义建设进入关键时期，高等教育的质量和未来发展关系到整个国家和民族的命运。高等教育能够为国家的发展提供战略支持，为推进国家现代化进程提供人才供给和智力支持，是社会发展的动力之源。大学作为高等教育的载体，通过对人才的培养，使其增长知识，丰富阅历，对经济社会的发展做出贡献。

高校教育用地是高等教育发展的重要保障。中华人民共和国国土资源部于 2014 年 9 月 12 日印发《关于推进土地节约集约利用的指导意见》。该意见可概括为严格乡村和城市的用地规模管控、不断优化城乡开发利用的格局、健全用地控制标准等。中国土地勘测规划院也相应提出"建设用地节约利用状况调查与评价"项目。同时，一些与高校集约利用土地相关的法律法规也被相关部门制定，对校园合理利用土地以及如何提高土地利用效率做出了要求。一个土地集约利用的高校，不但自身能够更好地发展，也使人才能够获得更有利于学习的环境，能够更高效率地工作和学习，培养出更高素质的人才，促进经济社会的发展。

但是随着经济社会的发展以及招生规模的不断扩张，一些高校用地规模迅速地扩张，与真实需求并不匹配。这就会造成高校可利用土地面积过大，加之大多数的高校缺乏对高校土地利用长远的布局谋划，使得高校土地的闲置率过高，布局结构混乱，对一些已经建成的新设施的利用率较低。对新扩建的高校土地集约利用程度不高，又会继续扩建新的高校土地，使这种行为陷入恶性循环。也有一些高校扩张的速度赶不上需求增长和人才扩张的速度，致使校园结构不合理，校园内部拥挤，基础设施陈旧，硬件设施资源短缺。从总体上看我国高校缺乏土地集约利用的意识，大部分的土地利用方式不够合理并且过于简单。校园内土地集约利用能够对高校教育发展起到关键性作用，如果校园土地规划缺乏合理性，高校土地集约利用会影响和制约高校教育的发展。因此校园土地的合理规划与利用，是校园建设中的重中之重。高校不仅要提倡校园土地的集约化，更要注重校园土地集约化利用程度的评估、改进及其对高等教育发展的影响。

4.1.2　研究意义

高校土地集约利用是高等教育评估的一个重要方面，对提升高等教育质量具有重要的意义。本研究选取了 2014—2018 年间 80 所"双一流"高校土地使用相关数据，构建"双一流"高校土地集约利用评价指标体系，利用 TOPSIS 多属性决策评价方法分析各指标对高校土地集约化利用程度的影响，找出提升校园土地集约化程度的最优解，并为其提出合理化的改进建议，促进"双一流"高校土地集约度的提升，推动"双一流"高校树立土地集约利用的理念，提高"双一流"高校校园土地利用效率。研究意义有以下几个方面。

首先，有助于推动"双一流"高校树立土地集约利用的理念。通过对部分"双一流"高校土地集约化利用程度的评价，揭示高校校园规划必须把建设目标从简单追求规模的扩张转变为对校园文化内涵与人才人文品质的提升。

其次，有利于"双一流"高校校园提升土地集约化利用程度。通过运用TOPSIS多属性决策评价方法分析各指标对高校土地集约化利用程度的影响，找出提升校园土地集约化程度的最优解，使各高校的内部各部分占地面积更加合理，各功能要素在校园空间中的组织结构更加合理，有助于高校规划校园建设，提高校园土地利用效率。

最后，有利于对"双一流"高校校园进行合理规划，不断提高高等教育质量和科研水平。对校园现有的土地进行集约化利用，使其最大限度地发挥功效，力求避免资源的浪费，同时提升空间的使用效率，校园规划由粗放式发展转为集约化利用，不仅能够提升校园空间的品质，同时能有效节约土地资源。

4.2　理论基础和文献综述

4.2.1　理论基础

1. 可持续发展理论

可持续发展理论是在全球环境被严重破坏以及污染日益加剧的背景下提出来的。在《我们共同的未来》❶ 报告中详细地界定和理论阐述了可持续发展的内涵。从中可以看出，可持续发展是实现经济、社会协调发展、环境友好保护和资源合理利用的有机结合体。

高校为国家经济发展和社会发展提供动力，为社会发展提供依靠。高校校园作为吸收和培养人才的重要场所，可实现高等教育可持续发展的重要手段之一。可持续发展理论可作为高校集约用地的利用评价的基础，从它所带来的经济价值、社会价值和文化价值综合评价，使校园内部土地利用的可持续性成为现实，走可持续发展道路。

2. 地租理论

土地可持续利用中地租理论是一个重要的理论。在任何社会中，产生地租

---

❶ 世界环境与发展委员会. 我们共同的未来［M］. 王之佳等，译. 吉林：吉林人民出版社，1997.

的经济基础是不占有土地的直接生产者和占有土地的土地所有者。级差地租有级差地租 Ⅰ 和级差地租 Ⅱ 两种。按照地租理论的观点，土地本身的土壤肥力及其地理所处区位好坏会对土地的劳动生产率造成影响，而劳动生产率又会影响土地的产出。

3. 区位理论

在 19 世纪 20 年代，杜能（1826）在《孤立国同农业和国民经济的关系》中提出了农业区位理论，因此大家公认的最早区位理论的奠基人是杜能，后来德国经济学家阿尔弗雷德·韦伯于 1906 年系统地阐述了工业区位理论。从区位论的观点看，极差收益的形成原因是土地具有明显的区位特征，土地因为区位条件不同，在土地的生产率和利用效率上会有明显的差异。因此，根据区位理论来分析研究，城市各种用地类型的布局很大程度上被区位理论影响，而高校教育用地作为城市用地的一个重要类型，区位因素很大程度上会给它的区域分布与布局方式造成影响，区位论对高校土地集约利用有重要的指导意义。

4.2.2　文献综述

1. 土地集约利用理论研究

大卫·李嘉图等古典政治经济学家最早在地租论中首次提出土地集约利用理论，因此它最早来源于对农业的研究。土地利用集约度在雷利·巴洛维的《土地资源经济学》中被提出，从此之后城市土地利用研究中便引入了土地集约利用度的概念，之后土地集约利用度理论得到很大发展。在《工业区位论》中，韦伯（1909）将城市土地利用与工业产业布局相联系，将能够影响工业用地布局的区位因素进行了系统的阐述。从这些研究中可以看出土地集约理论大都是建立在土地利用理论之上的。在研究土地集约利用过程中，各个学派纷纷出现。各个学派的研究也为土地集约利用做出了一定的贡献，例如城市土地利用的同心圆模式、扇形模式、多核心模式等纷纷出现，对土地集约利用起到了指导作用。

一些学者表示解决人地矛盾的理性选择是城市土地集约利用，它是推动城镇化快速发展以及质量全面提升的重要途径之一。随着大城市用地紧张，逆城市化随之而来，由此出现了土地可持续发展的概念。W. C. Whraton 和

J. K. Brueckner（1980）认为对于存量土地的挖掘会有很大的潜力，当成本和现在的价值小于再开发带来的收益，那么再开发就是可行的。H. J. Munneke（2008）以及 S. S. Rosenthal 和 R. W. Helsley（2008）对温哥华的住宅用地进行再开发研究证明了上述学者的观点。从以上文献中可以看出关于土地集约利用的理论出现较早，而且也经历了较长时间的发展，经历了实践的检验，并最终证明土地集约化理论对于确定土地利用方式具有一定的指导意义。

2. 土地集约利用评价研究

土地集约利用水平的评价主要涉及两个方面：一是对土地利用的现状进行分析，二是对土地利用水平进行评价。二者都需要依托评价指标体系的建立来进行分析。耿春雷（2012）等学者将开发区作为主要研究对象，对开发区的土地利用情况进行综合评价。他认为评价应该分为两个方面，一个是土地的利用强度和投入强度，另一个是土地投入产出指标等。宋成舜（2019）根据系统科学理论和方法，构建指标体系并通过研究发现咸宁市土地集约利用水平较高，经济水平、生态环境因素是对土地集约水平影响最大的因素。谭勇（2018）等学者从土地投入状况、土地利用结构和强度以及土地利用效益四个方面以湖南湘江新城为研究对象，建立了建设用地的土地集约利用评价指标体系，研究结果表明湖南湘江新城在土地上基本上实现了集约利用，但是在土地利用程度上依然有上升的空间。安晓丽（2007）建立评价指标体系对 18 个样本城市进行土地集约利用程度的分析，分析表明在众多城市中西安市的土地集约利用度处于较低水平。王多多（2019）以全国各省份为研究对象，研究了土地集约化对于城镇化绿色转型效率的影响，得出土地集约化程度与城镇化绿色转型有正相关关系。于书伦（2014）以青海高新技术产业开发区为研究对象，通过选取 13 项指标构建评价指标体系对土地集约利用进行评价和潜力测算，结果显示所研究的地区中高新区的土地集约利用水平较高，但是土地利用的强度仍有待进一步提高。荀文会（2014）以沈阳市城乡接合部为研究对象，选取了土地开发和利用强度、增长耗地以及用地弹性四个方面的指标，对沈阳市城乡接合部做了土地集约利用水平的评价。肖林（2012）通过构建评价指标体系以皖江城市带作为研究对象，分析皖江城市带的土地集约利用程度，结果发现皖江城市带各城市社会经济发展水平与土地集约利用均很低。上述学者的研究成果，在未来城市的土地集约化进程中产生了重要作用。

空间布局不同，评价的方法和选用的指标也各不相同。邱道特（2010）

等学者对小城镇的土地集约利用程度通过多因素综合评价法进行评价，实践证明该评价机制可以改善小城镇的土地集约化水平。章牧（2013）通过极限条件法对福州用地计算出土地利用水平，并进行总结。蒋玲（2016）基于 PSR 框架构建土地集约利用评价指标体系，并选用主成分分析法和熵值法对新疆 5 个差异性较大的城市土地集约利用程度进行了评价，并提出了相应的改进。郑新奇（2016）通过选择容积率、土地用途、密度和其他的一些相关因素，把现实值和理想值赋予选择的改进，提出了理想值修正模型。余洋（2018）基于 PSR 城市土地集约利用评价指标体系，通过运用 TOPSIS 的评价方法对海南省 18 个地区做了土地集约水平的评价。彭云飞（2019）等学者以深圳市为研究对象，运用计量分析方法研究土地集约利用与经济发展相互影响的动态机制。陈清（2018）运用模糊综合评价法对大连市土地集约利用水平进行了评价，并对大连市土地集约利用现状进行了总结。最后又通过结合我国自身的实际情况，提出了若干适合我国土地集约化程度评价的方法。徐婕（2018）对 2011—2015 年德阳市土地集约利用水平运用熵值法进行分析，研究指出德阳市的土地集约利用水平在此期间内不断上升，但是总体来说区域间差异较大。刘力（2014）等运用熵值法对土地利用的条件进行了分析。余文涛（2019）通过熵值法对京津冀地区城镇土地集约利用程度进行测算和评价，对京津冀城镇土地利用程度提升提出了合理的建议。

近些年来，研究土地集约利用程度时空差异的文献不断增加。乔伟峰（2017）借助 GIS 图示的方式分析苏州市当前的土地利用情况。李进涛（2009）等学者通过主成分分析法和 DPSIP 模型构建指标体系研究湖北省 12 个城市土地集约利用时空差异及影响因素，结果表明湖北省各城市中长江沿岸城市土地集约利用程度较高。潘竟虎（2011）以甘肃省 14 个地级市为研究对象，对土地集约利用和经济水平发展的水平分别进行计算，然后运用重心模型等方法分析两者在空间上的相关性和差异性。陈莹（2015）通过运用 GIS 方法以及主成分分析法分析了 1996—2010 年武汉市的土地集约利用的时空特征，提高各区域土地集约利用水平的因素，对土地集约程度的研究旨在通过构建科学合理的评价指标体系，运用数学模型研究城市或区域土地集约利用的水平与潜力，为政府制定相关调控政策提供依据。

3. 土地集约利用影响因素研究

在土地集约利用影响因素方面，Wieand（1987）构建了城市空间利用的均衡模型，研究得出技术对土地的利用结构和经济效益都会有一定程度驱动作用的结论。韩峰等（2012）通过测算土地利用与技术进步的综合指数得出来技术进步与土地利用具有正向的相关关系的结论。张永刚（2018）通过对影响云南省开发区企业土地集约利用程度因素进行分析，发现容积率、建筑系数和企业用地平均地价对开发区企业集约利用程度有正向影响，开发区级别和绿地率对开发区企业集约和利用程度有负向影响。何书金（2001）等学者指出技术支撑不够是开发区土地闲置的重要原因，应加大技术开发的投入力度。杨锋（2010）认为技术水平和人口密度、城镇化水平、城市化等因素对提升土地集约利用程度具有促进作用。唐强（2019）基于科技创新的视角对广东省的土地集约影响因素做了研究，研究结果表明科技创新与土地集约利用之间存在着正比关系，即科技水平的提升能够有力地推动土地的集约利用水平。范胜龙（2017）通过对福建省不同经济发展水平地区的开发区土地集约利用水平影响因素进行研究，城镇居民可支配收入、城镇化水平和第二产业比重是影响欠发达地区土地集约利用水平的主要因素。季凯文（2009）等学者认为对城市土地集约利用水平最为重要的影响因素有经济发展水平、地均投资强度、城市区位条件、地均科研投入、GDP 建设用地增长弹性和环境因素等。从以上文献中可以看出，学者们从多种不同的角度分析了对土地集约利用水平产生影响的因素，对这些因素的总结也越来越全面。

4. 高校教育用地集约利用评价研究

近年来，很多专家学者都针对高校土地集约利用展开了研究。蒋贵国（2012）简单地构造了集约利用评价模型，对成都市高校用地的集约程度做出了评价。周蔓（2012）构建指标体系，通过数据包络分析对武汉市 38 所高校用地集约利用情况进行分析，得到武汉市 38 所高校用地集约程度较低的结论。闵敏（2013）通过建立适用于天津市高校教育用地集约利用的评价指标体系，并进行了实证研究，对天津市高校教育用地集约现状做了可信的研究。刘新卫（2014）对高校教育用地改进提出了建议，并对如何促进高等教育健康发展提出了综合整治对策。马玉梅（2015）从投入方面构建了高校教育用地集约利用社会效益评价指标体系。马晓林（2015）从产出方面构建了高校教育用地集约利用社会效益评价指标体系，并建议研究型和教学型高校根据它们的实际情况设立不同的评价标准。张笠（2016）通过以"985"高校为例构建指标体系对高校土地集约利用进行评价，总结出"985"高校土地集约利用程度与之前相比略有提升，但是整体水平仍不够高，而且不同地区的高校甚至同一地区的高校土地集约利用程度差异性较大。吴菊（2018）等学者构建土地集约化评价指标体系，以山东省的高校为研究对象，对山东省高校教育用地集约程度做了研究并提出相关政策建议，为土地供给侧结构性改革背景下如何制定合理的高校用地政策提供了指导。陈思（2016）等以长春市 15 所高校为对象，研究发现长春市高校教育土地总体的集约利用水平较高，少数的高校集约度较低。刘彪（2018）等以教育部直属高校中的 75 所高校为研究对象，从宏观的角度获得高校集约水平的空间分布和具体差异，发现当前的高校教育用地集约程度存在较大差异，为高校用地集约化提供了借鉴经验。张华伟（2016）以西安市高校为研究对象，调查新校区在发展过程中的土地集约利用情况，发现西安市高校土地集约化利用改进迫在眉睫。孙国瀚（2008）等对全国范围的 48 所高校开展了土地集约利用程度的研究，通过选取指标进行相关计算及分析，并对高校集约利用程度做出评价，提出了相关的改进建议。王淇（2018）基于层次分析法和文献综述法相结合的评价方法，针对高校教育用地资源利用率下降的问题提出了资源优化、提高土地利用率的建议。从以上研究中可以看出，高校教育用地集约利用度的提升可以促进高等教育高质量发展。

综上所述，关于高校教育用地集约利用问题得到了越来越多学术界的关注。不少学者从不同研究视角出发，针对高校土地集约利用问题提出了自己的真知灼见。但以往研究存在的不足主要体现在：首先，评价指标体系建构的主观随意性较大，缺乏完整的评价指标体系建构流程。其次，评价方法的选择存在一定局限性，应兼顾评价的多属性目的要求。最后，评价年份多集中在静态的某一年份，缺乏一段时间的纵向考察。

4.3　"双一流"高校土地集约评价方法

4.3.1　评价指标体系选取的原则

1. 主导性原则

土地集约利用的影响因素有很多，建立指标体系应该能够全面地反映土地集约利用影响因素。因此高校土地利用的影响因素，应该主要考虑对土地利用影响较大的因素，有些影响较小的因素在评价中应剔除。这样在减少评价工作量的同时也可保证工作精度，尽可能最大限度地反映出高校土地利用的现状。

2. 可度量原则

高校土地集约利用评价一般选用定量的方法，在选择评价的指标时应该简单明确、易于收集。在研究土地集约利用中，有些指标对高校土地利用效率影响可能较小，而且这些数据容易受到主观因素的影响。如果将模糊的数据带入研究，评价结果就可能就存在较大的误差，因此在具体评价中应尽量避免选取这些指标。

3. 系统性原则

高校的土地资源利用本身比较复杂，指标体系的建立是高校土地集约利用程度评价的主要方面。高校土地集约利用评价是一种综合性的评价，因此要选取能够反映高校土地集约利用评价各个方面的统计指标。需要从各个不同的角度出发去分析高校土地集约利用评价的重要方面，各个指标相互独立又相互联系，共同构成一个有机整体。

4. 科学性与实用性相结合的原则

评价的指标体系应该建立在土地利用现状的基础之上，立足于土地集约利用的框架体系。因此建立高校土地评价体系指标要有理论依据和高度科学性，并非单纯地进行理论探索，而是在理论探索的基础上能发挥实际作用。如果所建立的评价指标体系没有实用性与可操作性，那么建立评价指标体系就没有意义。

4.3.2 评价指标的选取

我们坚持主导性、可度量、系统性、科学性与实用性相结合的原则，根据高校土地集约利用的内涵和本章研究目标，以及"双一流"高校发展的特征，参考现有研究成果选定了高校土地集约利用度评价的一系列指标。

本章从土地利用结构、土地利用强度和土地产出效率三个方面选取了校舍建筑用地率、教学行政管理用地率、生均室内体育设施用地、生均建筑面积、生均教学行政用房面积、人口密度、单位面积的科技论文数和单位面积的科技课题数等指标，构建了高校土地集约利用的评价指标体系，数据均源于

2014—2018 年"教育部直属高校工作咨询委员会"内部数据，如表 4.1 所示。

表 4.1　"双一流"高校土地集约利用评价指标体系

目标层	准则层	指标层	相关性	公式
"双一流"高校土地集约利用强度	土地利用结构	校舍建筑用地率	正相关	校舍建筑用地率 = 校舍建筑用地面积/已建成土地面积
		教学行政管理用地率	正相关	教学行政管理用地率 = 教学行政管理用地/已建成土地面积
		生均室内体育设施用地	负相关	生均室内体育设施用地 = 室内体育设施用地面积/学校全日制学生人数
	土地利用强度	生均建筑面积	负相关	生均建筑面积 = 学校校舍建筑总面积/学校全日制学生人数
		生均教学行政用房面积	负相关	生均教学行政用房面积 = 教学行政占地面积/学校全日制学生人数
		人口密度	正相关	人口密度 = 学校全日制学生数/学校占地面积
	土地产出效率	单位面积的科技论文数	正相关	单位面积的科技论文数 = 学校科技论文数量/学校占地面积
		单位面积的科技课题数	正相关	单位面积的科技课题数 = 学校科技论文数量/学校占地面积

4.3.3　评价指标权重的确定方法

客观赋权法能够较为客观地定各指标的权重，受人为因素的干扰较小，但是该方法受到样本数据质量和数量的制约。本章用变异系数法来确定评价高校土地集约利用的各指标权重。

根据变异系数法确定权重的原理，若某一指标的一组数据差异较大，那么它对总目标的影响越大，对该指标赋予的权重也就越大。若某一指标的一组数据差异较小，那么它对总目标的影响越小，对该指标赋予的权重也就越小。

1. 指标进行标准化处理

指标标准化处理的方法主要有标准化法、级差标准化法和极大值标准化法。本书用极大值标准化来进行数据的无量纲化处理的具体公式为：

当评价指标为正向指标时：

$$D_i = X_i / X_{\max} \tag{4.1}$$

当评价指标为逆向指标时：

$$D_i = X_i / X_{min} \tag{4.2}$$

式中：D_i 为标准化后某因素指标的标准化值；标准化值 X_i 为处理前某因素指标的值；X_{max} 为处理前因素指标的最大值；X_{min} 为处理前因素指标的最小值。

2. 指标的均值和标准差进行计算

$$\overline{x_i} = \frac{1}{m} \sum_{j=1}^{m} x_{ij} \tag{4.3}$$

$$s_j = \sqrt{\frac{\sum_{j=1}^{m} (x_{ij} - \overline{x_i})^2}{m}} \tag{4.4}$$

式中：$\overline{x_i}$ 为第 j 项指标的平均值；s_j 为标准差；$i = 1, 2, \cdots, n$；$j = 1, 2, \cdots, m$。

3. 对各指标做归一化处理，求解权重

$$v_i = \frac{s_i}{\overline{x_i}} \tag{4.5}$$

$$w_i = \frac{v_i}{\sum_{i=1}^{n} v_i} \tag{4.6}$$

式中：v_i 为变异系数；w_i 为权重。

各个指标的权重向量为

$$W = (w_1, w_2, \cdots, w_m), w_j > 0, j = 1, 2, \cdots, m \tag{4.7}$$

4.3.4　TOPSIS 评价模型的构建

TOPSIS 法是进行多目标决策时常用的一种决策方法。它没有严格的样本量大小限制，应用的领域广泛且运算比较简单，因此它的思想可以应用到高校土地集约评价的领域中。

TOPSIS 法的基本原理是通过检测评价对象与最优解和最劣解的距离来进行排序，各指标值都达到各评价指标的最优值便是最优解，各指标值都达到各评价指标的最差值便是最劣解。我们对各个方案对最优解和最劣解进行比较，在这个过程中找出最靠近最优解和远离最劣解的方案，这个方案便是我们要选择的最佳方案。

TOPSIS 法的计算过程如下所示。

1. 根据原始数据建立矩阵

若评价体系的评价对象有 n 个，评价指标有 p 个，则可以构建一个 $n \times p$ 的空间矩阵，记为 $\boldsymbol{X}_1$。

$$\boldsymbol{X}_1 = \begin{bmatrix} x_{11} & x_{12} & \cdots & x_{1p} \\ x_{21} & x_{22} & \cdots & x_{2p} \\ \vdots & \vdots & & \vdots \\ x_{n1} & x_{n2} & \cdots & x_{np} \end{bmatrix} \tag{4.8}$$

2. 对原始数据进行标准化处理

为了数据的可比性，将正向效益型指标和负向成本型指标都转化为同向影响指标。我们对数据进行标准化处理可以得到标准化矩阵，记为 $\boldsymbol{X}_2$。

$$\boldsymbol{X}_2 = \begin{bmatrix} x'_{11} & x'_{12} & \cdots & x'_{1p} \\ x'_{21} & x'_{22} & \cdots & x'_{2p} \\ \vdots & \vdots & & \vdots \\ x'_{n1} & x'_{n2} & \cdots & x'_{np} \end{bmatrix} \tag{4.9}$$

式中：$i = 1, 2, \cdots, n$；$j = 1, 2, \cdots, p$。

$$x'_{ij} = \frac{x_{ij}}{\sqrt{\sum_1^n x_{ij}^2}} \tag{4.10}$$

3. 确定各个指标的权重

为了研究评价结果的影响程度，确定指标的权重是必不可少的步骤。确定权重的方法有很多，本章采用变异系数法。

4. 构建加权规范化矩阵

$$\boldsymbol{X}_3 = \boldsymbol{W} \times \boldsymbol{X}_2 = \begin{bmatrix} w_1 x'_{11} & w_2 x'_{12} & \cdots & w_p x'_{1p} \\ w_1 x'_{21} & w_2 x'_{22} & \cdots & w_p x'_{2p} \\ \vdots & \vdots & & \vdots \\ w_1 x'_{n1} & w_2 x'_{n2} & \cdots & w_p x'_{np} \end{bmatrix} = \begin{bmatrix} v_{11} & v_{12} & \cdots & v_{1p} \\ v_{21} & v_{22} & \cdots & v_{2p} \\ \vdots & \vdots & & \vdots \\ v_{n1} & v_{n2} & \cdots & v_{np} \end{bmatrix} = (v_{ij})_{n \times p}$$

$$\tag{4.11}$$

式中：$v_{ij} = w_j x'_{ij}$；$i = 1，2，\cdots，n$；$j = 1，2，\cdots，p$；w_j 为第 j 个指标权重值。

5. 确定最优解和最劣解

由加权规范化矩阵 $\boldsymbol{X}_2$，得到评价对象的各个指标的理想解 $\boldsymbol{X}_3^+$ 和负理想解 $\boldsymbol{X}_3^-$，假设第 j 个指标是效益型指标，则有

$$X_3^+ = \max\{V_{ij} \mid i = 1,2,\cdots,n\}，j \in J \tag{4.12}$$

$$X_3^- = \min\{V_{ij} \mid j = 1,2,\cdots,n\}，j \in J' \tag{4.13}$$

式中：J 为正向效益型指标集；J' 为负向效益型指标集。

6. 计算距离理想解距离

采用加权欧式距离公式来计算加权规范化矩阵 $\boldsymbol{X}_3$ 中各样本点到最优解的距离 S^+ 和最劣解的距离 S^-。具体公式为

$$S^+ = \sqrt{\sum_{J=1}^{P} w_j \left(V_{ij} - V_j^+\right)^2} \tag{4.14}$$

$$S^- = \sqrt{\sum_{J=1}^{P} w_j \left(V_{ij} - V_j^-\right)^2} \tag{4.15}$$

7. 综合评价

各样本点与理想解的相近程度 C_i 的计算公式为

$$C_i = \frac{S_i^-}{S_i^+ + S_i^-}，0 \leqslant C_i \leqslant 1(i = 1,2,\cdots,n) \tag{4.16}$$

评价对象的综合评价值就是公式中的相近接近度，各评价对象通过相对接近程度的大小进行排序。评价对象相对接近度越大越优，反之越劣。

4.4　基于 TOPSIS 的"双一流"高校土地集约现状评价

4.4.1　原始数据的标准化

我们选取了中国 80 所"双一流"高校在 2014—2018 年的相关数据，包括校舍建筑用地面积、学校占地面积、教学行政管理用地、全校全日制学生人数、室内体育设施用地面积、科技论文数和科技课题数，并按照表 4.1 求出校舍建筑用地率、教学行政管理用地率、生均室内体育设施用地、生均建筑面积、生均教

学行政用房面积、人口密度、单位面积科技论文数和单位面积科技课题数 8 个评价指标的数据，通过运用极大值标准化法对原始数据进行标准化。

以 2016 年为例，标准化数据如表 4.2 所示。

表 4.2　2016 年"双一流"高校土地集约利用指标标准化数据

学校	校舍建筑用地率	教学行政管理用地率	生均室内体育设施用地	生均建筑面积	生均教学行政用房面积	人口密度	单位面积科技论文	单位面积科技课题
北京大学	0.616	0.546	0.045	0.103	0.169	0.255	0.486	0.167
中国人民大学	0.859	0.853	0.059	0.176	0.258	0.606	0.36	0.592
清华大学	0.424	0.38	0.041	0.076	0.124	0.131	0.216	0.175
北京交通大学	1	0.716	0.221	0.205	0.417	0.821	0.27	0.792
北京科技大学	0.775	0.627	0.046	0.195	0.352	0.608	0.703	0.408
北京化工大学	0.211	0.209	0.459	0.34	0.503	0.289	0.099	0.058
北京邮电大学	0.354	0.309	0.105	0.275	0.459	0.392	0.198	0.092
中国农业大学	0.579	0.421	0.037	0.121	0.243	0.282	0.324	0.375
北京林业大学	0.814	0.635	0.115	0.26	0.486	0.849	0.351	0.342
北京中医药大学	0.825	0.754	0.107	0.301	0.482	1	1	0.125
北京师范大学	0.96	1	0.065	0.191	0.268	0.736	0.73	1
北京外国语大学	0.874	0.556	0.023	0.145	0.333	0.509	0.261	0.183
北京语言大学	0.799	0.517	0.054	0.138	0.312	0.443	0.144	0.117
中国传媒大学	0.666	0.685	0.191	0.237	0.336	0.633	0.297	0.3
中央财经大学	0.422	0.275	0.868	0.259	0.58	0.438	0.135	0.208
对外经济贸易大学	0.734	0.71	0.046	0.29	0.437	0.856	0.342	0.217
中央音乐学院	0.658	0.464	0.199	0.107	0.221	0.282	0.054	0.025
中央美术学院	0.537	0.753	0.307	0.154	0.161	0.333	0.045	0.033
中央戏剧学院	0.576	0.677	0.035	0.134	0.167	0.312	0.045	0.042
中国政法大学	0.72	0.506	0.462	0.29	0.603	0.839	0.243	0.5
中国石油大学	0.37	0.387	0.052	0.178	0.249	0.266	0.144	0.117
华北电力大学	0.727	0.847	0.168	0.255	0.32	0.745	0.252	0.2
南开大学	0.155	0.137	0.048	0.183	0.302	0.115	0.108	0.075
天津大学	0.215	0.207	0.095	0.183	0.277	0.158	0.198	0.092
大连理工大学	0.315	0.346	0.066	0.183	0.242	0.232	0.162	0.075
东北大学	0.379	0.364	0.083	0.238	0.362	0.362	0.162	0.092
吉林大学	0.222	0.231	0.102	0.206	0.289	0.183	0.153	0.083

学校	校舍建筑用地率	教学行政管理用地率	生均室内体育设施用地	生均建筑面积	生均教学行政用房面积	人口密度	单位面积科技论文	单位面积科技课题
东北师范大学	0.46	0.33	0.034	0.179	0.364	0.33	0.108	0.1
东北林业大学	0.5	0.586	0.034	0.197	0.246	0.397	0.081	0.042
复旦大学	0.927	0.836	0.045	0.121	0.196	0.45	0.82	0.4
同济大学	0.414	0.584	0.117	0.167	0.173	0.278	0.225	0.125
上海交通大学	0.362	0.464	0.045	0.145	0.165	0.211	0.423	0.133
华东理工大学	0.342	0.355	0.072	0.226	0.317	0.31	0.261	0.125
东华大学	0.384	0.5	0.049	0.237	0.266	0.365	0.171	0.075
华东师范大学	0.682	0.694	0.049	0.156	0.224	0.427	0.315	0.325
上海外国语大学	0.38	0.462	0.082	0.189	0.226	0.287	0.108	0.1
上海财经大学	0.644	0.532	0.117	0.206	0.364	0.532	0.171	0.175
南京大学	0.56	0.74	0.048	0.131	0.145	0.294	0.27	0.183
东南大学	0.25	0.314	0.734	0.197	0.229	0.197	0.18	0.125
中国矿业大学	0.41	0.388	0.365	0.2	0.308	0.328	0.117	0.092
河海大学	0.335	0.483	0.038	0.345	0.349	0.466	0.45	0.133
江南大学	0.34	0.319	0.141	0.208	0.323	0.284	0.207	0.1
南京农业大学	0.071	0.101	0.619	0.35	0.36	0.101	0.045	0.058
中国药科大学	0.249	0.311	0.051	0.246	0.288	0.245	0.09	0.05
浙江大学	0.709	0.748	0.059	0.141	0.195	0.401	0.495	0.425
合肥工业大学	0.232	0.284	0.087	0.293	0.349	0.273	0.09	0.058
厦门大学	0.203	0.23	0.059	0.147	0.19	0.119	0.072	0.075
山东大学	0.327	0.303	0.042	0.185	0.292	0.243	0.144	0.1
中国海洋大学	0.346	0.448	0.063	0.234	0.263	0.326	0.225	0.058
武汉大学	0.47	0.375	0.096	0.168	0.307	0.317	0.342	0.133
华中科技大学	0.357	0.344	0.07	0.185	0.281	0.266	0.198	0.1
中国地质大学	0.437	0.326	0.075	0.236	0.461	0.413	0.243	0.167
武汉理工大学	0.404	0.426	0.051	0.253	0.351	0.411	0.135	0.092
华中农业大学	0.152	0.141	0.129	0.189	0.296	0.115	0.072	0.05
华中师范大学	0.522	0.374	0.057	0.245	0.499	0.514	0.198	0.108
中南财经政法大学	0.466	0.352	0.018	0.213	0.412	0.399	0.036	0.083
湖南大学	0.134	0.196	1	1	1	0.539	0.243	0.183
中南大学	0.421	0.395	0.221	0.221	0.344	0.374	0.306	0.108

学校	校舍建筑用地率	教学行政管理用地率	生均室内体育设施用地	生均建筑面积	生均教学行政用房面积	人口密度	单位面积科技论文	单位面积科技课题
中山大学	0.223	0.235	0.087	0.194	0.269	0.174	0.153	0.158
华南理工大学	0.659	0.672	0.091	0.172	0.246	0.454	0.387	0.342
重庆大学	0.334	0.272	0.126	0.19	0.341	0.255	0.162	0.075
西南大学	0.197	0.199	0.094	0.266	0.385	0.211	0.063	0.1
四川大学	0.349	0.305	0.13	0.199	0.332	0.28	0.261	0.15
西南交通大学	0.386	0.359	0.047	0.205	0.323	0.319	0.324	0.075
电子科技大学	0.351	0.401	0.026	0.236	0.301	0.333	0.171	0.075
西南财经大学	0.386	0.294	0.027	0.217	0.416	0.337	0.045	0.092
西安交通大学	0.618	0.523	0.12	0.132	0.228	0.328	0.297	0.242
西安电子科技大学	0.357	0.316	0.788	0.212	0.351	0.305	0.153	0.092
长安大学	0.335	0.36	0.24	0.229	0.311	0.307	0.045	0.1
西北农林科技大学	0.337	0.31	0.305	0.195	0.31	0.264	0.162	0.067
陕西师范大学	0.386	0.31	0.076	0.233	0.423	0.36	0.18	0.142
兰州大学	0.233	0.201	0.043	0.174	0.293	0.163	0.09	0.033
中国科学技术大学	0.52	0.545	0.093	0.145	0.202	0.303	0.27	0.158
北京航空航天大学	0.65	0.592	0.057	0.142	0.227	0.369	0.378	0.1
北京理工大学	0.418	0.392	0.076	0.194	0.302	0.326	0.315	0.125
哈尔滨工业大学	0.326	0.306	0.057	0.165	0.257	0.216	0.18	0.05
哈尔滨工程大学	0.602	0.77	0.223	0.21	0.24	0.509	0.225	0.175
南京航空航天大学	0.512	0.623	0.048	0.217	0.26	0.445	0.387	0.092
南京理工大学	0.294	0.462	0.048	0.234	0.217	0.275	0.243	0.092
西北工业大学	0.422	0.338	0.048	0.116	0.211	0.195	0.144	0.125

4.4.2　指标权重的确定

本章通过变异系数法来确定校舍建筑用地率、教学行政管理用地率、生均室内体育设施用地、生均建筑面积、生均教学行政用房面积、人口密度、单位面积科技论文数和单位面积科技课题数共 8 个指标各自的权重，然后构建

2014—2018 年数据的加权规范化矩阵，确定各指标的理想解（表4.3）和负理想解（表4.4）。

表 4.3　2014—2018 年"双一流"高校土地集约利用指标的理想解

年份	校舍建筑用地率	教学行政管理用地率	生均室内体育设施用地	生均建筑面积	生均教学行政用房面积	人口密度	单位面积科技论文	单位面积科技课题
2013	0.07	0.06	0.5	0.04	0.05	0.08	0.09	0.11
2014	0.06	0.05	0.47	0.06	0.05	0.07	0.08	0.16
2015	0.06	0.05	0.52	0.06	0.05	0.06	0.08	0.11
2016	0.08	0.08	0.25	0.09	0.07	0.09	0.14	0.18
2017	0.06	0.06	0.52	0.06	0.05	0.06	0.08	0.11

表 4.4　2014—2018 年"双一流"高校土地集约利用指标的负理想解

年份	校舍建筑用地率	教学行政管理用地率	生均室内体育设施用地	生均建筑面积	生均教学行政用房面积	人口密度	单位面积科技论文	单位面积科技课题
2013	0.00343	0.00462	0.001	0.00944	0.01005	0.00552	0.00441	0.00275
2014	0.0015	0.0018	0.00047	0.00654	0.0077	0.00217	0.00296	0.00272
2015	0.00246	0.00465	0.00052	0.00642	0.0077	0.00642	0.00272	0.00374
2016	0.00568	0.00808	0.0045	0.00684	0.00868	0.00909	0.00504	0.0045
2017	0.0024	0.00474	0.00052	0.0048	0.00645	0.0057	0.00312	0.00429

通过 Excel 计算 2014—2018 年数据中各个样本点距离理想解的距离 S^+ 和距离负理想解的距离 S^-，计算出各个样本点与理想解的接近程度 C_i，并根据得到的 C_i 对 80 所"双一流"高校进行排序，结果如表 4.5 ~ 表 4.9 所示。

通过 TOPSIS 模型确定的最终相似接近度实际上就是各"双一流"高校土地集约利用的综合指数。若相似接近度越大，那么综合指数就越高，意味着相应的土地集约度越高。综合 2014—2018 年五年土地集约度，北京师范大学在 2014—2018 年的土地集约度都是排名第一位的，相似接近度分别为

0.9513、0.9573、0.9723、0.8959、0.9701，总体排在前八位的有北京师范大学、中国人民大学、复旦大学、北京交通大学、北京科技大学、中国传媒大学、北京林业大学和中国农业大学。从土地集约度排名前十的"双一流"高校中，我们可以看出北京市的高校相对来说土地集约度比较高，这可能是由于北京人稠地狭，高校云集，且北京市的"双一流"高校较多，成果产出量也比较大，从而导致北京地区"双一流"高校的土地集约度较高，北京的高校可以适当进行用地扩张或用地转移，例如在河北雄安和北京郊区等建立分校。

从地域四大板块来看，在 2014 年集约度排名前 30 名的"双一流"高校中，东部地区的高校有 21 所。由此可以看出，东部地区的高校土地集约度比较大，原因可能是东部地区包含北京市在内，而北京市的高校土地集约度一般都较高。其他区域在 2014 年集约度排名前 30 名的"双一流"高校中占比比较少。

表 4.5　2014 年我国"双一流"高校土地集约度评价效果

学校名称	评价	学校名称	评价	学校名称	评价
北京师范大学	0.9513	哈尔滨工程大学	0.9008	山东大学	0.8916
上海外国语大学	0.9483	北京大学	0.9001	华东师范大学	0.8906
复旦大学	0.9445	天津大学	0.8995	北京航空航天大学	0.8906
中国人民大学	0.9353	上海交通大学	0.8995	武汉大学	0.8903
北京交通大学	0.9352	北京外国语大学	0.8991	四川大学	0.8902
北京邮电大学	0.9292	华北电力大学	0.8984	同济大学	0.8894
北京科技大学	0.9284	北京理工大学	0.8983	中国海洋大学	0.8891
北京林业大学	0.9242	浙江大学	0.8973	西南交通大学	0.8884
上海财经大学	0.9166	湖南大学	0.8972	东北林业大学	0.8881
中国传媒大学	0.9123	北京语言大学	0.8972	华中科技大学	0.8861
中国农业大学	0.912	南京大学	0.8969	中南大学	0.8854
北京中医药大学	0.9057	华南理工大学	0.8966	华中师范大学	0.8843
中国政法大学	0.9051	清华大学	0.8954	中国石油大学	0.8838
中国地质大学	0.9051	河海大学	0.8953	陕西师范大学	0.8837
中央音乐学院	0.9015	中国科学技术大学	0.8938	东北大学	0.8837
西安交通大学	0.901	东华大学	0.8936	华东理工大学	0.8836

学校名称	评价	学校名称	评价	学校名称	评价
南京航空航天大学	0.8829	中山大学	0.88	兰州大学	0.871
长安大学	0.8823	大连理工大学	0.88	西北农林科技大学	0.8696
江南大学	0.8821	吉林大学	0.8796	华中农业大学	0.8691
中南财经政法大学	0.882	西南财经大学	0.8795	西安电子科技大学	0.8663
哈尔滨工业大学	0.8818	重庆大学	0.8794	东南大学	0.8628
东北师范大学	0.8818	中国药科大学	0.8786	南京农业大学	0.8599
合肥工业大学	0.8815	中央美术学院	0.8764	中央戏剧学院	0.8386
南京理工大学	0.8812	中国矿业大学	0.8761	对外经济贸易大学	0.3943
武汉理工大学	0.8811	厦门大学	0.8748	中央财经大学	0.3266
西北工业大学	0.881	南开大学	0.8742	北京化工大学	0.0465
电子科技大学	0.8805	西南大学	0.8721		

从地域四大板块来看，在 2015 年集约度排名前 30 名的"双一流"高校中，东部地区的高校有 21 所，较上年占比数量有所降低。但相对于中部、西部、东北地区，土地集约度是最高的。在中部地区和西部地区共有 7 所学校入围，东北地区有 2 所高校入围。

表 4.6　2015 年我国"双一流"高校土地集约度评价效果

学校名称	评价	学校名称	评价	学校名称	评价
北京师范大学	0.9573	北京科技大学	0.8512	中国地质大学	0.8386
中国人民大学	0.9546	西南财经大学	0.8483	河海大学	0.8375
中国政法大学	0.9221	武汉大学	0.8462	中央音乐学院	0.837
中国传媒大学	0.9059	上海外国语大学	0.8458	上海交通大学	0.8368
华东师范大学	0.8948	南京大学	0.8455	江南大学	0.8344
北京交通大学	0.8823	中南财经政法大学	0.8449	山东大学	0.8332
上海财经大学	0.8779	中国农业大学	0.8417	哈尔滨工程大学	0.8327
北京语言大学	0.873	华中师范大学	0.8409	同济大学	0.8324
北京外国语大学	0.8632	西安交通大学	0.8403	清华大学	0.832
浙江大学	0.8622	北京中医药大学	0.8402	中南大学	0.8314
华南理工大学	0.8584	北京大学	0.8401	华北电力大学	0.8311
四川大学	0.8516	陕西师范大学	0.8399	华东理工大学	0.8311
复旦大学	0.8515	东北师范大学	0.8389	吉林大学	0.8304

学校名称	评价	学校名称	评价	学校名称	评价
中山大学	0.8295	长安大学	0.8274	中国药科大学	0.8227
中国海洋大学	0.8294	厦门大学	0.8273	天津大学	0.8222
西南交通大学	0.8294	北京航空航天大学	0.8273	兰州大学	0.822
南京航空航天大学	0.8294	武汉理工大学	0.8272	东南大学	0.8203
东北大学	0.8293	中国科学技术大学	0.8271	华中农业大学	0.8197
西北农林科技大学	0.8292	西北工业大学	0.8262	北京林业大学	0.8177
北京邮电大学	0.8291	中国石油大学	0.8257	南京农业大学	0.8165
华中科技大学	0.8291	电子科技大学	0.8255	西安电子科技大学	0.8161
南开大学	0.8289	合肥工业大学	0.8246	中央戏剧学院	0.8129
北京理工大学	0.8288	南京理工大学	0.8245	对外经济贸易大学	0.6142
中央美术学院	0.8284	中国矿业大学	0.8243	中央财经大学	0.5555
东华大学	0.8283	哈尔滨工业大学	0.8243	北京化工大学	0.375
东北林业大学	0.8282	重庆大学	0.8242	湖南大学	0.1139
西南大学	0.828	大连理工大学	0.8236		

从地域四大板块来看，在 2016 年集约度排名前 30 名的"双一流"高校中，东部地区的高校有 22 所，占比较上一年有所增加。在中部地区和西部地区学校入围都有所提升，共有 8 所。东北地区没有高校入围。

表 4.7　2016 年我国"双一流"高校土地集约度评价效果

学校名称	评价	学校名称	评价	学校名称	评价
北京师范大学	0.9723	华南理工大学	0.9244	北京语言大学	0.9118
北京交通大学	0.9514	华东师范大学	0.9236	北京外国语大学	0.9114
复旦大学	0.9454	华北电力大学	0.9207	北京航空航天大学	0.9112
中国人民大学	0.9422	北京中医药大学	0.9171	北京理工大学	0.911
北京科技大学	0.9357	南京大学	0.9157	中央音乐学院	0.9104
对外经济贸易大学	0.9334	北京大学	0.9143	河海大学	0.9099
中国传媒大学	0.9305	哈尔滨工程大学	0.9143	中国科学技术大学	0.9098
浙江大学	0.9297	西安交通大学	0.9139	清华大学	0.9083
北京林业大学	0.9285	上海财经大学	0.9134	武汉大学	0.9075
中国农业大学	0.927	中国地质大学	0.9128	西北农林科技大学	0.9071
中国政法大学	0.9261	上海交通大学	0.9124	电子科技大学	0.9067

学校名称	评价	学校名称	评价	学校名称	评价
南京航空航天大学	0.906	北京邮电大学	0.901	合肥工业大学	0.8957
重庆大学	0.9055	西北工业大学	0.9009	南开大学	0.8954
陕西师范大学	0.905	吉林大学	0.9008	中国药科大学	0.895
同济大学	0.9049	东北师范大学	0.9007	西南大学	0.8947
华东理工大学	0.9042	武汉理工大学	0.9007	中央美术学院	0.8945
中国石油大学	0.9037	中南财经政法大学	0.9007	厦门大学	0.8943
上海外国语大学	0.9035	江南大学	0.9006	兰州大学	0.8939
西南财经大学	0.9034	东北林业大学	0.8998	华中农业大学	0.8928
华中科技大学	0.9031	中国矿业大学	0.8997	东南大学	0.8909
华中师范大学	0.9026	山东大学	0.8997	西安电子科技大学	0.8903
中南大学	0.9026	长安大学	0.8995	南京农业大学	0.8867
西南交通大学	0.9023	哈尔滨工业大学	0.8991	中央戏剧学院	0.8767
中国海洋大学	0.902	东北大学	0.8988	中央财经大学	0.5766
东华大学	0.9016	中山大学	0.8987	北京化工大学	0.3901
四川大学	0.9012	天津大学	0.8986	湖南大学	0.0248
南京理工大学	0.9012	大连理工大学	0.8984		

从地域四大板块来看，在2017年集约度排名前30名的"双一流"高校中，东部地区的高校有21所，占比较上一年有所减少。在中部地区和西部地区学校入围都有所增加，中部地区有5所高校，西部地区有3所，东北地区有1所高校。

表4.8 2017年我国"双一流"高校土地集约度评价效果

学校名称	评价	学校名称	评价	学校名称	评价
北京师范大学	0.8959	北京林业大学	0.6557	南京航空航天大学	0.6107
中国人民大学	0.7356	北京中医药大学	0.653	北京航空航天大学	0.6103
复旦大学	0.733	对外经济贸易大学	0.6434	中国传媒大学	0.6101
北京科技大学	0.7247	北京大学	0.6336	清华大学	0.6062
北京交通大学	0.71	北京外国语大学	0.6302	中国科学技术大学	0.5999
浙江大学	0.7022	河海大学	0.6205	中国地质大学	0.5998
中国农业大学	0.6647	南京大学	0.6202	北京理工大学	0.5977
华南理工大学	0.6601	上海交通大学	0.6151	北京语言大学	0.5972
华东师范大学	0.6591	西安交通大学	0.6139	武汉大学	0.5967

学校名称	评价	学校名称	评价	学校名称	评价
华北电力大学	0.5964	西南财经大学	0.5801	西南大学	0.5584
西南交通大学	0.5952	东北林业大学	0.5798	合肥工业大学	0.5582
华中师范大学	0.5928	中山大学	0.5794	重庆大学	0.5571
华东理工大学	0.5921	四川大学	0.5786	中南大学	0.5455
上海财经大学	0.5919	中央戏剧学院	0.5783	华中农业大学	0.539
南京理工大学	0.5911	东北大学	0.576	中央音乐学院	0.5252
西北工业大学	0.5891	大连理工大学	0.5757	中国政法大学	0.5135
电子科技大学	0.5886	上海外国语大学	0.5747	长安大学	0.5129
陕西师范大学	0.5876	哈尔滨工业大学	0.5745	西北农林科技大学	0.4879
中国石油大学	0.5872	北京邮电大学	0.5708	中央美术学院	0.4856
东北师范大学	0.5868	南开大学	0.5689	中国矿业大学	0.4636
东华大学	0.5853	天津大学	0.5683	北京化工大学	0.3978
山东大学	0.5844	中国药科大学	0.5679	南京农业大学	0.2999
武汉理工大学	0.5844	厦门大学	0.5663	东南大学	0.2627
中南财经政法大学	0.5829	兰州大学	0.5651	西安电子科技大学	0.2281
华中科技大学	0.5828	吉林大学	0.5618	中央财经大学	0.2019
同济大学	0.581	哈尔滨工程大学	0.5618	湖南大学	0.1195
中国海洋大学	0.581	江南大学	0.5613		

从地域四大板块来看，在 2018 年集约度排名前 30 名的"双一流"高校中，东部地区的高校有 23 所。与 2017 年相比，中部地区和西部地区学校入围都有所增加，中部地区入围高校第二多，有 4 所高校列入名单。西部地区入围 2 所，东部地区入围 1 所。

表 4.9　2018 年我国"双一流"高校土地集约度评价效果

学校名称	评价	学校名称	评价	学校名称	评价
北京师范大学	0.9701	中国传媒大学	0.9313	上海财经大学	0.9198
中国人民大学	0.9522	华北电力大学	0.9289	西安交通大学	0.9178
北京交通大学	0.9513	北京林业大学	0.9277	华东师范大学	0.9139
复旦大学	0.9449	中国农业大学	0.9249	北京大学	0.9136
北京科技大学	0.9377	对外经济贸易大学	0.9247	南京大学	0.9134
中国政法大学	0.9318	北京中医药大学	0.9207	北京外国语大学	0.9123

学校名称	评价	学校名称	评价	学校名称	评价
华南理工大学	0.9122	北京邮电大学	0.9021	东北林业大学	0.8961
北京航空航天大学	0.9121	中国海洋大学	0.9017	西南财经大学	0.8961
南京航空航天大学	0.9105	上海外国语大学	0.9015	重庆大学	0.896
中国地质大学	0.9098	南京理工大学	0.9013	天津大学	0.8958
哈尔滨工程大学	0.9097	西南交通大学	0.901	中央美术学院	0.8941
上海交通大学	0.9094	西北工业大学	0.901	吉林大学	0.8941
河海大学	0.9087	武汉理工大学	0.9008	西南大学	0.894
中国科学技术大学	0.9083	山东大学	0.9005	哈尔滨工业大学	0.8938
北京理工大学	0.9073	东北大学	0.9004	合肥工业大学	0.8936
北京语言大学	0.9071	华中科技大学	0.9003	中国药科大学	0.893
清华大学	0.9061	东华大学	0.9001	厦门大学	0.8928
武汉大学	0.906	中央戏剧学院	0.8995	南开大学	0.8923
浙江大学	0.905	江南大学	0.8995	兰州大学	0.8906
华中师范大学	0.9049	电子科技大学	0.8994	东南大学	0.8904
四川大学	0.9046	中山大学	0.8991	西安电子科技大学	0.8883
同济大学	0.9044	中南财经政法大学	0.8985	华中农业大学	0.8876
中央音乐学院	0.9043	东北师范大学	0.8983	南京农业大学	0.8831
华东理工大学	0.904	中国矿业大学	0.8981	中央财经大学	0.5154
中南大学	0.9033	大连理工大学	0.8972	北京化工大学	0.3023
陕西师范大学	0.9033	西北农林科技大学	0.897	湖南大学	0.026
中国石油大学	0.9026	长安大学	0.8965		

从以上结果中可以看出，各"双一流"高校的土地集约度差别不是太大，且总体水平较高，但是湖南大学、北京化工大学、北京林业大学、中央财经大学与其他的"双一流"高校土地集约度的差异比较大。这说明了这几所大学在加大校舍建筑用地面积、学校占地面积、教学行政管理用地等方面的发展潜力较大，土地集约利用度还有一定的上升空间，学校可以根据自己的实际情况进行集约化建设。

4.5　高校土地集约利用的对策和建议

1. 不断加强高校的土地管理力度

加强高校土地管理，提升高校土地利用集约度必须要制定科学合理的高等学校用地标准。要选择良好的管理模式和运行机制，使土地资源能够被更加合理地调配。因此只有将高校土地管理程度提升到新的水平、新的高度，才能使高校土地产生新的效益，而且必须要建立良好的管理模式和运行机制才能不断加强高校土地管理。通过高校土地管理，不断地提升高校土地集约度，从而持续地促进高等教育的发展。

2. 加快构建高校土地集约利用评价指标体系

通过建立科学合理的土地集约利用评价指标体系，才能够正确地、准确地衡量高校土地集约利用程度，从而对提升高校土地集约利用程度采取有效的措施。因此应加大对土地集约利用评价指标体系构建方法的探索，以提升高等教育水平为目标，不断地实践，推动高校土地节约利用度评价指标体系的标准化。

3. 均衡教育资源

从评价结果的分析来看，华北地区和华东地区的高校土地集约度较大，而华中、华南、西北和东北地区的高校土地集约度较小。在教育资源配置过程要多考虑经济欠发达地区，使教育资源投入稍作倾向从而实现全国的教育资源均衡分布。

4. 完善高校用地评价考核与激励机制

完善高校教育用地的管理制度，提高高校教育用地的准入门槛。通过规划和计划的审批管制，对高校教育用地集约利用的动态与监督评价机制进行不断的完善。从体制上控制高校土地的粗放利用，为高校土地的集约利用建立起有力的保障体系。应该将高校土地管理水平纳入行政管理和教学质量评估的范畴，将高校培养人才的能力与高校土地集约利用的指标进行合理的联系，通过必要的约束和激励机制，最终实现高校土地集约利用，促进高校资源的健康和持续发展。

4.6 小 结

本章以我国 80 所"双一流"高校为研究对象,选取了校舍建筑用地率、教学行政管理用地率、生均室内体育设施用地等 8 个指标构建了校园土地集约利用程度评价指标体系,采用 2014—2018 年相关数据,对这些高校校园土地集约度做出了评价和分析。研究结果发现,从省份上说,北京市的高校土地集约度较高;从地域上说,华北地区和华东地区土地集约度较高。总体来说,大多数高校土地集约度还有提升的空间。据此我们提出了不断加强高校的土地管理力度、加快构建高校土地集约利用评价指标体系、均衡教育资源和完善高校用地评价考核与激励机制的政策建议,以提升高校土地集约利用程度,促进高校的高质量发展。

参考文献

[1] BRUECKNER J. K. A vintage model of urban growth [J]. Journal of urban economics, 1980 (8): 389 – 402.

[2] GILL S E, HANDLEY J F, ENNOS A R, et al. Characterising the urban environment of UK cities and towns: A template for landscape planning [J]. Landscape and urban planning, 2008, 87 (3): 210 – 222.

[3] 李进涛, 谭术魁, 汪文雄. 基于 DPSIR 模型的城市土地集约利用时空差异的实证研究: 以湖北省为例 [J]. 中国土地科学, 2009, 23 (3): 49 – 54.

[4] 安蔚军, 于书伦. 开发区土地集约利用评价与潜力测算研究: 以青海高新技术产业开发区为例 [J]. 河南科学, 2014, 32 (6): 1108 – 1114.

[5] 陈莹, 刘康, 郑伟元. 城市土地集约利用潜力评价的应用研究 [J]. 中国土地科学, 2002, 16 (4): 26 – 29.

[6] 马玉梅, 马晓林. 高校教育用地集约利用评价指标思考 [J]. 中国土地, 2015 (5): 37 – 38.

[7] 陈思, 李淑杰, 范晓锋, 等. 长春市高校教育用地集约利用评价及空间差异分析 [J]. 东北师大学报 (自然科学版), 2016, 48 (1): 133 – 140.

[8] 刘新卫. 高校土地利用问题与综合整治对策 [J]. 国土资源情报, 2007 (4): 13 – 18.

[9] 章牧, 骆培聪, 颜志森, 等. 城市土地集约利用评价: 以福建省福州市为例 [J]. 福

建师范大学学报（自然科学版），2001，17（4）：105 – 109.

[10] 郑新奇，王筱明，王爱萍. 城市宗地集约利用潜力评价方法研究：以济南市城区为例 [J]. 资源科学，2005，27（6）：71 – 75.

[11] 刘力，邱道持，粟辉，等. 城市土地集约利用评价 [J]. 西南师范大学学报（自然科学版），2004，29（5）：887 – 890.

[12] 赵姚阳，濮励杰，卜崇峰. 基于模糊逻辑的城市土地集约化利用评价：以江苏省地级城市为例 [J]. 人文地理，2006（1）：17 – 20，115.

[13] li Zhang, Meng Du. An Assessment on the Intensive Land Use by Universities——Take the 985 Project Universities as Examples [J]. Science Innovation, 2016; 4（2）：88 – 94.

[14] 蒋贵国，周介铭，孙国翰. 成都市高校土地集约利用评价研究 [J]. 四川师范大学学报（自然科学版），2012，35（2）：275 – 280.

[15] 覃莉，陶晓龙，周旭. 中国高等学校建设用地标准研究 [J]. 中国土地科学，2010，24（10）：41 – 45.

[16] 谭树魁，周蔓. 武汉地区高校对土地集约利用政策的响应 [J]. 资源科学，2012，34（1）：143 – 149.

[17] 李丽. 基于 Topsis 模型的城市土地集约利用评价研究：以重庆市南岸区为例 [D]. 重庆西南大学，2011.

[18] 刘彪，孙敏，黄勤，等. 教育部直属高校土地利用集约水平研究 [J]. 中国市场，2018，（35）：38 – 41.

[19] 彭云飞，李茹茹，朱灵伟，等. 深圳市土地集约利用与经济发展的协整检验 [J]. 特区经济，2019（4）：81 – 83.

[20] 徐婕. 基于熵值法的德阳城市土地集约利用综合评价 [J]. 当代经济，2018（17）：62 – 65.

[21] 李秀彬，朱会义，谈明洪，等. 土地利用集约度的测度方法 [J]. 地理科学进展，2008，27（6）：12 – 17.

[22] 于丽丽. 高校教育用地集约利用评价标准及其修正体系研究 [J]. 长春：吉林大学，2015.

[23] 张艳，梅昀. 城市土地集约利用差异影响因素 [J]. 科技信息，2010（1）：309.

[24] 王家庭，季凯文. 中国城市土地集约利用的影响因素分析：基于 34 个典型城市数据的实证探究 [J]. 经济地理，2009（7）：1172 – 1176.

[25] 陈进. 城市土地集约利用水平测试及其效率研究 [D]. 广州：广东工业大学，2011：15 – 20.

[26] 周政，苟仁芬. 我国城市土地集约利用研究综述 [J]. 价值工程，2010，20（16）：143 – 143.

［27］宋成舜，陶莉，翟文侠．基于集对分析的城市土地集约利用评价［J］．国土资源科技管理，2019，36（3）：27－39.

［28］杨东朗，安晓丽．西安市城市土地集约利用综合评价［J］．经济地理，2007，27（3）：470－475.

［29］肖林，焦华富．皖江城市带城市土地集约利用与社会经济发展协调性分析［J］．安徽师范大学学报（自然科学版），2012，35（4）：365－370.

［30］余洋，苏春英，等．基于TOPSIS－PSR模型下的海南省城市用地评价［J］．国土资源导刊，2018，15（3）：19－27.

［31］闵敏．天津市高校教育用地集约利用评价与对策研究［D］．天津：天津师范大学，2013：4－5.

第5章 高等学校实验室建设集对分析评价研究

5.1 引 言

5.1.1 研究背景及意义

1. 研究背景

为加快高等教育的发展，国务院在 2015 年 10 月印发了《统筹推进世界一流大学和一流学科建设总体方案》（以下简称《方案》）。提出了统筹推进世界一流大学和一流学科建设，实现我国从高等教育大国到高等教育强国的跨越。这是继"211 工程"、"985 工程"以及"优势学科创新平台"和"特色重点学科项目"后的又一重大举措。2016 年教育部在年度工作开展计划中明确表示，通过加快世界一流大学和一流学科的建设，努力实现成为世界教育强国的目标。该举措在我国各大高校中掀起了努力建设"双一流"的高潮。

在各大高校建设"双一流"的过程中，我们的基本任务是通过培养创新型人才，建设一流的教师队伍，提升科研水平，不断推进研究成果向实物运用转化，这也是高等教育体制改革的工作重心。

世界一流高等院校共有的特征是拥有一批享誉世界的优秀校友和一批学术声望较高的教授。在"双一流"高校建设一流实验室可以实现培养知名教授和杰出校友的目的和要求。21 世纪，高新技术飞速发展，是知识和科技双重较量的时代。面对日益激烈的国际竞争，科技力量已经逐渐成为一个国家国际地位的证明；在世界各国的综合实力竞争中，科学技术的创新能力开始扮演着举足轻重的角色。高等教育要想与时俱进，教育质量的提升成为重中之重。在这样的背景下，高等教育评估应运而生。同时，高等教育评估逐渐发展成为政府调控的一个措施，也是我们提高教育质量的重要手段。高等院校的教学实验室评估是教育评估的重要组成部分，也是一个相对独立的部分。同时，也是教育高质量发展、推进实验教学改革及实验室建设的一种必要方式。在进行教育的高质量发展、加强实验室建设以及推进实验教学改革中成为一种必不可少的方式。

随着我国高等教育规模的快速发展和素质教育的全面推进，社会对于应用型人才的需求在不断增加，应届大学生依旧面临着就业困难等压力，最主要的原因是高校在进行理论学习的过程中，忽视了学生的创新和实践能力。高校更多地注重实验结论的传输，忽视了实验本身的性质和过程，对于更深层次的综合性实验接触较少，导致学生理论知识与实践能力不匹配，这成为大学生就业的一大障碍。在高等教育中，培养学生实践能力的关键在于实验教学。当今社会，随着人才培养模式的不断创新，各大高校面临学生综合素质提升的挑战。这一背景下，可以发现高水平实验室建设的重要性，在推进实验教学的过程中，实验室成为主要的载体和平台，也成为培养和发展人才的主要途径，其具有极其重要和不可替代的作用。为加强实验教学工作，逐步提高实验室建设和管理水平，除了对"重理论轻实践"现象进行理念转变和政策指导外，还应该充分意识到在教学过程中实验室的作用和地位，进一步完善实验室评价体系。高校实验室的评估，是实验室价值的判断依据，同时也是科学管理的重要手段和方式，越来越受到实验者和各级教育部门的广泛关注。

2. 研究意义

推进"双一流"的建设就是推进"双一流"高水平实验室建设。《方案》中明确提出，到 2020 年，在世界一流行列中要有我国一批大学和学科，并且在世界一流学科前列中要有一批我国的大学和学科的总目标。为了实现该目标，国家提出了五项基本任务和五项改革措施。而建设一流实验室从人才培养和师资队伍角度来看，对建设"双一流"有着十分重要的价值和意义。实验教学质量评价体系的意义有如下几点。

第一，有利于创新人才的培养。通过对实验室评估，人们可以充分认识、了解实验室，在很大程度上改变人们的教育思想，也能让人们认识到实验教学在人才培养过程中的作用，进而实现全国"双一流"高校的理论与实践、实验教学与科研创新的结合。以此方式促进科研成果转化，深化实验学习内容，促进实验方法和实验手段的综合，并设计实验项目。同时也可以加强学生的学习能动性、创造力和主动性。通过上述分析，创新人才培养的条件可以通过实验室评估得到解决。

第二，有利于实验队伍的建设。在实验室中，实验室的技术人员作为实施者，扮演了最重要和最活跃的角色，他们是实验室科学和标准化管理的关键。因此，实验团队的主要行为决定了实验技术水平是否能够提高，教育思想如何转变，实验教学内容如何不断更新。要加强实验室的建设和管理，最重要的就是要加强实验室队伍建设。同时，我们可以通过实验室评估，将技术人员从一个目标转化成多个技能专业目标，从而不断提高团队的专业素质。

第三，有利于实验教学条件的改善。通过对实验教学质量的评价，发现实验室教学质量水平的高低，寻找提升对策，可有效地推动教学实验室的改革与发展，且有针对性地对教学的条件和方法进行完善，从而改善"双一流"高校的实验设备、实验环境等方面。

第四，有利于实验教学过程的优化。构建"双一流"高校实验室评价体系，可以发现教学过程存在的问题，然后通过多种方式方法来加以纠正。因此，提高教学过程的优化水平，培养学生创造能力，加强学生综合素质等目标，都可以在构建"双一流"高校实验室评价系统中得以实现。

第五，有利于实验教学改革的深化。"双一流"高校实验室教学改革的重点是对于教学内容和实验室体系的深化，而这也是各大高校发展中的重点。通过建立实施实验教学质量评估体系，可以降低解决教学内容和实验室体系深化的难度。在提高实验室的教学和建设水平的同时，可以进一步深化改革实验教学。

第六，有利于实验室的可持续发展。多年来教育经费的缺乏往往导致一些大学的实验室管理不足，投资和实验技术不足。不稳定的人员团队严重阻碍了大学教育实验室和大学本身的发展。为了提高整个实验室的水平，我们要不断对实验室进行评估，培养其管理人员的水平，不断建立和完善实验室的各项工作规章制度，加强和改进宏观教育和标准化提供指导，不断提高实验教学水平，为创新人力资源培训提供更好的服务。

5.1.2　高校实验室建设存在的问题

与专业实验室相比，各个高校实验室的工作重心是培养人才。为了提高培养人才的质量和研究所的学术水平，高校也承担着科研和技术开发的部分任务。就实验室评估而言，对于加强建设、深化改革、促进健康有序的发展起到了重要作用。另外，也是改善学校运营整体环境和条件的重要手段。

实验室评价是科学且系统性的项目。现阶段，大多数高校实验室的现有评价系统已初步标准化，但是一部分的评价指标和基准存在一些问题。

（1）实验室评价的标准不高，评价导向偏移。在评估下，学校可以更好地了解到实验室在建设过程中遇到的问题，更加容易改进，使实验室建设趋于完善，进一步使实验教学质量得到提高；同时可以有效直接地向管理层提供相关的决策信息，可以更好地全面可持续开展实验室的建设。但目前，单一分散的封闭状况是现在实验室评估存在的难题。实验室内容和规格的模糊，使得评估实施过程受到限制，最终评价结果过于粗放，即"合格"与"不合格"。这样的评估体系存在的主要问题是定性要素权重高，定量要素权重低。

（2）实验室质量评估未建立科学动态的评价体系，评价操作工作量大。实验室建设评价不是单项活动，而是一项综合的系统性工程。但是，目前某些大学缺乏针对教学实验室评价的动态评价系统，评价的方法比较单一，评价作业负荷大，评价问题具有一定的滞后性。

（3）实验室建设评价手段有限。现在实验室评价的方法，集中在定量统计和定性分析两种方法。例如，实地检验、数据咨询及机器随机检验、举办研讨会等。通过科学合理的评价体系，能够客观地反映高校实验室建设的概况，促进实验室的建设和开发。

5.2 高校实验室建设评价研究综述

在培养人才的过程中，高校十分重视其建设和管理。在有关国家政策和监管的指导下，高等院校根据自身专业特性开始了一系列基础课程和专业领域的高校实验室建设。根据教育部关于高校实验室的建设和管理要求，学者们对实验室建设及实验质量提升的相关研究推向了新的高度，为提升高校的教育质量和科学研究做出重要贡献。

5.2.1 高校实验室建设评价政策研究

高等教育评估的一个重要组成部分是实验室评估，因此实验室评估体系的建立，大多数情况下是伴随着高等教育评估制度的建立和逐步完善。在 1985 年颁发《中共中央关于教育体制改革的决定》中提出"对高等学校的办学水平进行评估"后，我国开始了高等教育评估的探索之路。1992 年 6 月，原国家教委颁布了《高等学校实验室工作规程》，其中就明确提出了建立"实验室的评估制度"并"开展评估工作"的要求。在 1995 年，实验室评估的相关指标在对本科教学工作的评估中得以体现；同年，在下发的《高等学校基础课教学实验室评估标准》中，决定独立对实验室进行评估，并对各大高校分批次进行。此后，为了提高学生的综合素质，培养学生的创新能力，坚持以德为本的要求，以及更好地推动实验室评估，1996 年中共中央、国务院颁布了《关于深化教育改革全面推进素质教育的决定》。在该决定中，要求学校要加强学科与实践相结合，重视实验教学，培养学生们的创造性和能动性。2003 年下发了《高等学校专业实验室评估标准》，进一步完善高校的实验室评估。2006 年开展了各大高校的实验室评估。通过各院校的自主申请、各省教育厅的相关推荐，经过专家评审，评选出 84 个示范中心。根据教育部最新发布的"质量工程"实施计划，重点建设 500 个左右的实验教学示范中心，以推进高校实验教学内容及实验教学模式的改革与创新。实验室评估必须紧跟时代潮流，建立符合现代化教育的评估体系，与教育水平、人才培养、科技发展相匹配，推动实验室评估工作迈向一个新台阶。在新时代的要求下，教学目标与评估指标设定要一致，要符合发展现状和目标的实际情况，更具有针对性，这样才可以使评估工作更加简单。

5.2.2　高校实验室建设评价方法研究

首先，从评估系统的相关性质看，有学者指出，为了提高教学质量，必须将定量评价与定性评价相结合，才能让社会和学界更容易接受评价结果。其次，从评估指标的具体内容看，机器更新率和教育任务规定的人数定义是不合理的。他们一方面认为部分机器的更新率太高，另一方面认为在教育课题上规定的时间数对很多研究所来说太高。比如，有些专业的学生数量较少，或者实验课程数量较少的情况下，会经常发生机器设备配置不足的现象。

同时，教育任务，不是简单的任务小时数，而是根据实验技术人员的人员配置决定的人时数。有种观点认为根据学校的种类来决定有种观点会更有益。此外，学者吕颖、崔光成也指出，除评价指标自身存在的问题外，评价指标的主要项目和一般项目的分布存在问题，需要进行一些调整。例如，实验室清洁卫生工作等重要项目，必须调整为一般项目。学者吕颖发现，问题的本质是评价指标的权重，实验室评价必须根据科学统计分析法进行研究。

现在，复杂系统的多索引综合评价是国内外学者的关注热点之一，产生了层次分析评价（AHP）、模糊综合评价、数据包络分析（DEA）等。譬如，陈红云研究中使用了层次分析评价（AHP）。有学者使用灰度聚合法对实验室进行评估。在许多大学的实验室评价中，使用了灰色聚类分析，首先将实验室集群化，然后再进行评价，评价效率大幅度提高，评价过程简化，评价更具实用性。在传统的层次分析法中，有相当一部分的国内外专家利用模糊层次分析法计算权重判断矩阵，避免实验室建设评价中的不确定性。国内也有部分学者通过对 AHP 和 DEA 的结合使用，分析在客观数据下得出的决策者偏好。例如，《高校教师质量评估模式研究》中，AHP 约束锥 DEA 评价模型的本质就是通过 AHP 限制权重的选择，在 DEA 评价模型中增加 AHP 约束条件，从而使评价更加切合实际。由专家凭主观经验给出的值组成 AHP 的判断矩阵，当指标过多时，专家的主观判断难度增加，会导致判断矩阵不一致。然而组合使用 AHP 和 DEA 并没有解决这一难题，反而也会给 DEA 增加主观性和判断矩阵的不一致性。

5.3　高校实验室建设评价指标体系构建

建立科学的评价指标体系是高质量、高水平评价活动的关键环节。评价指标是评价对象表现的重要因素。一方面，它应该反映评价对象的本质；另一方面，它应该反映评估对象的系统功能要求。在实验室评估中，要抓住主要矛盾，简化评价指标，以下是本章选择评价指标的基本原则：

（1）综合性：高校实验室是最核心的因素，最重要的因素都集中在评价指标上，确保不是由人为地回归评价结果引起的偏差。

（2）针对性：突出评价对象作为高校实验室的特点，反映其实际有效性，消除与评价目的和评价对象无关的指标。

（3）明确性：准确定义评价指标，使参与者准确理解其含义，真实反映评价对象的特征。

（4）相互独立：评价指标应相互独立，应仔细处理密切相似的指标，确保统计计算不重复。

（5）可操作性：评价指标的信息应易于表达和获取，并可通过某些方法"定量"处理。

根据构建实验室评价指标体系标准层的原则，建立了教学保障、教学任务和完成量、实验室工作人员情况三个标准层，共建立了 14 个实验室评价指标体系，如表 5.1 所示。

表 5.1　我国"双一流"高校实验室评价指标体系及数据（部分）

（1）序号	（2）准则层	（3）指标层	74 个高校实验室评价指标数据				
			1	2	3	…	73	74
			北京大学	中国人民大学	清华大学	…	陕西师范大学	兰州大学
1	X1 教学保障	X11 实验室个数	203	58	161	…	28	37
2		X12 房屋使用面积（平方米）	200796	11023	238280	…	67458	93304
3	X2 教学任务和完成量	X21 开出实验个数	1342	338	1977	…	2365	1072
4		X22 开出实验时数	24170	14528	88896	…	12448	43046
5		X23 人时数 - 博士生	15254	2216	323642	…	0	1914
6		X24 人时数 - 硕士生	59299	29458	1513398	…	16127	42789
7		X25 人时数 - 本科生	2029471	606628	6094975	…	1920968	10883606
8		X26 人时数 - 专科生	1770	972	0	…	0	0
9		X27 科研任务承担课题及服务项目数	5129	802	5579	…	316	986
10	X3 实验室工作人员情况	X31 高级职称教师人数	809	41	800	…	100	4
11		X32 中级职称教师人数	107	10	66	…	63	3
12		X33 高级职称实验技术人员人数	419	8	411	…	42	76
13		X34 中级职称实验技术人员人数	257	26	223	…	41	185
14		X35 实验室其他工作人员人数	186	9	195	…	34	11
15		X36 兼职人员数	344	73	742	…	106	483

5.4　高校实验室建设集对分析评价模型

当多种评价方法对同一个评价对象给出不同的评价排序时，通过第 i 个被评价对象在第 m 种方法下排名的分数 r 与第 k 名次的标准分数 $n-k+1$ 的相同程度，计算 m 种评价方法的平均同一度 u_{ik}。当被排序第 k 名的第 i 个被评价对象在不同对象中的平均同一度 u_{1k}，u_{2k}，$\cdots$，u_{nk} 中最大（$u_{ik}=u_{k}$）时，第 i 个评价对象的最终排序为第 k 名，这就是集对分析组合评价的原理。

5.4.1　高校实验室建设集对分析组合评价算法

（1）通过对实验室评价指标的规范化处理对指标打分。

（2）用不同的单一评价方法如标准差贡献率法、熵值法和变异系数法等客观评价法对评价指标进行赋权。

（3）对一个特定的评价对象，根据指标得分和不同的单一评价方法得到的指标权重，得到不同的评价结果和排名。

（4）对（3）中得到的不同排名进行 Kendall 一致性检验。若一致性检验通过，则进行下一步；若不通过检验，则返回进行（2）和（3）工作，直至通过检验。

（5）把（4）中的不同排名转换成排名的分数。

（6）用集对分析对（5）中得到的排名分数计算平均同一度。

（7）按照（6）中得到的平均同一度进行排名。

（8）对（7）中的排名次序与单一评价方法的排名次序进行 Spearman 一致性检验。

（9）如果一致性检验通过，则说明集对分析组合评价结果和原始单一评价法的评价结果完全一致，得到最终的综合评价结果。如果一致性检验不通过，则返回重复进行步骤（2）—（8），直至最后的评价排名次序通过 Spearman 一致性检验。

5.4.2　高校实验室建设评价指标赋权

1. 标准差贡献率法赋权

设 ω_k 为第 k 个指标的权重，x_{ik} 为第 i 个评价对象第 k 个指标规范化后的值，n 为被评价对象的个数，i 为评价指标数量，标准差贡献率法得到的权重 ω_k 为

$$\omega_k = \frac{\dfrac{\sqrt{\sum\limits_{i=1}^{n}\left(x_{ik} - \dfrac{1}{n}\sum\limits_{i=1}^{n} x_{ik}\right)^2}}{n}}{\sum\limits_{k=1}^{l}\sqrt{\dfrac{\sum\limits_{i=1}^{n}\left[\left(x_{ik} - \dfrac{1}{n}\sum\limits_{i=1}^{n} x_{ik}\right)^2\right]}{n}}} \tag{5.1}$$

2. 熵权法求指标权重

一是计算社会发展评价指标的熵值。设 ω_k 为第 k 个评价指标的熵值。熵值计算公式为

$$\omega_k = -\frac{1}{\ln l}\sum_{i=1}^{n}\left[\frac{x_{ik}}{\sum\limits_{i=1}^{n} x_{ik}} \times \ln \frac{x_{ik}}{\sum\limits_{i=1}^{n} x_{ik}}\right] \tag{5.2}$$

二是构建实验室评价指标熵权集合。设所有实验室评价指标的熵权集合为 $d'[d'_1, d'_2, \cdots, d'_n]$，第 k 个评价指标的熵权为

$$\omega_k = \frac{1 - \omega_k}{l - \sum\limits_{k-l}^{l} \omega_k} \tag{5.3}$$

3. 变异系数法赋权

利用变异系数法求得的权重 ω_k 为

$$\omega_k = \frac{\dfrac{\dfrac{\sqrt{\sum\limits_{i=1}^{n}\left(x_{ik} - \dfrac{1}{n}\sum\limits_{i=1}^{n} x_{ik}\right)^2}}{n}}{\dfrac{1}{n}\sum\limits_{i=1}^{n} x_{ik}}}{\sum\limits_{k=1}^{l}\dfrac{\dfrac{\sqrt{\sum\limits_{i=1}^{n}\left(x_{ik} - \dfrac{1}{n}\sum\limits_{i=1}^{n} x_{ik}\right)^2}}{n}}{\dfrac{1}{n}\sum\limits_{i=1}^{n} x_{ik}}} \tag{5.4}$$

5.4.3　高校实验室建设综合评价赋权

把第 i 个被评价对象的综合评价得分设为 d_i，再利用线性加权评价方程得到：

$$d_i = 100 \times \sum_{k=1}^{l} \omega_k x_{ik} \tag{5.5}$$

根据上述公式得到的得分进行排序，可得到每个被评价对象在每种单一评价方法下的排名情况。

5.5　高校实验室建设集对分析一致性检验和同一度研究

5.5.1　事前一致性检验的 Kendall 协和系数法

如果有 m 种单一评价方法对 n 个实验室进行实验室状况评价，得到的排名情况如表 5.2 所示。

表 5.2　我国"双一流"高校实验室不同评价方法的评价规则

评价对象	方法 1	方法 2	…	方法 m
第 1 评价对象	p_{11}	p_{12}	…	p_{1m}
⋮	⋮	⋮	⋮	⋮
第 n 评价对象	p_{nl}	p_{n2}	…	p_{nm}

表 5.2 中的 p_{ij} 表示第 i 个被评价对象在第 j 种评价方法下的排名，$1 \leqslant p_{ij} \leqslant n$ $(i=1,\ 2,\ \cdots,\ n;\ j=1,\ 2,\ \cdots,\ m)$。

事前 Kendall 检验共有以下三步：提出假设、构造统计量和一致性检验。

第一步：提出假设。

假设 H_0 为评价方法不具有一致性。H_1 为评价方法具有一致性。

第二步：构造统计量。构造统计量 χ^2 为

$$\chi^2(n-1) = m(n-1)W \tag{5.6}$$

其中

$$W = \frac{12 \sum_{i=1}^{n} P_i^2}{m^2 n (n^2 - 1)} - \frac{3(n + 1)}{n - 1} \tag{5.7}$$

$$P_i = \sum_{j=1}^{m} p_{ij} \tag{5.8}$$

第三步：一致性检验。χ^2 服从自由度为 $n - 1$ 的 $\chi^2(n-1)$ 分布，因此，给定显著水平 α，查表得，临界值为 $\chi_{\alpha/2}^2(n-1)$。当 $\chi^2(n-1) > \chi_{\alpha/2}^2(n-1)$ 时，拒绝 H_0，接受 H_1，我们可以认为各种单一不同评价方法在 α 水平上具有一致性；如果接受原假设，则应该重新选择评价方法进行评价。

Kendall 协和系数检验是考查 m 种评价方法对第 i 个评价对象的评价结果之间是否一致。它是通过协和系数 W 来描述样本数据中的排名分歧程度的。如果在进行组合评价之前，不事先进行一致性检验，则评价结果可能不准确。

为了保证本章的模型集对分析组合评价结果的准确性，我们对所选不同单一评价方法的评价结果的相关程度进行检验，结果显示通过。

5.5.2　事后一致性检验的 Spearman 方法

1. Spearman 等级相关系数

设 $\hat{\rho}_i$ 为第 i 个对象在集对分析组合评价法下的排名，$\hat{\rho}_j$ 为单始第 j 种单一评价方法的评价结果与集对分析组合评价结果之间的 Spearman 等级相关系数，则 Spearman 等级相关系数 ρ_j 表达式为

$$\rho_j = 1 - \frac{6 \sum_{i=1}^{n} (\rho_{ij} - \hat{\rho}_i)^2}{n(n^2 - 1)} \tag{5.9}$$

Spearman 等级相关系数式（5.9）的含义为：集对分析组合评估方法的排名结果与原始第 j 种单一评估方法的关联度。

设 $\bar{\rho}$ 为原始 m 种单一评价法与集对分析组合评价之间的 Spearman 等级相关系数的均值，则有：

$$\bar{\rho} = \frac{1}{m} \sum_{j=1}^{m} \rho_j = 1 - \frac{6 \sum_{i=1}^{n} (\rho_{ij} - \hat{\rho}_i)^2}{n(n^2 - 1)} \tag{5.10}$$

式（5.10）的含义为：集对分析组合评估方法与原始 m 种评估方法之间的平均相关性。

2. 一致性检验

采用 t 检验方法进行相关程度检验，t 检验统计量为

$$t = \bar{\rho} \sqrt{\frac{n-2}{1-\bar{\rho}^2}} \tag{5.11}$$

t 服从自由度为 $n-1$ 的 t 分布，设 $t_{\alpha/2}(n-1)$ 为给定的显著性水平 α 下的 t 检验统计量的临界值。若检验统计量 t 值大于临界值 $t_{\alpha/2}(n-1)$，则说明集对分析的组合评价结果与原单一评价结果一致。若不通过，则需要重新选择集对分析和组合计算的计算方法。

Spearman 等级相关系数方法的作用是检验集对分析组合评价所得的排名结果与原评价方法之间的相关程度。当通过一致性检验时，则说明集对分析组合评价得到的评价结果与原始评价结果是一致的。

5.5.3 集对分析同一度的确定

1. 单项评价方法评价结果排序分数的转换

用排序打分法将每个评价对象在每种评价方法下的排名转换成分数 r_{ij}：

$$r_{ij} = n - p_{ij} + 1 \tag{5.12}$$

式中：n 为被评价对象的数量；i 为第 i 个评价对象（$i=1, 2, \cdots, n$）；j 为第 j 种评价方法（$j=1, 2, \cdots, m$）；p_{ij} 为第 i 个对象在第 j 种评价方法下的排名；r_{ij} 为第 i 个对象在第 j 种评价方法下的排名分数。

单项不同评价方法下的排名分数如表 5.3 所示。

表 5.3　单项不同评价方法下的排名分数

对象名称	方法 1	方法 2	…	方法 m
第 1 对象	r_{11}	r_{12}	…	r_{1m}
⋮	⋮	⋮	⋮	⋮
第 n 对象	r_{n1}	r_{n2}	…	r_{nm}

2. 单一评价方法评价结果的同一度

以第 k 名分数 $n-k+1$ 为第 k 名次的标准分数，可以计算第 i 个评价对象

在第 j 种方法下的分数与第 k 名次的标准分数的集对分析同一度 $u_{ij,k}$ 为

$$u_{ij,k} = 1 - \frac{|r_{ij} - (n - k + 1)|}{n} \qquad (5.13)$$

式中：$u_{ij,k}$ 为第 i 个评价对象在第 j 种方法下的分数与第 k 名次的标准分数的集对分析同一度；r_{ij} 为第 i 个对象在第 j 种评价方法下的排名分数。

式 (5.13) 中第二项的分子是第 i 个被评价的对象在第 j 种方法下排名的分数 r_{ij} 与第 k 名次的标准分数 $n - k + 1$ 的偏离程度，用减法后，式 (5.13) 表示的是相同程度或"同一度"。

用某种一定的方法评价某个一定的对象 i 时，排名越靠前，则同一度越大。

3. 集对分析平均同一度评价

在 m 种不同的评价方法下，第 i 个评价对象对于第 k 名次的平均同一度 $u_{ij,k}$ 为

$$u_{ik} = \frac{1}{m} \sum_{j=1}^{m} u_{ij,k} = 1 - \frac{|r_{ij} - (n - k + 1)|}{n} \qquad (5.14)$$

式中，$u_{ij,k}$ 和 u_{ik} 的含义如前。第 i 个评价对象对于第 k 名次的平均同一度 u_{ik} 如表 5.4 所示。

表5.4　各评价对象对于各名次的平均同一度

对象名称	第 1 名	第 2 名	...	第 m 名
第 1 对象	u_{11}	u_{12}	...	u_{1m}
⋮	⋮	⋮	⋮	⋮
第 n 对象	u_{n1}	u_{n2}	...	u_{nm}
最大值	u_1	u_2	...	u_m

利用式 (5.14) 进行计算时，第 i 个评价对象属于第 k 名次的同一度 $u_{ij,k}$ 的值越大，说明第 i 个评价对象属于第 k 名的程度越大。

现有研究的利用平均值法、Boarda 法、Compeland 法等组合评价法对多种单一评价方法的评价结果进行组合。

式 (5.13) 与式 (5.14) 的主要区别是，通过式 (5.13) 的第 i 个评价对象在第 j 种方法下的分数与第 k 名次的标准分数的同一度 n，反映了不同评价方法的评价结果之间的差异性。通过式 (5.14) 中的第 i 个评价对象对于第 k 名次的平均同一度 $u_{ij,k}$，反映了各个评价对象属于特定名次的程度。

式（5.14）的优点一是将评价结果与单项评价方法相结合，提出了不同评价方法对评价结果的协调性问题，以不同评价方法对评价对象进行评价，解决了评价结果不一致的现象。二是通过各个评价对象属于各名次的平均同一度评价法不能反映不同单一评价结果之间的差异性，而导致组合评价结果不准确，很难确定被评价对象的排名名次，避免了平均值法、Boarda 法、Compeland 法等组合评价方法不能反映单项评价结果的差异性，导致组合评价结果的不准确。

4. 集对分析同一度的最大值评价

设：u_k 为第 k 名次下所有评价对象的平均同一度的最大值，则有：

$$u_k = \max\{u_{1k}, u_{2k}, \cdots, u_{nk}\}\,(k = 1, 2, \cdots, n) \tag{5.15}$$

当不同的评价方法对同一个对象给出不同的排序时，如果第一个排序为 k 名次的第 i 个对象的平均同一度 $u_{ij,k}$ 在不同对象中的平均同一度（u_{1k}, u_{2k}, $\cdots$, u_{nk}）中最大（$u_{ik} = u_k$），则第 i 个对象的最终排序为第 k 名。通过类比，可以得到 n 个评价对象的集对分析组合评价结果。

需要指出的是，集对分析组合评价是主客观评价结果相结合的最终评价结果。它不仅反映了对专家主观经验的评价，也反映了对客观数据差异的评价。

5.6 高校实验室建设评价实证研究

5.6.1 高校实验室建设评价指标打分

将表5.1中数据代入正向指标的标准化公式：

$$x_{ij} = \frac{v_{ij} - \min_{1 \leqslant i \leqslant m}(v_{ij})}{\max_{1 \leqslant i \leqslant m}(v_{ij}) - \min_{1 \leqslant i \leqslant m}(v_{ij})} \tag{5.16}$$

得到各正向指标规范化处理后的分值，列入表5.5。

表 5.5　我国"双一流"高实验室综合评价指标得分表

| 序号 | 准则层 (1) | 指标层 (2) | 74个高校实验室评价指标打分后的值 | | | | | | 客观权重 | | | (80) 平均权重 | (81) 准则层的最终权重 |
			1 (3) 北京大学	2 (4) 中国人民大学	3 (5) 清华大学	...	73 (75) 陕西师范大学	74 (76) 兰州大学	(77) 标准差权重	(78) 熵权重	(79) 变异系数权重		
1	X1 教学保障	X11 实验室个数	0.8347	0.2203	0.6568	...	0.0932	0.1314	0.0764	0.0936	0.0422	0.0707	0.1414
2		X12 房屋使用面积（m²)	0.5472	0.0280	0.6497	...	0.1824	0.2531	0.0778	0.0943	0.0398	0.0706	
3	X2 教学任务和完成量	X21 开出实验个数	0.1854	0.0444	0.2746	...	0.3291	0.1475	0.0761	0.0973	0.0369	0.0701	0.4904
4		X22 开出实验时数	0.0703	0.0420	0.2604	...	0.0359	0.1257	0.0554	0.0704	0.0753	0.0670	
5		X23 人时数－博士生	0.0151	0.0022	0.3207	...	0.0000	0.0019	0.0461	0.0220	0.1551	0.0744	
6		X24 人时数－硕士生	0.0392	0.0195	1.0000	...	0.0107	0.0283	0.0497	0.0533	0.0828	0.0619	
7		X25 人时数－本科生	0.0944	0.0277	0.2850	...	0.0893	0.5094	0.0616	0.0874	0.0510	0.0667	
8		X26 人时数－专科生	0.0133	0.0073	0.0000	...	0.0000	0.0000	0.0634	0.0372	0.1484	0.0830	
9		X27 科研任务承担课题及服务项目数	0.6331	0.0990	0.6887	...	0.0390	0.1217	0.0687	0.0836	0.0498	0.0674	
10	X3 实验室工作人员情况	X31 高级职称教师人数	0.9363	0.0475	0.9259	...	0.1157	0.0046	0.0853	0.0484	0.0770	0.0702	0.4076
11		X32 中级职称教师人数	0.4458	0.0417	0.2750	...	0.2625	0.0125	0.0655	0.0755	0.0580	0.0663	
12		X33 高级职称实验技术人员人数	1.0000	0.0191	0.9809	...	0.1002	0.1814	0.0704	0.0828	0.0529	0.0687	
13		X34 中级职称实验技术人员人数	0.4895	0.0495	0.4248	...	0.0781	0.3524	0.0652	0.0923	0.0419	0.0665	
14		X35 实验室其他工作人员人数	0.5140	0.0196	0.5391	...	0.0894	0.0251	0.0640	0.0853	0.0491	0.0661	
15		X36 兼职人员数	0.2774	0.0589	0.5984	...	0.0855	0.3895	0.0745	0.0950	0.0399	0.0698	

5.6.2 高校实验室建设评价指标的赋权

将表 5.5 中第 1 行第 3—76 列代入式 (5.1),得到指标 $X11$ 实验室个数的标准离差贡献率 $\omega_1 = 0.0764$,将结果列入表 5.5 第 1 行 77 列。其他指标的标准离差贡献率权重类见表 5.5 第 77 列。

将表 5.5 中第 1 行第 3—76 列代入式 (5.2)、式 (5.3),得到指标 $X11$ 实验室个数的熵权重 $\omega_1 = 0.0936$,将结果列入表 5.5 第 1 行 78 列。其他指标的熵权重类推,见表 5.5 第 78 列。

将表 5.5 中第 1 行第 3—76 列代入式 (5.4),得到指标 $X11$ 实验室个数的变异系数法权重 $\omega_1 = 0.0422$,将结果列入表 5.5 第 1 行 79 列。其他指标的变异系数法权重类推,见表 5.5 第 79 列。

将表 5.5 所有指标第 77、78、79 列各评价方法下的权重代入公式求平均得到所有指标的平均权重,见表 5.5 第 80 列。将表 5.5 第 1—2 行第 80 列的教学保障准则层下的指标权重求和,得到教学保障准则层的最终权重为 0.1414,列入表 5.5 第 1 行第 81 列。同理,可以得到其他准则层的最终权重,见表 5.5 第 81 列。

5.6.3 高校实验室建设综合评价分析

将表 5.5 中第 3—76 列指标得分与第 77—79 列的权重代入式 (5.5),得到标准差贡献率、熵值法和变异系数法的综合评价得分和排名,将综合评价得分和排名列入表 5.6 第 3—11 列。

应该指出的是,由表 5.6 第 1 行可以看出,用三种不同方法对北京大学评价得到的排名分别为第 3、5 和 4 名。由此看出,单一评价方法存在较大的弊端,即用不同的评价方法对同一个高校进行评价结果不一致。

表 5.6　我国"双一流"高校实验室评价排名

（1）序号	（2）名称	标准差贡献率法			熵值法			变异系数法			（12）城市排名求和 p_i
		（3）得分 d_i	（4）排名 p_{i1}	（5）排名分数 r_{i1}	（6）得分 d_i	（7）排名 p_{i2}	（8）排名分数 r_{i2}	（9）得分 d_i	（10）排名 p_{i3}	（11）排名分数 r_{i3}	
1	北京大学	44.20	3	72	49.40	5	70	32.06	4	71	12
2	中国人民大学	4.37	63	12	6.15	64	11	3.70	64	11	191
3	清华大学	53.26	1	74	59.94	2	73	47.19	1	74	4
4	北京交通大学	9.27	53	22	12.84	53	22	6.50	55	20	161
5	北京科技大学	16.53	25	50	24.21	23	52	14.53	24	51	72
6	北京化工大学	4.70	61	14	12.45	54	21	6.87	53	22	168
7	北京邮电大学	11.81	38	37	16.36	41	34	10.91	34	41	113
8	中国农业大学	6.75	59	16	8.96	60	15	4.21	63	12	182
9	北京林业大学	9.76	49	26	13.15	50	25	6.68	54	21	153
10	北京中医药大学	10.16	48	27	10.69	57	18	14.41	25	50	130
11	北京师范大学	10.50	47	28	16.46	40	35	11.81	30	45	117
12	北京外国语大学	1.21	71	4	1.95	71	4	1.76	70	5	212
13	北京语言大学	0.32	74	1	0.43	74	1	0.29	74	1	222
14	中国传媒大学	2.65	65	10	4.22	66	9	2.75	67	8	198
15	中央财经大学	2.37	66	9	3.03	67	8	3.22	65	10	198
16	对外经济贸易大学	0.65	73	2	0.77	73	2	0.88	73	2	219
17	中央美术学院	4.59	62	13	7.54	62	13	5.59	59	16	183
18	中央戏剧学院	1.39	70	5	1.84	72	3	0.96	72	3	214
19	中国政法大学	2.08	68	7	2.94	68	7	2.09	69	6	205
20	中国石油大学（北京）	7.15	57	18	9.26	59	16	4.49	62	13	178
21	中国石油大学（华东）	8.27	56	19	11.30	56	19	5.70	58	17	170
22	华北电力大学	11.07	41	34	15.68	44	31	7.96	48	27	133
23	南开大学	14.22	30	45	18.81	32	43	9.52	33	33	104
24	天津大学	19.28	21	54	23.52	25	50	22.02	16	59	62
25	大连理工大学	21.18	17	58	30.30	16	59	24.76	13	62	46
26	东北大学	21.85	16	59	30.96	15	60	19.61	19	56	50
27	吉林大学	47.15	2	73	64.94	1	74	34.85	3	72	6

(1) 序号	(2) 名称	标准差贡献率法			熵值法			变异系数法			(12) 城市 排名 求和 p_i
		(3) 得分 d_i	(4) 排名 p_{i1}	(5) 排名 分数 r_{i1}	(6) 得分 d_i	(7) 排名 p_{i2}	(8) 排名 分数 r_{i2}	(9) 得分 d_i	(10) 排名 p_{i3}	(11) 排名 分数 r_{i3}	
28	东北师范大学	9.48	52	23	15.44	45	30	9.27	43	32	140
29	东北林业大学	6.80	58	17	10.14	58	17	5.28	60	15	176
30	复旦大学	27.65	11	64	36.72	12	63	31.30	5	70	28
31	同济大学	17.80	24	51	23.78	24	51	13.05	28	47	76
32	上海交通大学	37.01	6	69	48.88	6	69	27.22	12	63	24
33	华东理工大学	10.80	42	33	14.60	47	28	7.57	49	26	138
34	东华大学	13.84	32	43	19.04	31	44	10.28	39	36	102
35	华东师范大学	14.38	29	46	20.18	29	46	11.78	31	44	89
36	上海外国语大学	1.14	72	3	7.46	63	12	5.12	61	14	196
37	上海财经大学	2.13	67	8	2.80	70	5	1.38	71	4	208
38	南京大学	19.79	19	56	27.21	20	55	21.05	18	57	57
39	东南大学	18.82	22	53	27.06	21	54	16.11	23	52	66
40	中国矿业大学	15.64	27	48	16.54	39	36	21.20	17	58	83
41	中国矿业大学（北京）	3.93	64	11	5.43	65	10	2.83	66	9	195
42	河海大学	9.49	51	24	12.98	51	24	7.12	52	23	154
43	江南大学	11.87	37	38	15.87	43	32	8.14	47	28	127
44	南京农业大学	9.53	50	25	14.49	48	27	8.36	46	29	144
45	中国药科大学	13.06	34	41	14.31	49	26	18.60	21	54	104
46	浙江大学	41.59	4	71	54.84	4	71	28.54	8	67	16
47	合肥工业大学	15.03	28	47	21.15	27	48	10.53	36	39	91
48	厦门大学	10.58	44	31	16.28	42	33	8.54	45	30	131
49	山东大学	28.81	9	66	46.19	7	68	28.04	11	64	27
50	中国海洋大学	19.42	20	55	38.45	11	64	28.56	7	68	38
51	武汉大学	39.54	5	70	57.80	3	72	37.43	2	73	10
52	华中科技大学	18.61	23	52	25.69	22	53	13.50	27	48	72
53	中国地质大学（武汉）	10.54	45	30	17.22	37	38	10.25	40	35	122
54	中国地质大学（北京）	8.61	55	20	11.71	55	20	5.76	57	18	167
55	武汉理工大学	29.21	8	67	44.28	8	67	28.37	9	66	25

续表

（1）序号	（2）名称	标准差贡献率法			熵值法			变异系数法			（12）城市排名求和 p_i
		（3）得分 d_i	（4）排名 p_{i1}	（5）排名分数 r_{i1}	（6）得分 d_i	（7）排名 p_{i2}	（8）排名分数 r_{i2}	（9）得分 d_i	（10）排名 p_{i3}	（11）排名分数 r_{i3}	
56	华中农业大学	25.74	12	63	29.57	18	57	28.88	6	69	36
57	华中师范大学	10.73	43	32	17.00	38	37	11.46	32	43	113
58	中南财经政法大学	6.11	60	15	7.94	61	14	6.12	56	19	177
59	湖南大学	13.38	33	42	18.15	34	41	11.32	33	42	100
60	中南大学	25.55	13	62	35.92	13	62	22.40	15	60	41
61	中山大学	27.76	10	65	39.54	10	65	24.08	14	61	34
62	华南理工大学	29.41	7	68	42.84	9	66	28.16	10	65	26
63	重庆大学	15.76	26	49	21.94	26	49	12.20	29	46	81
64	西南大学	23.95	14	61	33.59	14	61	18.32	22	53	50
65	四川大学	20.35	18	57	28.43	19	56	13.81	26	49	63
66	西南交通大学	13.04	35	40	17.54	36	39	9.02	44	31	115
67	电子科技大学	10.52	46	29	14.64	46	29	7.45	50	25	142
68	西南财经大学	2.05	69	6	2.90	69	6	2.43	68	7	206
69	西安交通大学	22.12	15	60	30.03	17	58	19.15	20	55	52
70	西安电子科技大学	11.27	40	35	17.79	35	40	10.50	37	38	112
71	长安大学	13.92	31	44	18.46	33	42	9.57	41	34	105
72	西北农林科技大学	13.04	36	39	19.40	30	45	10.43	38	37	104
73	陕西师范大学	9.10	54	21	12.88	52	23	7.39	51	24	157
74	兰州大学	11.80	39	36	20.34	28	47	10.74	35	40	102

5.6.4　高校实验室建设集对分析组合评价

1. 事前 Kendall 一致性检验

选用三种评价方法对 74 个"双一流"高校进行评价，即 $m=3$，$n=74$。把 $m=3$，$n=74$ 和表 5.6 第 12 列代入式（5.7），得统计量 $\chi^2(74-1)=229.95$。

在给定显著性水平 $\alpha = 1\%$（置信水平为 99%）下，查表得临界值 $\chi^2(74-1) = 229.95 > \chi^2_{\alpha/2}(74-1) = 106.32$。显然，在给定显著性水平 $\alpha = 1\%$（置信水平为 99%）的条件下，拒绝原假设 H_0，接受原假设 H_1，即这三种评价方法具有一致性。

2. "双一流" 高校平均同一度评价

把表 5.6 第 4、7 和 10 列数据代入式（5.12），得各高校标准差贡献率、熵值法和变异系数法下排名分数，见表 5.6 中第 5、8 和 11 列。

把表 5.6 中第 4、7 和 10 列数据和 $k = 1, 2, \cdots, 74$ 代入式（5.14），得到 74 个 "双一流" 高校对于各名次的集对分析平均同一度 u_{ik}，如表 5.7 所示。

表 5.7　我国 "双一流" 高校实验室集对分析平均同一度

序号	名称	第 1 名	第 2 名	第 3 名	…	第 71 名	第 72 名	第 73 名	第 74 名
1	北京大学	71/74	36/37	73/74	…	7/74	3/37	5/74	2/37
2	中国人民大学	17/111	1/6	20/111	…	100/111	197/222	97/111	191/222
3	清华大学	221/222	110/111	217/222	…	13/222	5/111	7/222	2/111
4	北京交通大学	32/111	67/222	35/111	…	85/111	167/222	82/111	161/222
5	北京科技大学	51/74	26/37	53/74	…	27/74	13/37	25/74	12/37
6	北京化工大学	19/74	10/37	21/74	…	59/74	29/37	57/74	28/37
7	北京邮电大学	56/111	115/222	59/111	…	61/111	119/222	58/111	113/222
8	中国农业大学	43/222	23/111	49/222	…	191/222	94/111	5/6	91/111
9	北京林业大学	12/37	25/74	13/37	…	27/37	53/74	26/37	51/74
10	北京中医药大学	95/222	49/111	101/222	…	139/222	68/111	133/222	65/111
11	北京师范大学	18/37	1/2	19/37	…	21/37	41/74	20/37	39/74
12	北京外国语大学	13/222	8/111	19/222	…	221/222	109/111	215/222	106/111
13	北京语言大学	1/74	1/37	3/74	…	71/74	36/37	73/74	1
14	中国传媒大学	9/74	5/37	11/74	…	69/74	34/37	67/74	33/37
15	中央财经大学	9/74	5/37	11/74	…	69/74	34/37	67/74	33/37
16	对外经济贸易大学	1/37	3/74	2/37	…	36/37	73/74	1	73/74
17	中央美术学院	7/37	15/74	8/37	…	32/37	63/74	31/37	61/74
18	中央戏剧学院	11/222	7/111	17/222	…	73/74	110/111	217/222	107/111

序号	名称	第1名	第2名	第3名	…	第71名	第72名	第73名	第74名
19	中国政法大学	10/111	23/222	13/111	…	107/111	211/222	104/111	205/222
20	中国石油大学（北京）	47/222	25/111	53/222	…	187/222	92/111	181/222	89/111
21	中国石油大学（华东）	55/222	29/111	61/222	…	179/222	88/111	173/222	85/111
22	华北电力大学	46/111	95/222	49/111	…	71/111	139/222	68/111	133/222
23	南开大学	121/222	62/111	127/222	…	113/222	55/111	107/222	52/111
24	天津大学	163/222	83/111	169/222	…	71/222	34/111	65/222	31/111
25	大连理工大学	179/222	91/111	5/6	…	55/222	26/111	49/222	23/111
26	东北大学	175/222	89/111	181/222	…	59/222	28/111	53/222	25/111
27	吉林大学	73/74	110/111	73/74	…	5/74	2/37	3/74	1/37
28	东北师范大学	85/222	44/111	91/222	…	149/222	73/111	143/222	70/111
29	东北林业大学	49/222	26/111	55/222	…	5/6	91/111	179/222	88/111
30	复旦大学	197/222	100/111	203/222	…	1/6	17/111	31/222	14/111
31	同济大学	149/222	76/111	155/222	…	85/222	41/111	79/222	38/111
32	上海交通大学	67/74	34/37	69/74	…	11/74	5/37	9/74	4/37
33	华东理工大学	29/74	15/37	31/74	…	49/74	24/37	47/74	23/37
34	东华大学	41/74	21/37	43/74	…	1/2	18/37	35/74	17/37
35	华东师范大学	68/111	139/222	71/111	…	49/111	95/222	46/111	89/222
36	上海外国语大学	29/222	16/111	35/222	…	203/222	101/111	199/222	98/111
37	上海财经大学	17/222	10/111	23/222	…	217/222	107/111	211/222	104/111
38	南京大学	28/37	57/74	29/37	…	11/37	21/74	10/37	19/74
39	东南大学	53/74	27/37	55/74	…	25/74	12/37	23/74	11/37
40	中国矿业大学	71/111	145/222	2/3	…	46/111	89/222	43/111	83/222
41	中国矿业大学（北京）	5/37	11/74	6/37	…	34/37	67/74	33/37	65/74
42	河海大学	71/222	1/3	77/222	…	163/222	80/111	157/222	77/111
43	江南大学	49/111	101/222	52/111	…	68/111	133/222	65/111	127/222
44	南京农业大学	27/74	14/37	29/74	…	51/74	25/37	49/74	24/37
45	中国药科大学	121/222	62/111	127/222	…	113/222	55/111	107/222	52/111
46	浙江大学	209/222	106/111	215/222	…	25/222	11/111	19/222	8/111
47	合肥工业大学	67/111	137/222	70/111	…	50/111	97/222	47/111	91/222

序号	名称	第1名	第2名	第3名	…	第71名	第72名	第73名	第74名
48	厦门大学	47/111	97/222	50/111	…	70/111	137/222	67/111	131/222
49	山东大学	33/37	67/74	34/37	…	6/37	11/74	5/37	9/74
50	中国海洋大学	187/222	95/111	193/222	…	47/222	22/111	41/222	19/111
51	武汉大学	215/222	109/111	73/74	…	19/222	8/111	13/222	5/111
52	华中科技大学	51/74	26/37	53/74	…	27/74	13/37	25/74	12/37
53	中国地质大学（武汉）	103/222	53/111	109/222	…	131/222	64/111	125/222	61/111
54	中国地质大学（北京）	29/111	61/222	32/111	…	88/111	173/222	85/111	167/222
55	武汉理工大学	100/111	203/222	103/111	…	17/111	31/222	14/111	25/222
56	华中农业大学	63/74	32/37	65/74	…	15/74	7/37	13/74	6/37
57	华中师范大学	56/111	115/222	59/111	…	61/111	119/222	58/111	113/222
58	中南财经政法大学	8/37	17/74	9/37	…	31/37	61/74	30/37	59/74
59	湖南大学	125/222	64/111	131/222	…	109/222	53/111	103/222	50/111
60	中南大学	92/111	187/222	95/111	…	25/111	47/222	22/111	41/222
61	中山大学	191/222	97/111	197/222	…	43/222	20/111	1/6	17/111
62	华南理工大学	199/222	101/111	205/222	…	35/222	16/111	29/222	13/111
63	重庆大学	24/37	49/74	25/37	…	15/37	29/74	14/37	27/74
64	西南大学	175/222	89/111	181/222	…	59/222	28/111	53/222	25/111
65	四川大学	27/37	55/74	28/37	…	12/37	23/74	11/37	21/74
66	西南交通大学	55/111	113/222	58/111	…	62/111	121/222	59/111	115/222
67	电子科技大学	83/222	43/111	89/222	…	151/222	2/3	145/222	71/111
68	西南财经大学	19/222	11/111	25/222	…	215/222	106/111	209/222	103/111
69	西安交通大学	173/222	88/111	179/222	…	61/222	29/111	55/222	26/111
70	西安电子科技大学	113/222	58/111	119/222	…	121/222	59/111	115/222	56/111
71	长安大学	20/37	41/74	21/37	…	19/37	1/2	18/37	35/74
72	西北农林科技	121/222	62/111	127/222	…	113/222	55/111	107/222	52/111
73	陕西师范大学	34/111	71/222	1/3	…	83/111	163/222	80/111	157/222
74	兰州大学	41/74	21/37	43/74	…	1/2	18/37	35/74	17/37
	最大值	221/222	110/111	73/74	…	221/222	110/111	1	1

3. "双一流"高校的实验室总体评价

各评价双一流高校的实验室发展的排名 $\hat{\rho}_l$ 如表 5.8 所示。

表 5.8　我国"双一流"高校实验室的总体评价

名次	学校	名次	学校
1	清华大学	30	北京邮电大学
2	吉林大学	31	西北农林科技大学
3	北京大学	32	西南交通大学
4	浙江大学	33	中国地质大学（武汉）
5	武汉大学	34	长安大学
6	复旦大学	35	东华大学
7	武汉理工大学	36	西安电子科技大学
8	山东大学	37	东北师范大学
9	东北大学	38	北京师范大学
10	中山大学	39	江南大学
11	华南理工大学	40	华北电力大学
12	中南大学	41	厦门大学
13	华中农业大学	42	陕西师范大学
14	中国矿业大学	43	华东理工大学
15	大连理工大学	44	北京林业大学
16	西南大学	45	北京中医药大学
17	北京科技大学	46	电子科技大学
18	南京大学	47	北京化工大学
19	西安交通大学	48	南京农业大学
20	中国海洋大学	49	中国石油大学（北京）
21	东南大学	50	河海大学
22	天津大学	51	中国农业大学
23	合肥工业大学	52	中南财经政法大学
24	同济大学	53	北京交通大学
25	华中科技大学	54	上海外国语大学
26	湖南大学	55	中国地质大学（北京）
27	南开大学	56	中国石油大学（华东）
28	兰州大学	57	中国矿业大学（北京）
29	华东师范大学	58	东北林业大学

名次	学校	名次	学校
59	中国药科大学	67	中央财经大学
60	四川大学	68	中国政法大学
61	中央美术学院	69	西南财经大学
62	上海交通大学	70	上海财经大学
63	中国人民大学	71	北京外国语大学
64	华中师范大学	72	中央戏剧学院
65	重庆大学	73	对外经济贸易大学
66	中国传媒大学	74	北京语言大学

4. 事后 Spearman 一致性检验

把表 5.8 中各高校的排名和表 5.6 中第 4、7、10 列的数据代入式 (5.10)，得到 Spearman 等级相关系数 $\bar{\rho} = 0.883$。把 $\bar{\rho} = 0.883$ 和 $n = 74$ 代入式 (5.11)，得到 $t = 15.721$。

给定显著性水平 $\alpha = 1\%$ （置信水平为 99%）下，查表得临界值 $t_{0.005}(74 - 1) = 2.378$。显然，$t = 15.721 > t_{0.005}(74 - 1) = 2.378$，通过事后一致性检验，表明集对分析组合评价结果具有合理性。

5.7 高校实验室建设评价结论

（1）从表 5.8 中可以看出，清华大学、吉林大学和北京大学三个高校的实验室建设和发展状况排名较高，北京外国语大学、中央戏剧学院、对外经济贸易大学和北京语言大学的实验室建设和发展排名较低。

总体来看，综合类高校和理工类高校的实验室建设发展状况要远好于其他类型高校，这说明综合类高校和理工类高校在实验室建设上资金投入较多。

（2）从表 5.5 中第 80、81 列的指标层和准则层最终权重可以看出，从指标层来看，影响"双一流"高校实验室建设和发展的最主要因素是实验室教学任务和完成量，其次是实验室工作人员情况，最后是实验室教学保障。从指标层指标来看，依据表 5.1 和表 5.5 数据，按照"重要"到"不重要"的排序依次为专科生实验的人时数、博士生实验的人时数、实验室房屋使用面积、开出实验个数等。

5.8　高校实验室建设评价政策建议

在加快建设世界一流大学和一流学科进程中，一流实验室建设与管理既是重要支撑，也是推动"双一流"工程的关键因素之一。本章探讨了"双一流"建设背景下高校实验室建设的重要作用，从规章制度和运行模式建设、条件建设和队伍建设三个方面重点阐述了高校实验室的建设内容，以期为推动"双一流"工程快速发展提供借鉴。

5.8.1　高校实验室规章制度和运行模式建设

1. 健全实验室规章制度

实验室是高校安全工作的重心。高校必须遵循相应的工作和行为规范，以确保实验室工作的正常运转，发挥其应有作用价值，有效完成实验室各项工作目标。科学规范实验室培训和管理，是建设一流学科和一流实验室的重要保证。

针对高校的实验室管理制度框架和具体工作需要，应有效、持续地进行检查，随时进行管理制度的评审、补充、改进和完善。同时在制度实施过程中，注重应用，满足实验室建设和管理的需要，使管理工作真正落到实处。

2. 探索实验室运行新模式

高校应建立科学的实验室运行模式。将资源在各个实验室进行合理的配置，使资源合理流动共享，从而促进实验室资源的整合。一方面，鼓励实验室实行互助协作的运行机制，向师生共同开放，使教学与科研相互结合，促进双方共同发展。另一方面，积极建设集中化管理体系，形成规范化、效益最大化、集约化的实验教学平台，充分发挥实验室的使用价值。

以公共课教学为基础，依托学校实验室运行模式，加强重点学科建设和校外企业之间的合作。在传统基础实验教学不完善和同类行业实验室资源竞争的环境下，应建立以专业课程为基础的实验教学平台和教学体系。以学院或系（所）为基础，以专业课程为定位，激发实验室学习兴趣，实现教学资源的优化配置，构建实验室运行新模式，以期促进教研融合。

5.8.2 高校一流实验室的实验条件建设

一流的实验室结构和一流的实验条件是相互作用、密不可分的，一流的实验室条件越好，实验质量就会越高。除了科学的实验方法、高素质的实验队伍和合格的实验材料外，良好的实验环境对于仪器设备的正常运行更为重要。

1. 完善实验室设施

高校要不断加强实验室建设，加大实验室经费投入。更新改造实验室教学仪器设备，重点发展短板，合理规划和配置资源，积极推进教学实验仪器设备的更新、添置和维护，提高硬件水平培训实验室的条件，保证实验室经费的有效使用和仪器设备的共享，不断提高实验室人员的科研和实验能力，保证培训实验室建设的有效性。

高校要创新实验环境，加快实验室计算机信息化的进程，运用先进技术，减少实验损耗，增加效益。建立实验室管理平台，扩大实验室规模，促进实验室管理现代化。

2. 改善实验室环境

在开放的实验环境下，实验室结构不仅要注重硬件资源的建设，还要注重实验室内部环境的建设。一流的实验室不仅拥有有效的实验室管理体系，而且拥有干净舒适的实验室环境。从根本上改善实验室环境，减少环境脏乱差现象，减少实验室安全隐患，确保实验室正常运转，建设一流实验室。

5.8.3 高校一流实验室的实验队伍建设

高水平的实验团队，可以有效地提高教育质量，促使实验团队取得优异的科研成果。一流的实验团队在实验室建设和功能发展上扮演着重要的角色，高校要通过健全激励机制，激发团队创造力，培养创新型人才，努力建设高水平的实验团队。

1. 充分发挥教师的核心作用

教师作为实验室的核心人才力量，要明确其在教学和科研中的主导地位。高校应根据实验室情况，合理调整教师队伍结构，使从事实验室教学任务的教师队伍实现最优化组合。树立以学生为本的理念，加强教师管理，促进教学工作能力的提升，吸收国内外先进经验和技术，积极促进科研成果转化，鼓励高校教授参与实验室建设和指导，充分发掘实验室教师的潜力，在实验室改革创新和实验中心建设中充分发挥教师的主导作用。

2. 积极调动实验技术队伍的关键作用

改善"外部引进、内部训练"等各种人才引进渠道，调整实验技术人员的结构，从而使其队伍层次更加优化和合理。加强优秀硕士、博士以及高端人才的引进，使实验技术人员队伍得到优化。积极探索技术团队训练机制，不断更新概念和理论、实践方法，随时适应创新人才训练的需要。实验技术人员应积极参与各项科学研究活动，加强对新设备、新技术和新方法的理解运用。在实验室质量评估过程中将职务范围内的实验技术人员的技术作业水平、出色表现、贡献度作为评价主要指标体系，分别奖励，进一步改善收入分配系统，确立科学合理的收入分配方式及激励措施。

5.9　小　结

本章通过对实验室指标的筛选和合理分析，从实验室教学保障、实验室教学任务和完成量、实验室工作人员情况三个标准层次构建了实验室综合评价指标体系。

在对客观赋权的标准离差贡献率法、熵值法、变异系数法共三种评价方法进行集对分析的基础上，建立了组合赋权评价模型并选取了全国 74 所"双一流"高校为研究对象，进行了实验室建设质量评价的实证分析。在集对分析中融合了客观评价方法的优势，克服了弊端，并确定了各"双一流"高校实验室建设评价的排名，提出了提升实验室建设质量的政策建议，并解决了不同单项评价方法对"双一流"高校实验室评价排名不一致、评价结果难统一的问题。

参考文献

[1] 金升菊. 以一流实验室建设推动"双一流"发展 [J]. 科技文汇（下旬刊），2016
    (8)：51-52.

[2] 戴克林. 高校实验室建设与创新人才培养研究 [J]. 实验技术与管理，2014，31
    (7)：32-53.

[3] 邓晓春. 强化"四个创新"促进科学教育与人文教育的融合 [J]. 中国高教研究，
    2002 (12)：12-13.

[4] 华劲松，蔡光泽，杨智，等. 如何发挥高校重点实验室在学科建设中的作用 [J]. 西
    昌学院学报（自然科学版），2008，22 (4)：133-135.

[5] 陈华东，任耀军，刘永泉，等. 实验室管理机制及运行模式研究 [J]. 实验技术与管
    理，2016，33 (1)：232-235.

[6] 单立志，施汉昌，王锐. 创建世界一流大学必须要创建世界一流的实验室 [J]. 清华
    大学教育研究，2006 (S1)：49-52.

[7] 储伟光，周文平，范宪周. 实验室环境建设与管理 [J]. 实验技术与管理，2001，18
    (2)：10-13

[8] 马育. 抓紧实验室建设，深化化学实验室改革 [J]. 实验技术与管理，2005，22
    (9)：104-105，108.

[9] 董振旗，刘鹏，陈桂明，等. "6S"管理在实验室管理中的应用研究 [J]. 实验室研
    究与探索，2012，31 (7)：410-415.

[10] 蔡康荣，揭新明. 高校实验技术队伍建设面临的主要问题与对策 [J]. 实验室研究
     与探索，2012，31 (8)：420-422.

[11] 沈梁玉，梅珊珊. 基于层次分析法评价宁波市和谐社会体系 [J]. 淮海工学院学报
     （自然科学版），2010 (3)：71-74.

[12] 孙德忠，喻登科，田野. 一种基于专家组合多重相关的主观赋权方法 [J]. 统计与
     决策，2012 (19)：88-90.

[13] 周巧凤. 基于熵值法的山西省绿色发展评价研究 [J]. 经济研究导刊，2017 (4).

[14] 叶文忠，欧婵娟，李林. 基于粗糙集理论的"两型社会"发展评价 [J]. 统计与决
     策，2011 (11)：34-37.

[15] 石宝峰，迟国泰，章穗. 基于矩阵距离时序赋权的科学技术评价模型及应用 [J].
     运筹与管理，2014，23 (1)：166-178.

[16] 李刚. 基于熵值修正 G1 组合赋权的科技评价模型及实证 [J]. 软科学，2010，24
     (5)：31-36.

［17］ 张玉玲，迟国泰，祝志川. 基于变异系数 – AHP 的经济评价模型及中国十五期间实证研究［J］. 管理评论，2011（1）：3 – 13.

［18］ 迟国泰，王钰娟，刘艳萍. 基于三角模糊熵的经济评价模型及副省级城市的实证研究［J］. 运筹与管理，2010，19（5）：107 – 117.

［19］ 赵光军，迟国泰. 基于集对分析的社会评价模型及副省级市实证［J］. 运筹与管理，2010，19（4）：121 – 130.

［20］ 周颖，武慧硕，栾金昶，等. 人的全面发展评价模型及实证分析［J］. 中国人口·资源与环境，2011，21（S1）：381 – 384.

［21］ KAMENS. "Quality of Life" research at the Israel Central Bureau of Statistics：social indicators and social surveys［J］. Social indicators research，2002，58（1）：141 – 162.

［22］ 内蒙古自治区统计局. 内蒙古统计年鉴［M］. 北京：中国统计出版社，2014.

［23］ 郭璐芸，刘蓓蕾. 基于变异系数法的上市公司经营业绩灰色关联评价［J］. 统计与决策，2005（2）：18 – 19.

［24］ 王应明，张军奎. 基于标准差和平均差的权系数确定方法及其应用［J］. 数理统计与管理，2003，22（3）：22 – 26.

［25］ 汪江洪. 基于集对分析的组合评价方法［J］. 统计与决策，2005（12S）：153.

第6章 高等教育经费收支状况
VEC 模型研究

6.1 研究背景及意义

6.1.1 研究背景

改革开放以来，我国财政教育投资逐年稳步增长。但是，在比较长的一段时间内，对教育的投资仍然相对较少。教育发展所必需的人力资源和物质资源之间存在着一定的不均衡，教育投资相对于 GNP 的投资比例很低。中国现在的教育投资体制是 20 世纪 80 年代中后期建立的。20 世纪 80 年代以前，按照当时的财政经济体制，中国实行的是由中央政府打包的高度集中化教育投资体制。1985 年，中国开始了教育投资体制的改革。经过 20 多年的发展，现在已经建立了由预算、各级政府征收的教育税和教育费、企业办学经费、勤工俭学及社会服务收入、社会团体及个人办学经费、社会捐集资、学杂费等组成的多渠道教育资金筹措体制。

在 21 世纪，世界进一步走向知识时代。知识和人才是当今世界所有国家经济竞争的核心要素。不仅有形资产能促进经济的增长，劳动力、资本的投入及教育投资也能创造增量利益。但是，中国教育投资的当前状况和经济发展的当前阶段还存在矛盾。经济发展以及随之出现的城乡收入差距扩大、教育投资分配不均衡等问题也变得显著。这些因素综合起来，使得中国教育投资支出与经济发展水平之间产生了矛盾。我们必须切实解决经济结构不均衡、转型升级困难、城乡差距扩大等问题，实现持续健康的经济发展，改善落后地区的经济状况，而提高教育投资的效率和均衡度是解决上述问题的重要手段之一。2017 年 10 月 18 日，习近平同志在十九大报告中指出，要优先发展教育事业，加快"双一流"高校建设，实现高等教育内涵式发展；完善学生财政援助体制，使大多数城市和农村的新增劳动力接受高中阶段教育和高等教育；落实好继续教育政策，加快构建学习型社会，努力提升国民素质。

6.1.2　研究意义

通过调查高等教育资金的收支，可以判断高校的资源分配是否合理，促进社会对高等教育收益的关注，为政府制定高等教育相关财政性政策提供参考根据，实现中国高等教育内涵式发展。另外，了解劳动市场的完整程度，分析和完善高等教育相关的就业政策、教育政策和收入政策，可以充分发挥人力资源在高等教育中的作用。对高等教育收益率的分析可以为社会和个人是否应该增加高等教育投资，在哪个阶段增加投资提供决策依据。通过研究各类教育水平、各种群体及个人的高等教育率，有助于个人或家庭对高等教育水平及投资规模的合理选择，实现人力资本价值的合理提升。

6.2　高等教育经费综述

我国从二十世纪八十年代开始研究教育投资与经济增长关系，起步相对较晚，标志性事件为中国经济学会（1984 年）的成立和《教育与经济》杂志（1985 年）的创刊。

6.2.1　高等教育教育经费投入研究

李玲（2001）比较了小学和中学在籍学生的数量和教育投资的数量，发现中国的教育投资结构存在不均衡的问题。杜晓利、沈百福（2010）引用了1993—2006 年中国的数据，通过研究预算内教育资金的分配，得出了预算内教育资金的分配在高等教育中合理、在中等教育中不合理的结论。近年来，随着计量方法的拓展和计量软件的开发，教育投资（作为人力资本）和经济增长（作为物质资本）的研究被持续更新，如温以萍、包吉祥（2018），方超、黄斌（2018），顾芸（2018）均采用空间计量的方法，对中国经济增长与教育投入之间的关系进行实证研究，发现两者之间存在不平衡。孟望生、姜莱（2018）通过面板回归方法对人力资本投资与物质资本回报率的关系进行了实证研究。

　　针对高等教育投资区域不均衡问题，胡永远等（2004）分析全国面板数据，发现东、西部地区高等教育对地区 GDP 的增长比例从高到低。郑鸣、朱怀镇（2007）利用卡塞拉的经济增长模型，通过中国省际面板数据，对高等教育与地区经济增长的关系进行了实证研究。王玮（2016）从 DEA 模型的投入产出比的角度出发来研究中国高等教育的投资效率，具有更高效率值的省（市）主要是河北省、吉林省、上海市等，而效率值较低的省份只有西藏和新疆。教育投资对经济增长的贡献不仅取决于教育的投资额，还取决于教育的投资结构，即高等教育的投资在中等和初等教育投资中的所占比例（廖楚辉，2004）。姚先国、张海峰（2008）在研究中发现，教育不仅能促进经济增长，还能促进教育投资的外溢效果。范国睿（2018）将历史文件与象征性教育政策和教育改革活动相结合，对中国教育体制的变化进行了调查，探索了基于市场机制的制度变革对教育事业发展的影响。杨蓉、刘婷婷（2019）以 1995—2016 年教育经费统计为基础，按照中国经济发展和教育财政改革的思路，对教育经费来源结构、流通结构和使用结构的变化进行体制分析，并从国际角度分析中国教育资金的结构特征。结果发现，中国教育资金来源结构中公共财政教育经费一直占主导地位，非财政教育经费相对较低。在教育经费分配结构上，学前教育和高中教育的预算较低；在教育经费使用结构中，人员经费支出占比较高，但与 OECD 国家相比仍明显偏低。

6.2.2　区域高等教育经费研究

　　Barro 将小学及中等教育的入学率作为人力资本的替代变量，在 1991 年提出了恢复增长模式。在分析了世界上 98 个国家 25 年的统计数据后发现，入学率每增加 1%，人均 GDP 就会增长 2.5%。Mankiw 等（1992）在增长回归模型中研究了人力资本对经济增长的贡献，发现作为人力资本主要形式的教育的确能够促进经济增长。

对全国整体数据的研究由于未考虑省（市）区之间的异质性，必然难免过于笼统和片面，针对具体省份的研究往往更具有代表性。例如，徐立红（2009）借助柯布－道格拉斯生产函数，对 1990—2005 年内蒙古自治区教育投资的贡献率进行了估算，结果显示过去 15 年间，内蒙古的年均 GDP 增长率为12.781%，而教育的贡献率仅为 1%，内蒙古对高等教育的投资并未明显地促进经济发展。刘治松（2009）发现，从长期来看，教育支出的增加可能对辽宁省的经济增长起到重要作用。崔玉平、李晓文（2006）分析了 1992—2005 年的江苏省数据，发现江苏省教育投资对 GDP 的贡献率为 17.593%。可见十多年前，西北地区的教育投资与东部地区的几个比较发达的地区相比，在经济发展拉动作用上有很大的差距。田家银（2017）利用哈罗德多马模型计算了安徽省 2005—2014 年教育投资经济增长的贡献，发现安徽省的财政教育支出每增加 1 亿元，GDP 会增加 19 亿元。

大部分的学者都认为教育投资的增加能够促进国家和地区的经济增长。但是，并没有明确回答不同国家和地区教育投资结构的不同是否会给国家和地区的经济发展带来显著的差异这一问题。同时，随着中国在教育投资方面的持续增加，高等教育的快速发展也存在一些问题。例如，大学生数的扩大、毕业生人数的激增以及严峻的就业形势，中国的教育投资结构成为学术讨论的焦点。根据以往的研究结果可以发现：一方面，关于教育投资和经济增长之间关系的研究，把重点放在了教育投资对经济的单向促进作用上，对二者双向关系的研究则较少。另一方面，以往的研究大都与教育投资的数量挂钩，反而忽略了教育投资的质量和平衡度问题。此外，教育投资的持续增长也带来了一些预期之外的结果。例如，巨额的教育投资可能会"挤占"消费结构的其他方面，从而导致人们的生活质量下降。

6.3 我国教育投资与经济增长的计量模型研究

6.3.1 教育投资与经济增长关系分析

表 6.1 呈现了引用《中国统计年鉴》中 1986—2020 年 35 年的教育投资（即教育经费）和 GDP 相关数据。其中能够清晰地看出，教育经费和 GDP 总量逐年上升，可是当我们再进一步思考，就能看得出尽管二者的总量趋势是上升的，但教育经费（教育投资）所占 GDP 总量的比重是十分低的，大多在 4%左右。从表 6.1 中可以看出，教育投资占 GDP 的比重在 20 世纪 90 年代左右以及 2001—2006 年、2012—2014 年间出现波动，但波动的幅度不是很大。总的来看，能够发现教育投资占 GDP 的比重从 2.53%上涨到 5.19%，尽管增幅不大，但总趋势仍然是上升的。

表 6.1 1986—2020 年教育经费与经济增长规模变化表

年份	教育经费（亿元）	GDP（亿元）	教育经费占GDP 比重（%）
2020 年	50178.12	1008782.5	4.97
2019 年	46143.00	988528.9	4.67
2018 年	42562.01	820754.3	5.19
2017 年	38888.39	740060.8	5.25
2016 年	36129.19	685992.9	5.27
2015 年	32806.46	634043.4	5.17
2014 年	30364.72	583196.7	5.21
2013 年	28655.31	532872.1	5.38
2012 年	23869.29	479576.1	4.98
2011 年	19561.85	407137.8	4.80
2010 年	16502.71	345046.4	4.78
2009 年	14500.74	318736.7	4.55
2008 年	12148.07	268631.0	4.52

年份	教育经费（亿元）	GDP（亿元）	教育经费占 GDP 比重（%）
2007 年	9815.31	217246.6	4.52
2006 年	8418.84	184575.8	4.56
2005 年	7242.60	160289.7	4.52
2004 年	6208.27	136564.6	4.55
2003 年	5480.03	121002.0	4.53
2002 年	4637.66	110270.4	4.21
2001 年	3849.08	99776.3	3.86
2000 年	3349.04	90187.7	3.71
1999 年	2949.06	84883.7	3.47
1998 年	2531.73	79429.5	3.19
1997 年	2262.34	71572.3	3.16
1996 年	1877.95	61129.8	3.07
1995 年	1488.78	48459.6	3.07
1994 年	1059.94	35524.3	2.98
1993 年	867.05	27068.3	3.20
1992 年	731.50	21895.5	3.34
1991 年	467.48	18774.3	2.49
1990 年	417.00	17090.3	2.44
1989 年	360.92	15101.1	2.39
1988 年	297.71	12102.2	2.46
1987 年	277.31	10308.8	2.69
1986 年	228.71	9039.9	2.53

6.3.2　教育投资与经济增长的格兰杰因果分析

将教育投资当作解释变量，设为 X，将经济增长（以 GDP 为衡量标准）当作被解释变量 Y。设定模型为

$$Y = \alpha + \beta X + \varepsilon \tag{6.1}$$

式中：X 为教育投资，即教育经费；Y 为国内生产总值 GDP；ε 为随机扰动项

或随机误差项；α 为常数项，β 为教育投资对经济增长的系数。

1. 平稳性检验

时间序列数据不平稳会造成"虚假回归"的现象，为了保证数据的稳定性，在建立回归模型之前先要对涉及的变量数据进行单位根检验，以防止模型的伪回归。通过 Eviews 做单位根检验，对 X 和 Y 的时间序列进行 ADF 平稳性检验，结果如表 6.2 所示。

表 6.2　ADF 平稳性检验

序列	t 值	1% 显著水平	5% 显著水平	10% 显著水平	判定结果
X	2.224	−3.662	−2.960	−2.619	非平稳
Y	2.697	−3.662	−2.960	−2.619	非平稳

从表 6.2 检验结果可以看出，经 ADF 检验，在 1%、5%、10% 三个显著性水平下，X 的 t 检验统计量值 2.224 都大于相应的单位根检验的 Mackinnon 临界值，表明教育经费（X）序列存在单位根，因此是非平稳序列；在 1%、5%、10% 三个显著性水平下，Y 的 t 检验统计量值 2.697 也都大于相应的单位根检验的 Mackinnon 临界值，表明国内生产总值 GDP（Y）序列存在单位根，因此也是非平稳序列。

2. 协整分析

由于上述平稳的检验结果，下一步需要进行协整分析。建立模型 $Y = \alpha + \beta X + \varepsilon$，做两变量回归后，检验回归残差的平稳性，结果如表 6.3 所示。

表 6.3　回归残差平稳性检验

序列	t 值	1% 显著水平	5% 显著水平	10% 显著水平	判定结果
E	−2.738	−3.738	−2.992	−2.636	平稳

从检验结果看，显著性水平为 10% 时，t 检测值 −2.738 小于临界值 −2.636，所以当显著性水平为 10% 时，X 与 Y 之间存在协整，表明两者之间具有长期均衡关系。

3. 格兰杰因果检验

经过上述一系列的数据平稳性检验和处理，可以确定数据已为平稳的时间序列。然后，为了确定教育投资和经济增长（GDP）二者是否具有相互影响的关系，对数据进行了滞后期分别为 2、3、4、5、6、7 的格兰杰因果检验（假

设 X、Y 互不影响），如表 6.4 所示。

表 6.4　格兰杰因果检验

原假设	滞后期	P 值	检验结论
X 不是 Y 的格兰杰原因	2	0.4039	接受原假设
Y 不是 X 的格兰杰原因		0.6405	拒绝原假设
X 不是 Y 的格兰杰原因	3	0.4205	接受原假设
Y 不是 X 的格兰杰原因		0.0002	拒绝原假设
X 不是 Y 的格兰杰原因	4	0.6574	接受原假设
Y 不是 X 的格兰杰原因		0.0012	拒绝原假设
X 不是 Y 的格兰杰原因	5	0.2000	接受原假设
Y 不是 X 的格兰杰原因		0.0006	拒绝原假设
X 不是 Y 的格兰杰原因	6	0.0077	拒绝原假设
Y 不是 X 的格兰杰原因		0.0001	拒绝原假设
X 不是 Y 的格兰杰原因	7	0.0390	拒绝原假设
Y 不是 X 的格兰杰原因		0.0020	拒绝原假设
X 不是 Y 的格兰杰原因	8	0.0162	拒绝原假设
Y 不是 X 的格兰杰原因		0.0020	拒绝原假设
X 不是 Y 的格兰杰原因	9	0.0490	拒绝原假设
Y 不是 X 的格兰杰原因		0.0242	拒绝原假设
X 不是 Y 的格兰杰原因	10	0.1404	接受原假设
Y 不是 X 的格兰杰原因		0.1811	接受原假设

从检验结果可以看出，在显著性水平为 10% 的情况下，发现当滞后期从第 6 期到第 9 期，相伴概率都小于 0.1，因此拒绝接受原假设，认为二者存在双向的因果关系，即教育投资会影响经济增长，经济增长又会反过来影响教育投资，且这一关系相对稳定。

6.3.3　教育投资线性回归模型研究

1. 回归方程建立

根据上述的单位根检验和格兰杰检验结果，说明教育投资 X 和经济增长 Y 两个变量从长期来看具有稳定的关系。所以，可以使用 $Y = \alpha + \beta X + \varepsilon$ 这一模

型进行二者关系的分析。利用 *Eviews* 生成的回归方程为

$$Y = 20534.91 + 18.765X \qquad (6.2)$$

回归拟合度 $R^2 = 0.997533$，趋近于 1，所以回归线性拟合程度很好，经济增长的变动中约有 99% 的部分可由教育投资与其线性关系来解释。

2. F 检验

在显著性水平为 10% 的情况下，根据统计分析结果对回归方程进行检验。确定原假设 $H_0: \beta_1 = 0$（假设教育投资对 GDP 不具有显著的线性关系）。观察 F 检验统计值：$F = 12534.86$。

在显著性水平 α 为 10% 时，第一自由度为 1 和第二自由度为 $35 - 2 = 33$ 的 F 检验临界值为 $F_{0.05}(1, 33) = 2.88$，F 检验统计值为 12534.86，明显大于 F 检验临界值 2.88，所以拒绝原假设 $H_0: \beta_1 = 0$，认为教育投资对 GDP 的变动具有显著的线性关系，因此，教育投资对经济增长具有促进作用。

同样地，若以 GDP 为解释变量，教育投资为被解释变量，建立回归方程为：

$$X = -1064.624 + 0.053Y \qquad (6.3)$$

重复上述 F 检验的步骤，R^2 所代表的拟合度以及 F 检验统计值的结果，都能说明 GDP（解释变量）对教育投资（被解释变量）也是具有促进作用的。这就表明二者的确有相互促进的正向关系。

6.3.4 基于 VEC 的教育投资与经济增长关系研究

分析变量之间相互影响的关系时一般用向量自回归模型（VAR）及向量误差修正模型（VEC）。本章通过 Johansen 协整检验的方法发现 VEC 模型更加合适分析高等教育经费投资和社会经济增长之间的关系。在实证分析中 VEC 模型结合脉冲相应法可以更加具体的显示高等教育投资对经济增长的滞后影响，反之亦然。数据来自 Wind 资讯库以及《中国统计年鉴》中我国 1986—2020 年教育经费（记为 *EA*）和 GDP 不变价（记为 GDP）相关数据，样本量为 35。

1. 模型构建和统计分析

首先，为减少异方差和多重共线性问题，并降低数据之间的差距，对数化

处理相关数据。其次，在建立模型之前采用 ADF 法对涉及的变量数据进行单位根检验，以确保序列平稳性，如表 6.5 所示。

表 6.5　ADF 检验结果

序列	ADF 值	5%水平	10%水平	判定结果
LN_EA	-2.305	-2.968	-2.623	不平稳
DLN_EA	-4.469	-2.960	-2.619	平稳
LN_GDP	-0.529	-2.957	-2.617	不平稳
DLN_GDP	-6.181	-2.960	-2.619	平稳

从表 6.5 的检验结果可以看出，变量 LN_EA、LN_GDP 均为非平稳序列，但经一阶差分（序列 DLN_EA、DLN_GDP）后呈平稳状态，说明二者都是一阶单整过程，即 $I(1)$。VAR（Vector Auto Regressive）模型由 Sims（1980）提出，是当今世界上分析经济系统动态性的主流模型之一。VAR 模型可以表述为

$$Y_t = \alpha_1 Y_{t-1} + \alpha_2 Y_{t-2} + \cdots + \alpha_p Y_{t-p} + \varepsilon_t \tag{6.4}$$

式中：Y_t 为被解释变量，$Y_{t-1} \sim Y_{t-p}$ 为 Y_t 的 $1 \sim p$ 阶滞后期（p 为模型的滞后阶数）；ε_t 为随机项。将 DLN_EA 和 DLN_GDP 作为内生变量并分析二者之间的相互影响关系，建立模型 VAR（2），令 $Y_t = (DLN\_GDP_t, DLN\_EA_t)$。将模型检验结果写成如下矩阵形式。

$$Y_t = \begin{bmatrix} -0.143 & -0.011 \\ 0.568 & 0.498 \end{bmatrix} \times Y_{t-1} + \begin{bmatrix} -0.163 & -0.126 \\ 0.461 & 0.551 \end{bmatrix} \times Y_{t-2} + \varepsilon_t \tag{6.5}$$

从该估计结果可以看出，滞后一期和二期的 DLN_GDP 对当期 DLN_GDP 和 DLN_EA 均有负向影响，这说明 GDP 的增加对教育经费的支出并没有体现出很强的拉动作用；而滞后一期和二期的 DLN_EA 对当期 DLN_GDP 和 DLN_EA 均有正向影响，说明教育经费的增加会对经济增长具有正向拉动作用，且从相关系数的绝对值来看，这一拉动作用大于 GDP 增加对教育经费支出的带动作用。根据这一模型结果调整并确定最优滞后阶数，如表 6.6 所示。

表 6.6　最优滞后阶数确定

Lag	LogL	LR	FPE	AIC	SC	HQ
1	40.712	NA	0.000	-2.719	-2.527 *	-2.662 *
2	43.927	5.478	0.000	-2.661	-2.277	-2.547

Lag	LogL	LR	FPE	AIC	SC	HQ
3	49.129	8.092	0.000 *	− 2.750 *	− 2.174	− 2.579
4	49.807	0.954	0.000	− 2.504	− 1.736	− 2.276
5	51.296	1.875	0.000	− 2.318	− 1.358	− 2.033

注：* 表示显著性水平为 10%，未标识显著性水平为 5%。

$$Y_t = \begin{bmatrix} -0.112 & -0.029 \\ 0.334 & 0.254 \end{bmatrix} \times Y_{t-1} + \begin{bmatrix} -0.140 & -0.055 \\ 0.305 & 0.228 \end{bmatrix} \times Y_{t-2} +$$
$$\begin{bmatrix} -0.152 & -0.020 \\ 0.494 & 0.466 \end{bmatrix} \times Y_{t-3} + \varepsilon_t \tag{6.6}$$

根据表 6.6 的检验结果，结合 AIC 优先的准则，确定最优滞后阶数为 3。下一步对 DLN_EA 和 DLN_GDP 建立模型 VAR（3），仍令 $Y_t = (DLN\_GDP_t,$ $DLN\_EA_t)$，检验结果如下：滞后一期、二期和三期的 DLN_GDP 对当期 DLN_GDP 均有负向影响。滞后一期和三期的 DLN_GDP 对当期 DLN_EA 有正向影响。这说明 GDP 增加对教育经费支出的带动作用存在波动和时滞性；滞后一期、二期和三期的 DLN_EA 对当期 DLN_GDP 和 DLN_EA 均有正向影响，这和 VAR（2）的结果一致。

2. Johansen 协整检验及 VEC 模型建立

为检验变量之间的协整关系存在与否，本章运用 Johansen 协整分析方法，确定 DLN_GDP 和 DLN_EA 之间是否存在协整关系及协整方程的个数。检验结果如表 6.7 所示。

表 6.7　Johansen 协整检验过程

原假设	特征值	迹统计量	5% 临界值	P 值
$r = 0$	0.450	19.134	15.495	0.014
$r \leqslant 1$	0.059	1.773	3.841	0.183
原假设	特征值	最大特征值统计量	5% 临界值	P 值
$r = 0$	0.450	17.361	14.265	0.016
$r \leqslant 1$	0.059	1.773	3.841	0.183

根据 Johansen 协整检验结果，统计量和最大特征值统计量均显示在 5% 水平下，DLN_GDP 和 DLN_EA 之间存在一个协整方程，据此建立 VEC 模型，其

中协整方程 VEC_{t-1} 的结果表示如下。

$$DLN\_GDP_{t-1} = 0.223DLN\_EA_{t-1} + 0.114 \qquad (6.7)$$

VEC 模型回归结果如下：

$$\Delta D(DLN\_GDP_t) = -1.623ECM_{t-1} + 0.407D(DLN\_GDP_{t-1}) +$$
$$0.200D(DLN\_GDP_{t-2}) - 0.221D(DLN\_EA_{t-1}) -$$
$$0.155D(DLN\_EA_{t-2}) - 0.003 \qquad (6.8)$$

$$\Delta D(DLN\_EA_t) = -0.108ECM_{t-1} + 0.102D(DLN\_GDP_{t-1}) +$$
$$0.011D(DLN\_GDP_{t-2}) - 0.740D(DLN\_EA_{t-1}) -$$
$$0.477D(DLN\_EA_{t-2}) - 0.005_{t-1} \qquad (6.9)$$

上述方程即为依据协整方程而得到的 VEC 的矩阵形式。从协整方程来看，教育投资每增加一个单位，会引起 GDP 增加 0.223 个单位。从 VEC 方程来看，滞后一期和二期的 DLN_GDP 对当期 DLN_GDP 和 DLN_EA 均有正向影响，滞后一期和二期的 DLN_EA 对当期 DLN_GDP 和 DLN_EA 均有负向影响。

3. 脉冲响应分析

为进一步发现 GDP 和教育投资之间的相互影响程度，采用脉冲响应分析（包括 DLN_GDP 对 DLN_EA 的冲击响应和 DLN_EA 对 DLN_GDP 的冲击响应）方法，首先对一阶单整序列 DLN_GDP 和 DLN_EA 进行 AR 根值法来确定序列的稳定性，检验结果如图 6.1 所示。

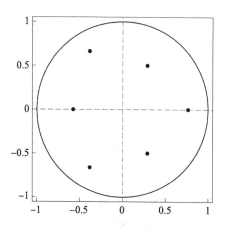

图 6.1　AR 单位根检验结果

由图 6.1 可以发现所选变量的单位根均落在单位圆内，因此平稳性检验通过。考虑 DLN_EA 对 DLN_GDP 的冲击，响应期设定为 10 期，脉冲响应结果如

图 6.2 所示。

由图 6.2 可以看出，教育投资在前 4 期对 GDP 的冲击较大，GDP 上升的速度较快，从第 5 期开始逐渐下降，但总体趋势是上升，说明教育投资对 GDP 增加存在正向拉动作用。考虑 *DLN_GDP* 对 *DLN_EA* 的冲击，结果如图 6.3 所示。

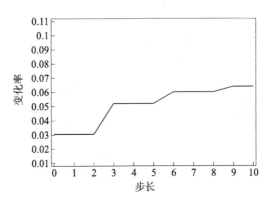

图 6.2　*DLN_EA* 对 *DLN_GDP* 的脉冲响应

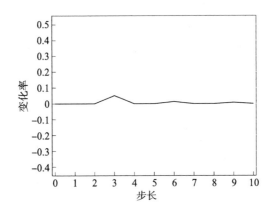

图 6.3　*DLN_GDP* 对 *DLN_EA* 的脉冲响应

由图 6.3 可以发现，GDP 对教育投资的冲击表现为教育投资总体缓慢波动下降，但始终为正。这说明 GDP 对教育投资的拉动作用并不明显，这与 VAR（2）、VAR（3）的检验结果一致。

经过上述数据模型分析验证得出以下结论：第一，教育投资与经济增长之间有相互促进的作用。第二，教育经费的增加会对经济增长具有正向拉动作用，且从 VAR 相关系数的绝对值以及协整方程系数来看，这一拉动作用大于

GDP 增加对教育经费支出的带动作用。第三，一定时期内，教育投资和 GDP 之间并不存在双向正相关关系，GDP 对教育投资的拉动存在一定的时滞性，这一点在模型相关系数上表现为先负后正。

根据上述的结论可以看到，教育投资是影响中国经济增长的一个重要因素，而且长期来看两者之间存在一定关联。考虑到中国教育投资的现状，政府需要合理把握财政性教育投入导向和尽力确保教育经费总支出的结构比例均衡，以促进教育投入对国民经济增长的拉动作用，这也是下一步需要改进的工作，即在模型中加入教育投资质量和平衡度等控制变量。

6.4　高等教育事业经费收支情况统计分析

教育经费包括教育事业经费（即各级各类学校的人员经费和公用经费）和教育基础设施投资（建筑校舍和购置大型教学设备的费用）等。在目前中国教育经费统计体系中，教育支出分为事业支出和资本建设支出两部分。本节考察了教育事业型经费的收支情况。

6.4.1　高等教育事业经费收支的地区维度统计分析

基于教育事业经费数据，将我国 75 所"双一流"高校按地区归类分为 6 个地区，如表 6.8 所示。

表 6.8　75 所"双一流"高校地区分布状况

地区	高校数量（所）	高校名称
华北地区（北京、天津、河北、山西、内蒙古）	26	北京大学、中国人民大学、清华大学、北京交通大学、北京科技大学、北京化工大学、北京邮电大学、中国农业大学、北京林业大学、北京中医药大学、北京师范大学、北京外国语大学、北京语言大学、中国传媒大学、中央财经大学、对外经济贸易大学、中央音乐学院、中央美术学院、中央戏剧学院、中国政法大学、中国石油大学（北京）、中国矿业大学（北京）、中国地质大学（北京）、华北电力大学、南开大学、天津大学

续表

地区	高校数量（所）	高校名称
东北地区（辽宁、吉林、黑龙江）	5	大连理工大学、东北大学、吉林大学、东北师范大学、东北林业大学
华东地区（上海、江苏、浙江、安徽、福建、江西、山东）	21	复旦大学、同济大学、上海交通大学、华东理工大学、东华大学、华东师范大学、上海外国语大学、上海财经大学、南京大学、东南大学、中国矿业大学、河海大学、江南大学、南京农业大学、中国药科大学、浙江大学、合肥工业大学、厦门大学、山东大学、中国海洋大学、中国石油大学（华东）
中南（包括河南、湖北、湖南、广东、广西、海南）	11	武汉大学、华中科技大学、中国地质大学（武汉）、武汉理工大学、华中农业大学、华中师范大学、中南财经政法大学、湖南大学、中南大学、中山大学、华南理工大学
西南地区（重庆、四川、贵州、云南、西藏）	6	重庆大学、西南大学、四川大学、西南交通大学、电子科技大学、西南财经大学
西北地区（陕西、甘肃、青海、宁夏、新疆）	6	西安交通大学、西安电子科技大学、长安大学、西北农林科技大学、陕西师范大学、兰州大学

除地区的不同，各（热点）城市的高校数量也存在明显的不同，如图6.4所示。

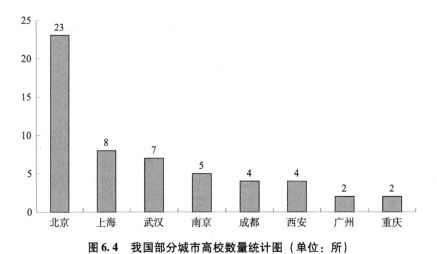

图6.4　我国部分城市高校数量统计图（单位：所）

从上述所列学校可以看出，华北地区的高校中，北京市的高校占了极大部分，而华东地区以上海和南京为主，中南地区以武汉为主，西南地区以成都为主，西北地区以西安为主，逐渐形成了散点式的高校圈。此外，区别于此前"北上广"的高校圈，武汉、南京、西安和成都等地市也逐渐形成了自己的高校圈，并突破了此前"北上广"的限制，这与办学层次是紧密结合的。

图 6.5 显示我国 2014—2018 年中教育事业经费收支呈上升趋势。但是可以明显发现，教育事业经费的支出不仅远高于收入，而且增速也快于收入，这恰好说明了我国近年来对教育事业的支持力度在稳步加大。

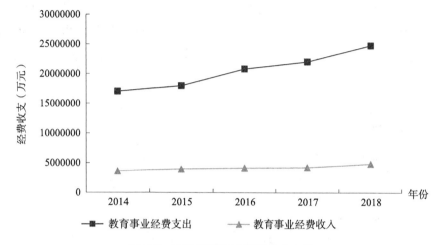

图 6.5　我国教育事业经费收支走势

陈晓宇（2012）指出影响教育事业经费、教育基建投资占教育总投资比重的因素如下。

（1）教育规模的变化趋势。教育基础设施的支出，宏观上可以分为新设施的支出和现有设施的更新费用。如果教育规模以更快的速度扩大，新设施的建设就需要更多的资金，基础设施资金的比例就会更高，反之亦然。在教育系统或子系统的整体规模不再扩大甚至缩小的情况下，新校舍等基本设施费用就可以避免，基建经费的比重就会较低。

（2）教育投资的充足性。当一个国家的教育资金总额困难时，为了确保教育系统的正常运行，教育事业经费必须首先得到保证，这样校舍的新建和更新速度就会下降，因此教育基建投资的比重就会降低。

（3）教育层次和专业结构。理工科学类需要比人文科学和社会科学类更多的设备投资。一般而言，在既定情况下，要有效、灵活地运用教育系统，就要将教育事业费和基建投资、事业费中人员经费和公用经费的配比维持在某种范围内。

6.4.2 高等教育事业经费支出规模分析

高等教育事业经费支出分为基本支出、项目支出、经营支出及对附属单位补助支出四个部分。其中基本支出和项目支出规模占总支出95%以上。各地区2014—2018年高等教育事业基本支出及项目支出规模变化趋势如图6.6及图6.7所示。需要指出的是，2016年教育事业经费收支中华北 电力大学数据缺失，因此2016年较2015年教育事业经费支出略有下降且增速 略有放缓。

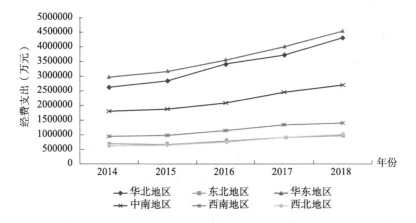

图6.6 2014—2018年我国高等教育事业基本支出规模

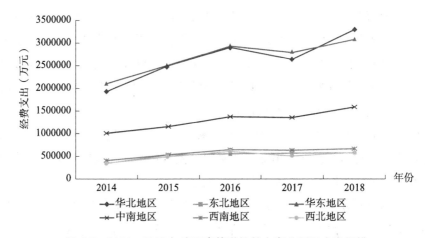

图6.7 2014—2018年我国高等学校教育事业项目支出规模

从图 6.6～图 6.8 可以发现，教育事业经费支出中"基本支出"和"项目支出"与总支出的趋势相一致。从图 6.9 中可以看出，二者之和在教育事业经费总支出中占比超过 90% 且呈逐年上升的趋势。尤其是在西南地区和西北地区的高校中，这一比值在 2017 年已经达到 1，这说明教育事业经费在这两个地区中完全被用于基本支出和项目支出。

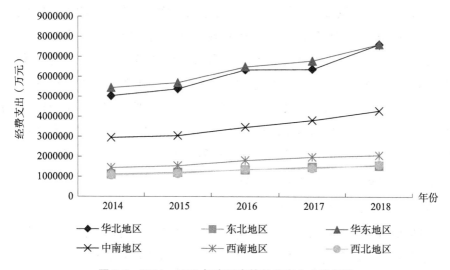

图 6.8　2014—2018 年我国高等教育事业支出规模

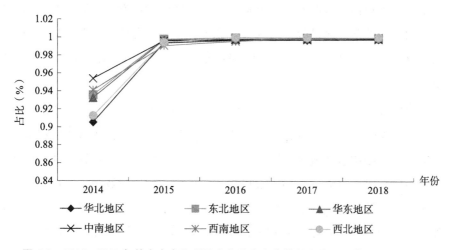

图 6.9　2014—2018 年基本支出和项目支出总和在高等教育事业经费支出中的占比

6.5 教育事业经费支出合理配置政策建议

随着我国经济进一步发展和政府财力的不断增长，以及教育经费保障机制的完善，中国教育资金的供给在今后也将继续增加，教育经费的紧张状况将持续缓和。在经费的使用结构方面，在基础教育中人员费用的比例会进一步削减。但是，这种趋势在地区发展水平不同的情况下也会有所差异，高等教育经费支出的规模及平衡性的情况可能会更加复杂。在预算紧张的部分院校中，随着经费供给的增加，人员经费比例会下降。反之，对拥有相对富裕经费的院校机构而言，随着教师收入水平的提高和人事分配体制的改革，将来人员经费比例可能会有所增加。基于对我国教育经费和经济增长以及对教育事业经费收支状况的统计分析，提出的政策建议如下。

1. 转变教育经费分配观念

具体而言，需要从两个方面开始。第一，为实现合理决策，学校应制定一系列财务指标，如资金的适时使用、资金增值、资本运营效率、资本负债风险等，为教育事业单位制定重大决策提供最佳参考和最新信息。第二，要增强竞争意识、创收意识、货币时间价值及参与市场经济循环意识、风险意识等，提高资金的综合效益。通过教育机构参与竞争，获得社会认可，设定相应的责任控制目标，其"产品"才可能在外部竞争的大环境中达到"无所不为"的效果。

2. 构建和运用绩效预算评估指标体系，全方面改善教育资金的使用效率

在构建并使用绩效预算评估指标体系的过程中，各院校还需要进行以下工作。第一，逐步拓展绩效预算评估的范围。各院校现有的预算管理的经验应该与国家的财政改革总体方向和要求相结合，将项目支出绩效预算评估作为切入点，逐渐扩大评估范围，最终将基本支出也能够全部纳入评估范围，使所有预算资金都成为绩效预算评估的对象，全方面改善教育资金的使用效率。第二，在绩效预算分析中，需要定量分析和定性分析的结合。各院校的绩效预算指标的评估体系，是由定量分析指标和定性分析指标所构成、相互联结的一个相辅相成的整体。为了全面地分析和反映预算资金的使用效果，需要特别注意定量

分析和定性分析两种方法的结合。第三，各项绩效预算评估指标必须紧密联系预算分配，科学合理地对资源和经费进行分配。

3. 深化教育事业改革，优化教育事业财务体制

教育事业的推进，不仅要适应社会主义市场经济体制，还要遵循并把握教育事业单位的发展规律，控制财政资金的供给范围，优化财政供给模式和投入结构，最大限度地满足社会对"准公共产品"的需求，确立高效率、低消耗、动态的教育事业单位管理体制和运营机制。国家、社会、个人三方力量共同形成一个稳定的"面"，即因单位、因地区制宜，多形式、多渠道地筹集资金，发展各项教育事业。由于教育的外部经济性，国家、社会和个人都成为直接、间接的受益者，因而应在教育产品的提供方面承担相应的、直接或间接的费用或成本，至于分担比例则视具体情况而定。

6.6　小　结

教育投资与经济增长二者的关系是十分复杂的。教育投资作为人力资本的一部分，在经济增长中发挥着越来越重要的作用，教育投资支出的增加将直接影响到整个社会经济的发展。同样地，经济作为教育投资增加的一个物质基础，其发展会增强社会各方面加大教育投资的能力，从而促进教育的良性发展。本章通过建立线性回归模型、VAR 以及 VEC 模型，并采用协整分析、格兰杰因果检验、脉冲响应分析等方法对教育投资与经济增长的理论和实证进行分析，结果表明我国教育投资与经济增长之间存在双向因果关系，教育投资对经济增长的拉动作用大于经济增长对教育投资的拉动作用，且经济增长对教育投资的促进作用具有一定的时滞性。此外，对教育事业经费支出在各地区之间的分配状况进行了统计分析，提出了应当建立健全教育经费分配体制以及构建教育经费预算评估指标体系等针对性建议。

参考文献

[1] BARRO R J. Economic growth in a cross section of countries [J]. The quarterly journal of economics, 1991, 106 (2): 407 – 443.

[2] 崔玉平，李晓文. 江苏省高等教育规模扩大对短期经济增长的效应分析 [J]. 教育与

经济，2006（3）：52－55.

[3] 张丽萍. 我国教育投资与经济增长关系的实证分析 [J]. 商业时代，2012（27）：18－20.

[4] 胡玉玲. 近三十年来关于我国教育经费在各级教育中的配置结构研究的文献综述 [J]. 北京化工大学学报（社会科学版），2012（3）：54－58.

[5] 刘旦. 我国教育投资与经济增长关系的计量分析 [J]. 统计教育，2009（2）：26－29.

[6] 冯莉. 对教育投资水平和经济增长关系的研究 [J]. 价格理论与实践，2013（7）：87－88.

[7] 付廷臣. 教育投资对经济增长的作用分析 [J]. 商场现代化，2007（15）：174－175.

[8] 曹夕多. 王善迈教育经济学学术思想简介 [J]. 国家教育行政学院学报，2006（1）：10－15，2.

[9] 李玲. 我国教育经费支出效益的实证分析 [J]. 河北经贸大学学报，2001（2）：8－15.

[10] 杜晓利，沈百福. 我国公共教育资源配置研究 [J]. 教育理论与实践，2010，30（5）：18－21.

[11] 温以萍，包吉祥. 教育投入、人力资本优化与区域经济增长研究：基于省级面板数据的实证分析 [J]. 价格月刊，2018（9）：82－89.

[12] 方超，黄斌. 教育投入对中国经济增长的影响：基于增长回归框架的空间计量研究 [J]. 大连理工大学学报（社会科学版），2018，39（6）：91－99.

[13] 顾芸. 教育投入、时空效应与经济增长：兼论教育投入对经济增长的"效率与公平"作用 [J]. 现代教育管理，2018（5）：36－40.

[14] 孟望生，姜莱. 人力资本投资与物质资本回报率互动关系的实证检验 [J]. 统计与决策，2018，34（12）：173－177.

[15] WEI C, QIAN X Y. Human capital investment in children：An empirical study of household child education expenditure in China, 2007 and 2011 [J]. China economic review, 2016, 37（3）：52－65.

[16] 时晓玉. 教育投资对我国经济增长的影响分析 [D]. 济南：山东大学，2018.

[17] 杨广俊，高瑜，曾友州. 高职示范校经费收入与支出现状分析 [J]. 职教论坛，2018（7）：75－81.

[18] 李俊林. 规范基层工会组织工会经费收支管理的研究：基于某市工会经费收支管理的审计结果 [J]. 中国劳动关系学院学报，2015，29（3）：46－49.

[19] 袁连生. 财政教育经费暂时不宜与财政收支脱钩 [J]. 教育与经济，2014（1）：5－6.

[20] 王慧玲，唐胜杰. 义务教育阶段学校年度教育经费收支预算细化管理 [J]. 财会通

讯，2014（2）：52 – 53.

[21] 罗建平，马陆亭. 我国普通高校经费配置的有效性分析 [J]. 教育探索，2013（9）：22 – 24.

[22] 高斌，段鑫星. 改革开放 40 年研究生教育规模与经济增长动态关系研究 [J]. 黑龙江高教研究，2019，37（8）：33 – 37.

[23] 哈巍，邱文琪. "粘住"还是"挤出"?:"中西部高校基础能力建设工程"对地方本科高校教育经费支出的影响研究 [J]. 教育与经济，2019（3）：49 – 55.

[24] 杨蓉，刘婷婷. 中国教育经费配置结构分析：基于历史趋势和国际视野的双重探讨 [J]. 全球教育展望，2019，48（6）：46 – 61.

[25] 马海涛. 我国财政改革与高等教育发展 [J]. 国家教育行政学院学报，2018（11）：13 – 22.

[26] 沈有禄. 近十年职业教育经费配置差异分析 [J]. 中国职业技术教育，2018（31）：66 – 75.

[27] 林玲娜，黄金泽，刘新永，等. 福建省科技竞争力研究：基于华东六省一市的比较分析 [J]. 科技管理研究，2018，38（20）：119 – 127.

[28] 佘宇，单大圣. 中国教育体制改革及其未来发展趋势 [J]. 管理世界，2018，34（10）：118 – 127.

[29] 刘晓军. 错位与链接：供给侧改革视角下江苏省高职教育与区域经济发展研究 [J]. 中国职业技术教育，2018（29）：63 – 67.

[30] 高娟，马陆亭. OECD 国家高职教育经费来源的典型模式：特征与成因 [J]. 比较教育研究，2018，40（10）：106 – 112.

[31] 肖桐，邬志辉. 中国农村义务教育生均经费投入的均衡现状研究：基于 2005—2014 年全国 31 省的面板数据 [J]. 教育理论与实践，2018，38（28）：22 – 27.

[32] 解福泉，刘向杰. 高等职业教育财政投入优化研究 [J]. 中国职业技术教育，2018（27）：19 – 25.

[33] 阙明坤，公彦霏，孙俊华. 我国民办教育区域规模差异及影响因素的实证分析 [J]. 复旦教育论坛，2018，16（5）：98 – 106.

[34] 陈纯槿，顾小清. 义务教育年限延长与基础教育发展：基于 PISA 2015 数据的实证研究 [J]. 华东师范大学学报（教育科学版），2018，36（5）：71 – 82，167 – 168.

[35] 范国睿. 教育制度变革的当下史：1978—2018：基于国家视野的教育政策与法律文本分析 [J]. 华东师范大学学报（教育科学版），2018，36（5）：1 – 19，165.

[36] 庄西真. 要尽快补上职业教育这个短板 [J]. 职教论坛，2018（9）：1.

[37] 齐艳杰，薛彦华. 论"双一流"建设背景下河北省高等教育的改革与发展 [J]. 河北师范大学学报（教育科学版），2018，20（5）：108 – 113.

[38] 周洪宇, 周娜. 学前教育的两难选择与政策建议 [J]. 教育发展研究, 2018, 38 (Z2): 1 - 9.

[39] 高羽. 新产业体系构建背景下职业教育存在的问题与对策 [J]. 职业技术教育, 2018, 39 (24): 45 - 50.

[40] 方超, 沈豪, 熊筱燕. 我国学前教育经费投入资源配置效率评价: 基于空间计量经济学的实证检验 [J]. 学前教育研究, 2018 (8): 3 - 16.

[41] 方超, 黄斌. 教育投入对中国经济增长的影响: 基于增长回归框架的空间计量研究 [J]. 大连理工大学学报 (社会科学版), 2018, 39 (6): 91 - 99.

[42] 袁振国. 双优先: 教育现代化的中国模式: 为改革开放四十周年而作 [J]. 华东师范大学学报 (教育科学版), 2018, 36 (4): 1 - 17.

[43] 徐晓. 普惠性学前教育成本测算及分担方案构建: 基于 H 省 J 县的调研案例分析 [J]. 学前教育研究, 2018 (7): 3 - 12.

[44] 胡耀宗. 现代教育财政制度建设的逻辑起点和主要任务 [J]. 中国社会科学文摘, 2018, (11): 151 - 156.

[45] 王菁. 农村贫困地区体育资源开发与路径研究 [J]. 农业经济, 2018 (6): 115 - 117.

[46] 李晶, 何声升. 中国高等教育发展影响因素的空间计量分析 [J]. 现代教育管理, 2018 (6): 6 - 11.

[47] 容中逵. 基础教育改革的经济逻辑 [J]. 湖南师范大学教育科学学报, 2018, 17 (3): 67 - 77.

[48] 吴华溢. 中国式财政分权增加高等职业教育投入了吗?: 基于 31 个省际面板数据的分析 [J]. 高教探索, 2018 (6): 36 - 44.

[49] 容中逵. 基础教育改革的经济逻辑 [J]. 湖南师范大学教育科学学报, 2018, 17 (3): 67 - 77.

[50] 胡德鑫. 我国高等教育经费配置公平程度及政策选择研究: 基于教育基尼系数的测算 [J]. 湖南师范大学教育科学学报, 2018, 17 (2): 92 - 97.

[51] 胡咏梅, 李佳哲. 21 世纪以来国内及国际教育经济学研究的热点与前沿问题: 基于《教育与经济》与 Economics of Education Review 的知识图谱分析 [J]. 教育与经济, 2018 (2): 77 - 88.

[52] 闵维方, 张珂森. 从经济视角看我国面向 2035 年的高等教育发展战略 [J]. 教育与经济, 2018 (2): 3 - 9, 42.

[53] 胡艳, 张桅. 人力资本对经济增长贡献度实证研究: 基于安徽省和江苏省比较分析 [J]. 经济经纬, 2018, 35 (3): 1 - 7.

[54] 吴祖昱. 科技创新对经济发展的实证分析 [J]. 山东农业大学学报 (自然科学版), 2018, 49 (2): 363 - 366.

[55] 李昕，关会娟. 各级教育投入、劳动力转移与城乡居民收入差距 [J]. 统计研究，2018，35（3）：80 – 92.

[56] 葛尧. 教育经费投入对区域技术创新的门槛效应研究 [J]. 价格理论与实践，2018（3）：155 – 158.

[57] 郭磊磊，郭剑雄. 人力资本投资二元性对城乡收入差距的影响 [J]. 技术经济与管理研究，2017（1）：96 – 101.

[58] 李真. 中国特色终身教育体系的问题反思与重塑 [J]. 继续教育研究，2017（1）：7 – 9.

[59] 闫智勇，吴全全，蒲娇. 经济新常态下现代职业教育治理体系建设构想 [J]. 教育与职业，2017（1）：5 – 12.

[60] 王雅楠，孙慧，何昭丽. 教育投入与经济增长关系计量模型分析：以新疆教育投入为例 [J]. 干旱区地理，2016，39（6）：1373 – 1379.

[61] 王志扬，宁琦. 基础教育财政投入的经济增长效应 [J]. 地方财政研究，2016（3）：65 – 71，84.

[62] 王善迈. 教育经济实证研究与规范研究的案例 [J]. 清华大学教育研究，2016，37（1）：1 – 5.

[63] 游小珺，赵光龙，杜德斌，等. 中国高等教育经费投入空间格局及形成机理研究 [J]. 地理科学，2016，36（2）：180 – 187.

[64] 余靖雯，龚六堂. 中国公共教育供给及不平等问题研究：基于教育财政分权的视角 [J]. 世界经济文汇，2015（6）：1 – 19.

第7章 高等教育科研经费投入神经网络评价研究

7.1 引 言

科技进步日新月异，全球正处在大发展大变革大调整时代，经济全球化深入发展，人才竞争日趋激烈。我国高等教育事业改革初步形成了适应经济建设和社会发展需要的多形式、多层次、学科种类齐全的社会主义高等教育制度体系，为社会主义现代化建设培养了大批优秀顶尖人才，在国家经济建设、科技进步和社会发展中发挥了重大作用，加快了"双一流"高校建设。此前实施"211"工程、"985"工程的高等教育政策暴露出了一些问题，比如资源利用率不高、身份固化、缺乏公平有效竞争等问题。针对这些问题，政府结合我国现状，借鉴国际的先进高等教育办学经验，出台了"双一流"高校建设方案。

世界发达国家始终坚持人才第一、教育第一，建设了许多世界一流大学和一流学科。而我国的教育仍是现阶段经济社会发展中的短板。为此，国务院印发了关于《统筹推进世界一流大学和一流学科建设总体方案》指出，建设"双一流"大学，包括一流学校和一流学科，对于提升我国的教育发展水平、增强国家核心竞争力、奠定长远发展基础，具有十分重要的意义。

创建世界一流大学和一流学科是国家在教育方面崛起的迫切要求，也是提升国家整体水平的迫切要求；创建世界一流大学和一流学科是高端的科学研究、技术提升的支撑力量，也是科学、技术和教育的摇篮和现代文化、思想、文明的重要源泉。

根据"双一流"高校的基础设施、硬件设备等方面来探讨各个高校的科学研究经费的投入，有利于对目前"双一流"高校进行全方位的了解与掌握。

通过对高校固定资产的增加量、科学研究仪器和设备的购买支出、图书馆图书册数的扩大量等数据的研究，更有利于确定"双一流"高校经费的拨款范围，促进我国一流大学和一流学科的建设发展。

<h1 style="text-align:center">7.2　文献综述</h1>

7.2.1　高校教育管理制度评价研究

昂洋（2016）将研究生教育作为研究对象，从思想引领、学术精神、自我管理和师生关系等角度分析了研究生教育在"双一流"建设中的策略和意义。高玉潼、周昕、罗晟誉（2017）结合沈阳大学在当前经济背景下的转型发展建设内容，就避免同质化、改革路径两大方面，分别阐述了国内"双一流"本科教育的改革入手点。

7.2.2　学校配套设施评价研究

刘华、丁冬（2019）研究了"双一流"高校建设中学科文献资源的保障工作，结合上海大学图书馆的实例，提出文献资源保障制度的建立应与高校一流学科的建设相适应，重点着眼于学科群文献资源的建设及定期的评估与考核。同时，图书馆应明确"双一流"建设和学科文献资源之间的关系，并给一流学科的建设提供适宜的定量评估分析。姜文凤、张永策、宿艳（2019）分析了当前新型实验教学平台对"双一流"高校建设的重要性，并通过数据挖掘、人工智能等信息学的方法来阐述循环优化实验教学体系的功能及优势，探讨了在线资源和测试等深层次立体化教学设计在培养学生实验基础技能和创新意识，以及提升实验教师的能力中的作用。吴群英、马蕾（2019）把 42 所"双一流"高校图书馆作为研究对象，利用网络调查法、统计分析法，探讨了科研成果开放的平台和形式，提出科研成果开放建设的几个主要问题，认为应该加强科研成果开放政策的制定和完善，并提出相应措施。范翠玲、于佳亮、李冬秀（2019）研究了图书馆资源对"双一流"高校建设的重要性并对其进行了评估。针对国内高校图书馆现有的不足，提出了阶梯式资源建设模式。

7.2.3 高校文化建设评价研究

王慧雯（2017）运用 AHP 层次分析方法和调查研究方法，构建大学行为文化层次结构模型，得出大学行为文化各要素权重排序，对现存问题给出针对性建设建议，以促进我国大学行为文化建设。

韩萌（2019）以大学文化中的校训文化为研究切入点，对校训文化的价值取向、文化融合、文化辐射等功能进行了阐述。通过与其他国家高校的校训文化进行比较，点明当今"双一流"建设下校训文化的重要性以及建立策略。艾静（2019）强调一流的大学文化是"双一流"建设的指引和内核，应贯穿"双一流"建设和改革的全过程，是我国向教育强国转型的必然要求。同时以浙江大学的文化建设为例，探究一流大学文化的建设内容与策略。李漠叶（2019）分析了"双一流"建设对校园文化建设的要求，归纳了当前背景下大学校园文化建设的若干问题，并提出相应的解决方案，为高校的文化建设活动提供参考。

7.2.4 高校基础设施神经网络评价研究

王军光（2017）阐述了图书馆电子资源质量的评价指标体系，采用 BP 神经网络建立了图书馆电子资源质量评价模型，通过实证研究进一步阐明了管理评价的有效性。刘爱琴、李永清（2018）运用 SOM 神经网络聚类算法，针对高校图书馆数字化建设中的突出问题进行研究。以山西大学图书馆为例，首先对用户 Web 访问这一行为进行聚类和优化分析；其次将用户的相关数据进行筛选和处理形成关联数据集，并结合相关技术，建立了高校图书馆用户个性化的推荐服务系统并验证了系统的有效性。张莉曼等（2018）通过对智库微信公众平台信息传播力进行了全面科学的评价。运用传播学理论分析了信息传播过程，从智库主体实力、信息内容特征、平台服务能力、平台用户表现 4 个维度构建评价指标体系。通过 BP 神经网络模型进行仿真验证，表明该评价模型的操作性和实用性较强，能够为信息传播提供新的方法和思路。张旭等（2019）研究了基于能力成熟度模型的高校图书馆智库服务能力，建立了包含三个主题、七个过程、十九个实践和五个能力等级在内的成熟度评价体系。有利于高校图书馆确定自身智库服务能力水平，有针对性地优化改进。

7.2.5　高校教学质量神经网络评价研究

郑永、陈艳（2015）以教学评价机制来衡量教师教学质量，充分考虑教师教学质量的差异性、教学评教主体的单一性和评教方法的难操作性，建立了全方位的教学质量评价体系。进一步通过综合评价体系及体系下的二级指标建立了两级神经网络。实证结果表明该模型拟合程度较好，预测效果显著，该教学质量评价模型合理可行。范岩、马立平（2018）在教学质量评价结果与各项指标之间建立复杂非线性关联关系，对高校教师教学质量进行评价。以 BP 神经网络模型进行系统仿真利用相对误差逐步优化算法参数，建立评价模型。实证分析表明该评价模型效果好、精度高，更接近实际评价过程，可信度和实用性较强。朱晴、王晶晶（2019）利用一种基于粒子群优化的方法建立了 BP 神经网络评估模型用来解决当前高校科研管理部门面临的关于科研绩效评估的问题。并通过粒子群算法优化 BP 神经网络模型的初始权值和阈值，利用多个高校历年科研管理数据进行验证分析。结果表明优化的 BP 神经网络模型具有较快的收敛速度和较高的预测精度。

综上所述，大部分关于"双一流"高校科研经费的研究都是从"双一流"高校建设入手，结合高校的教育管理、基础配套设施、校园文化等方面展开，对于高效的科研经费方向研究不是很多，运用神经网络进行深度剖析的更是少之又少。本章运用神经网络模型，从"双一流"高校的基础设施、硬件设备等方面来探讨各个高校科学研究经费的投入情况，并展开讨论。

7.3　人工神经网络概述

神经网络的拓扑结构主要是指它的连接方式。将神经元抽象成一个节点，神经网络则是节点间的有向连接，根据连接方式的不同可分为层状和网状两大类。

1. 层状结构

输入层是位于输入层的神经元首先接受外界输入信息，再传递给中间层（隐藏层）神经元。隐藏层介于输入层与输出层中间，可设计为一层或多层。隐藏层是神经网络的内部信息处理层，主要负责信息的变换，再传递到输出层各神经元，输出层的各神经元则输出神经网络的信息处理结果。

同时输出层有信号反馈到输入层。因此输入层既可以接收输入，也能进行信息处理。

2. 网状结构

网状结构神经网络的任何两个神经元之间都可能双向连接。根据节点互连程度进一步细分，网状结构神经网络有三种典型的结合方式，分别是全互连网状结构、局部互连网状结构、稀疏网状结构。

关于神经网络的信息存储，是分布在不同的地方，存在于整个网络的连接权值上，并表示特定的信息。因此，即使局部网络受损或外部信息部分丢失，这种分布式存储方式也不影响整个系统的性能，同时还具有恢复原来信息的能力。因此，神经网络具有良好的容错性，并能进行模式信息处理工作，比如聚类分析、特征提取、缺损模式复原等，又可以做模分类、模式联想等模式识别工作。

前馈神经网络通过样本信号反复训练，网络的权值逐次修改并得以保留，神经网络便有了记忆，对于不同的输入信号，网络分别给出相应的输出。反馈神经网络变化逐渐减小，并且最后能收敛于某一平衡状态，则网络是稳定的，该状态可设计为一个记忆状态。如果反馈神经网络变化不能消失，则称该网络是不稳定的。神经网络联想记忆有两种基本形式：自联想记忆与异联想记忆。

7.4 BP 神经网络模型

7.4.1 输入变量和输出变量的确定

输出量可以作为神经网络训练提供的期望输出，输出量既可以是数值变量，也可以是语言变量。比如，分类问题的输出变量多数用语言变量的类型，在质量上可分为优、良、中、差等类别，相应地，可用 0001、0010、0100 和 1000 表示，也可以用 000、001、010 和 100 表示。

1. 输入量变换

输入量在一般情况下是无法直接获得的，需要利用信号处理与特征提取技术从原始数据中提取。前端的"特征提取器"可以用来完成显著性数据特征的提取，其输出可以用来作为神经网络的输入量［详见 1.3.6，式（1.32）~ 式（1.37）］。

傅里叶变换是数字信号处理领域中一种很重要的算法。图像的傅里叶变换的物理意义是将图像的灰度分布函数变换为图像的频率分布函数。如果信号相位不重要，可以采用 FFT 的幅度样本作为训练模式的特征向量。

小波变换作为傅里叶变换的延伸和补充，可有效地从数字信号中抽取有用的信息。小波变换在微弱信号信息提取方面非常有优势，它能够有效提高信号时频描述并压缩神经网络训练的数据。

2. 输入量降维主成分分析

对于图像数据而言，相邻的像素高度相关，因此输入数据是有一定冗余的。假如处理一个 16×16 的灰度值图像，输入量将是一个 256 维向量 $x \in R^{256}$，其中特征值 x_i 对应每个像素的亮度值。因为相邻像素之间具有相关性，需要把输入向量转换为一个维数比较低的近似向量。这时误差非常小，不影响处理结果，但计算量降低很多。

主成分分析（Principal Component Analysis，PCA）是一种掌握事物主要矛盾的统计分析方法。计算主成分的目的是寻找 $r(r < n)$ 个新变量，每个新变量是原有 n 个变量的线性组合。它们反映了原来 n 个变量的影响，并且这些新变量是互不相关的。

3. 输入和输出数据的预处理

尺度归一化是一种线性变换，它重新调节数据的每一个输入分量的值（这些维度可能是相互独立的），保证最终的数据向量落在［0，1］或［-1，1］区间内。在处理自然图像时获得的像素值在［0，255］区间，常用的处理是将这些像素值除以 255，使它们缩放到［0，1］中。将输入和输出数据变换为［0，1］区间的值常用以下变换式：

$$x'_i = \frac{x_i - x_{\min}}{x_{\max} - x_{\min}} \tag{7.28}$$

式中：x_i 为输入或输出数据；$x_{\min}$ 为数据变化范围的最小值；$x_{\max}$ 为数据变化范围的最大值。

把输入或输出数据变换为 [-1，1] 区间的值，常用以下变换式：

$$x_{\mathrm{mid}} = \frac{x_{\max} + x_{\min}}{2} \tag{7.29}$$

$$x'_i = \frac{x_i - x_{\mathrm{mid}}}{\frac{1}{2}(x_{\max} - x_{\min})} \tag{7.30}$$

式中：x_{mid} 为数据变化范围的中间值。

按上述变换式变换后，原始数据的中间值会转换为 0，最大值转换为 1，最小值转换为 -1。

消减归一化，把每一个数据点分别减去它的均值，也称为移除直流分量。由于在很多情况下我们对图像的照度并不过多关注，而是更多地对内容感兴趣，所以对每个数据点移除像素的均值是有意义的。独立地对特征的每个分量进行标准化处理，数据的每一个维度都有零均值和单位方差，这样做的目的是平衡各个分量的影响。首先，计算每一个维度上数据的均值；其次，每一个维度上的数据都减去这个维度的均值；最后，数据的每一个维度除以这个维度上数据的标准差。

4. 训练样本集

神经网络训练中的规律可以从样本中进行提取。因此，高质量的数据样本集的选取是关键。样本的选取不仅要有代表性，还要注意剔除无效数据和错误数据，同时要注意统一样本类别和样本数量。通常情况下，如果训练样本数比较多，训练的结果会更加正确地反映其内在规律。但是当样本数达到一定的上限时，网络的精度再提高就比较困难了。训练样本数通常取网络连接权总数的 5~10 倍。

7.4.2 BP 网络结构设计

通过训练样本，可以确定网络的输入层和输出层的节点数，BP 网络的结构设计主要是确定隐藏层数量、每一隐藏层的节点数及每一节点神经元激活函数。

隐藏层数的确定：通过理论可知，一个前馈网络如果具有单隐藏层，设计多层 BP 网络时，会先考虑只设计一个隐藏层。当出现一个隐藏层的隐节点数过多的现象，同时还不能改善网络性能时，才会考虑增加第二个隐藏层。

隐藏层节点数的确定：隐藏层节点的作用是从样本中提取内在规律并进行存储。常用的确定隐藏层节点数的经验公式如下：

$$m = \sqrt{n + l} + \alpha \tag{7.31}$$

$$m = lbn \tag{7.32}$$

$$m = \sqrt{nl} \tag{7.33}$$

式中：m 为隐藏层节点数；n 为输入层节点数；l 为输出层节点数；α 为 1 ~ 10 之间的常数。

逼近与泛化的考虑：权值和阈值的总数体现了网络的信息容量，隐藏层节点数量的"过设计"可能导致"过拟合"，样本中的噪声也被记住，反而降低了泛化能力。上述设计采用的是经验与实践相结合的方法。可见，神经网络设计的理论指导仍需完善。研究表明，训练样本数 P、给定训练误差 ε 与网络信息容量 n_w 之间应满足如下匹配关系：

$$P = \frac{n_w}{\varepsilon} \tag{7.34}$$

7.5　高等教育 BP 神经网络科研活动经费评价实证分析

本章数据选取"双一流"高校中的 72 所高校，以固定资产、教学科研仪器设备数量、教研仪器设备金额、40 万以上大型教研设备数量、40 万以上大型教研设备金额、图书册数六个评价指标作为网络输入，以科研活动经费作为网络输出，根据隐藏层节点数的经验公式确定隐含层节点个数，从而形成 6 - 3 - 1 型神经网络结构。通过 R 软件创建 BP 神经网络，利用相关函数进行权值和阈值的确定。采用最小 - 导线最大标准化法对样本指标数据与总分进行归一化处理，采用 neuralnet 函数创建前向网络，实现神经网络从输入到输出的任意映射。计算神经网络的算法是 rprop + ，输入层到隐含层的激励函数为 tansig，隐含层到输出层的激励函数为 purelin，学习速率设为 0.01，隐含层神经元个数为 3。误差函数的停止阈值为 0.001，允许最大迭代训练次数为 100000，展示的训练次数为 1000。设定网络收敛的误差性能指标为 *MSE*（均方误差），linear. output = T 选择线性输出，其余参数均选用缺省值。在默认情况下，在 neuralnet 函数中使用的算法基于未加权回溯的弹性反向传播，并且额外需要一个学习率，该学习率可以是与最小绝对梯度相关的学习率，可以是与最小绝对梯度相关的学习率或者是最小学习率本身。

7.5.1　BP 神经网络科研评价模型建立与模拟

本节的样本时间跨度为 5 年，从 2013 年到 2017 年，每一年的样本数量为 72 个。分别根据年份逐一进行神经网络的建立和分析。将每一年的数据分为训练集和测试集，其中使用前 70% 的数据来训练网络，剩下的 30% 数据用于测试网络。2013 年建立的神经网络如图 7.1 所示。

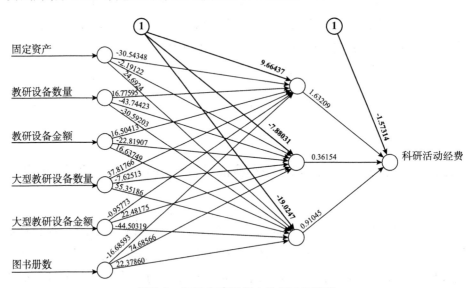

图 7.1　2013 年高校样本神经网络模型

训练该神经网络的最大步骤为 36925，达到这个数值，神经网络的训练过程会停止。指定误差函数偏导数的阈值，也就是误差函数的停止阈值达到 0.00086。该神经网络模型的误差率为 0.05203。细线（从输入节点开始的线）展示每个层之间的连接以及每个连接上的权重，而粗线（这些线从以 1

来区分的偏差节点开始）展示在每一步添加的偏差。可以认为偏差是线性模型的截距。隐藏层第一节点的偏差为 9.66437，隐藏层第二节点的偏差为 － 7.88031，隐藏层第三节点的偏差为 － 19.0247，输出层节点的偏差为 － 1.57314。每个层的节点之间具体权值如表 7.1 所示。

表 7.1　2013 年高校样本神经网络权值表

项目	隐藏层第一节点	隐藏层第二节点	隐藏层第三节点	输出层
固定资产	－ 30.54348	－ 2.191221	24.69240	—
教研设备数量	16.77595	－ 43.74423	－ 30.59203	—
教研设备金额	－ 16.50413	－ 22.81907	16.63749	—
大型教研设备数量	37.81766	－ 7.62513	55.35186	—
大型教研设备金额	－ 0.95773	22.48175	－ 44.50319	—
图书册数	－ 16.68593	74.68566	22.37860	—
隐藏层第一节点	—	—	—	1.632088
隐藏层第二节点	—	—	—	0.36154
隐藏层第三节点	—	—	—	0.91045

由表 7.1 可知，对于隐藏层第一节点的权重影响较大的是固定资产指标和大型教研设备数量指标，前者起到抑制作用，后者起到促进作用。对于隐藏层第二节点的权重影响较大的是起到促进作用的图书册数指标和起到抑制作用的教研设备数量指标。对于隐藏层第三节点的权重影响较大的是起到促进作用的大型教研设备数量指标和起到抑制作用的大型教研设备金额指标。对隐藏层与输出层之间关系影响较大的是第一节点和第三节点。

均方差（*MSE*）是用来评估神经网络模型准确性的一个度量标准。计算公式为

$$MSE = \frac{\sum\limits_{i=1}^{n}(y_{predict} - y_{actual})^2}{n} \tag{7.35}$$

首先通过函数 *LM* 拟合一个线性回归模型，然后计算神经网络模型的 *MSE* 值与回归模型的 *MSE* 值，并进行比较，获得神经网络的性能。通过软件可得神经网络的 *MSE* 值为 33805800000，回归模型的 *MSE* 值为 36280460430。由此可见，神经网络的 *MSE* 明显小于线性回归模型的 *MSE*，因此神经网络模型的效果更好。

2014 年的高校样本数量分为训练集与测试集，构建的神经网络如图 7.2 所示。

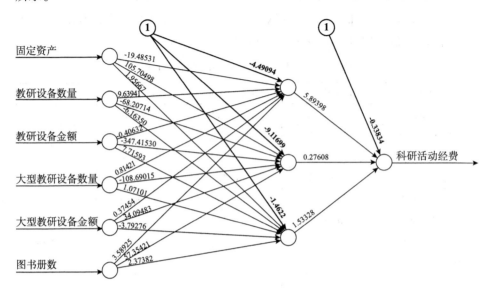

图7.2 2014 年高校样本神经网络模型

训练该神经网络的最大步骤为9452，达到这个数值，神经网络的训练过程会停止。指定误差函数偏导数的阈值，也就是误差函数的停止阈值达到0.00094。该神经网络模型的误差率为0.27532。细线（从输入节点开始的线）展示每个层之间的连接以及每个连接上的权重，而粗线（这些线从以1来区分的偏差节点开始）展示在每一步添加的偏差。可以认为偏差是线性模型的截距。隐藏层第一节点的偏差为 −4.49094，隐藏层第二节点的偏差为 −9.11699，隐藏层第三节点的偏差为 −1.4622，输出层节点的偏差为 −0.33834。每个层的节点之间具体权值如表 7.2 所示。

表7.2 2014 年高校样本神经网络权值表

项目	隐藏层第一节点	隐藏层第二节点	隐藏层第三节点	输出层
固定资产	− 19.48531	105.70498	1.95667	—
教研设备数量	9.63941	− 68.20714	− 6.16350	—
教研设备金额	− 0.40632	− 347.41530	7.71593	—
大型教研设备数量	0.81421	− 108.69015	1.07101	—
大型教研设备金额	0.37454	34.09483	− 3.79276	—

项目	隐藏层第一节点	隐藏层第二节点	隐藏层第三节点	输出层
图书册数	3. 58925	57. 35421	2. 373817	—
隐藏层第一节点	—	—	—	5. 893978
隐藏层第二节点	—	—	—	0. 27608
隐藏层第三节点	—	—	—	1. 53328

由表 7.2 可知，对于隐藏层第一节点的权重影响较大的是固定资产指标和教研设备数量指标，前者起到抑制作用，后者起到促进作用。对于隐藏层第二节点的权重影响较大的是教研设备金额指标和大型教研设备数量指标，两者起到的都是抑制作用。对于隐藏层第三节点的权重影响较大的是起到促进作用的教研设备金额指标和起到抑制作用的教研设备数量指标。对隐藏层与输出层之间关系影响较大的是第一节点和第三节点。

通过软件可得神经网络的 MSE 值为 30961754202，回归模型的 MSE 值为 35884000000。由此可见，神经网络的 MSE 明显小于线性回归模型的 MSE，因此神经网络模型的效果更好。

2015 年的高校样本数量分为训练集与测试集，构建的神经网络如图 7.3 所示。

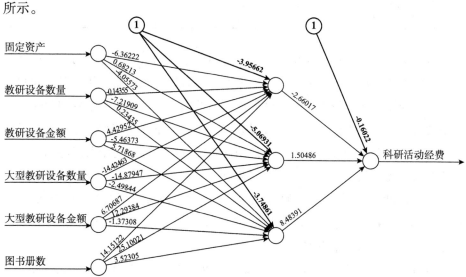

图 7.3　2015 年高校样本神经网络模型

训练该神经网络的最大步骤为 65186，达到这个数值，神经网络的训练过程会停止。指定误差函数偏导数的阈值，也就是误差函数的停止阈值达到 0.00098。该神经网络模型的误差率为 0.18692。细线（从输入节点开始的线）展示每个层之间的连接以及每个连接上的权重，而粗线（这些线从以 1 来区分的偏差节点开始）展示在每一步添加的偏差。可以认为偏差是线性模型的截距。隐藏层第一节点的偏差为 −3.95662，隐藏层第二节点的偏差为 −5.06931，隐藏层第三节点的偏差为 −3.74861，输出层节点的偏差为 −0.16022。每个层的节点之间具体权值如表 7.3 所示。

表 7.3　2015 年高校样本神经网络权值表

项目	隐藏层第一节点	隐藏层第二节点	隐藏层第三节点	输出层
固定资产	−6.36222	0.68213	−4.05573	—
教研设备数量	−0.14355	−7.21909	0.23435	—
教研设备金额	4.42952	−5.46373	5.718675	—
大型教研设备数量	−14.42463	−14.87947	−2.49844	—
大型教研设备金额	6.70687	12.29384	−1.37308	—
图书册数	14.15122	25.10021	3.52305	—
隐藏层第一节点	—	—	—	−2.66017
隐藏层第二节点	—	—	—	1.50486
隐藏层第三节点	—	—	—	8.48391

由表 7.3 可知，对于隐藏层第一节点的权重影响较大的是图书册数指标和大型教研设备数量指标，前者起到促进作用，后者起到抑制作用。对于隐藏层第二节点的权重影响较大的是起到促进作用的图书册数指标和起到抑制作用的大型教研设备数量指标。对于隐藏层第三节点的权重影响较大的是起到促进作用的教研设备金额指标和起到抑制作用的固定资产指标。对隐藏层与输出层之间关系影响较大的是第一节点和第三节点。

通过软件可得神经网络的 MSE 值为 952462157，回归模型的 MSE 值为 2363035966。由此可见，神经网络的 MSE 明显小于线性回归模型的 MSE，因此神经网络模型的效果更好。

2016 年的高校样本数量分为训练集与测试集，构建的神经网络如图 7.4 所示。

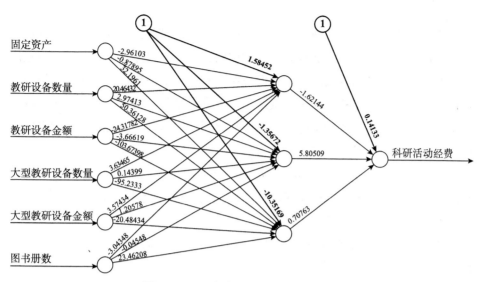

图 7.4　2016 年高校样本神经网络模型

训练该神经网络的最大步骤为 29018，达到这个数值，神经网络的训练过程会停止。指定误差函数偏导数的阈值，也就是误差函数的停止阈值达到 0.00093。该神经网络模型的误差率为 0.17766。细线（从输入节点开始的线）展示每个层之间的连接以及每个连接上的权重，而粗线（这些线从以 1 来区分的偏差节点开始）展示在每一步添加的偏差。可以认为偏差是线性模型的截距。隐藏层第一节点的偏差为 1.58452，隐藏层第二节点的偏差为 -1.35672，隐藏层第三节点的偏差为 -10.35169，输出层节点的偏差为 0.14133。每个层的节点之间具体权值如表 7.4 所示。

表 7.4　2016 年高校样本神经网络权值表

项目	隐藏层第一节点	隐藏层第二节点	隐藏层第三节点	输出层
固定资产	-2.961025	-0.878953	32.19610	—
教研设备数量	20.46432	2.97413	50.36128	—
教研设备金额	-24.31782	-3.66619	-103.67398	—
大型教研设备数量	3.63465	0.14399	-95.23330	—
大型教研设备金额	3.57434	1.20578	-20.48434	—
图书册数	-3.04348	-0.04548	23.46208	—
隐藏层第一节点	—	—	—	-1.62144
隐藏层第二节点	—	—	—	5.80509
隐藏层第三节点	—	—	—	0.70763

由表7.4可知，对于隐藏层第一节点的权重影响较大的是教研设备数量指标和教研设备金额指标，前者起到促进作用，后者起到抑制作用。对于隐藏层第二节点的权重影响较大的是起到促进作用的教研设备数量指标和起到抑制作用的教研设备金额指标。对于隐藏层第三节点的权重影响较大的是教研设备金额指标和大型教研设备数量指标，两者都起到抑制作用。对隐藏层与输出层之间关系影响较大的是第一节点和第三节点。

通过软件可得神经网络的 *MSE* 值为294985717，回归模型的 *MSE* 值为1422701927。由此可见，神经网络的 *MSE* 明显小于线性回归模型的 *MSE*，因此神经网络模型的效果更好。

2017 年的高校样本数量分为训练集与测试集，构建的神经网络如图 7.5 所示。

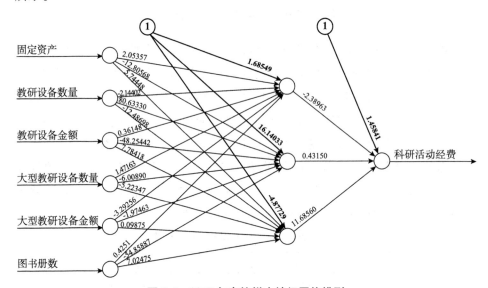

图 7.5　2017 年高校样本神经网络模型

训练该神经网络的最大步骤为 88143。指定误差函数偏导数的阈值，也就是误差函数的停止阈值达到 0.00098。该神经网络模型的误差率为 0.07809。细线（从输入节点开始的线）展示每个层之间的连接以及每个连接上的权重，而粗线（这些线从以 1 来区分的偏差节点开始）展示在每一步添加的偏差。可以认为偏差是线性模型的截距。隐藏层第一节点的偏差为 1.68549，隐藏层第二节点的偏差为 16.14033，隐藏层第三节点的偏

差为 - 4.87729，输出层节点的偏差为 1.45841。每个层的节点之间具体权值
如表 7.5 所示。

表 7.5　2017 年高校样本神经网络权值表

项目	隐藏层第一节点	隐藏层第二节点	隐藏层第三节点	输出层
固定资产	2.05357	- 12.80568	5.74448	—
教研设备数量	- 2.14402	80.63330	- 12.48698	—
教研设备金额	0.36148	- 48.25442	7.78418	—
大型教研设备数量	1.471630	- 6.00890	- 5.22347	—
大型教研设备金额	- 3.292561	- 1.97463	0.09875	—
图书册数	0.425100	- 54.85887	7.02475	—
隐藏层第一节点	—	—	—	- 2.38963
隐藏层第二节点	—	—	—	0.43150
隐藏层第三节点	—	—	—	11.68560

由表 7.5 可知，对于隐藏层第一节点的权重影响较大的是教研设备数量指
标和大型教研设备金额指标，两者都起到抑制作用。对于隐藏层第二节点的权
重影响较大的是起到促进作用的教研设备数量指标和起到抑制作用的图书册数
指标。对于隐藏层第三节点的权重影响较大的是教研设备数量指标和教研设备
金额指标，前者起到抑制作用，后者起到促进作用。对隐藏层与输出层之间关
系影响较大的是第一节点和第三节点。

通过软件可得神经网络的 *MSE* 值为 651133098，回归模型的 *MSE* 值为
1723270943。由此可见，神经网络的 *MSE* 明显小于线性回归模型的 *MSE*，因
此神经网络模型的效果更好。

7.5.2　高等教育 BP 神经网络科研评价不足分析

BP 神经网络的理论依据坚实，推导过程严谨，所得公式对称优美，物理
概念清楚，通用性强。但 BP 算法是基于梯度的最速下降法，以误差平方为目
标函数，所以不可避免地存在以下缺陷。

1. 网络训练易陷入局部极小值

利用误差对权值、阈值的一阶导数信息来指导下一步的权值调整方向，是
一种只会"下坡"而不会"爬坡"的方法。因此常常导致网络陷入局部极小

点，而达不到全局最小点。

2. 网络的学习收敛速度缓慢

误差的梯度可表示为 $\dfrac{\partial E}{\partial w_{ik}} = -\delta_k^o y_j$。当误差的梯度变化较小，即误差曲面存在平坦区域时，δ_k^o 的值接近于 0，而根据前面推导可知 $\delta_k^o = (d_k - o_k)o_k(1 - o_k)$，因此存在三种情况：

一是 $(d_k - o_k)$ 的值接近于 0，这对应着误差接近某个谷点，因此下降比较缓慢。二是 o_k 的值接近于 0。三是 $(1 - o_k)$ 的值接近于 0。对于第二、三种情况，$o_k = f(net_k) = f(\sum\limits_{j=0}^{m} w_{jk}y_j)$，$f(x)$ 为单极性 Sigmoid 函数。当各节点的净输入过大，即 $\left| \sum\limits_{j=o}^{m} w_{jk}y_j \right| > 3$ 时，势必意味着 o_k 或 $(1 - o_k)$ 的值接近于 0，误差曲面存在平坦区域，学习收敛速度缓慢。

7.6　小　结

在当前我国创建世界一流大学和世界一流学科的背景下，本章对高校科研经费的投入进行了实证研究。从固定资产、教学科研仪器设备的配置情况、图书册数等角度，选取六个变量作为评价指标，对 2013—2017 年 72 所高校数据进行整理分析。采用 BP 神经网络方法建立了高校科研经费评价体系，并运用相关软件计算得到神经网络的 *MSE* 值为 651133098，回归模型的 *MSE* 值为 1723270943。由此可见，神经网络的 *MSE* 明显小于线性回归模型的 *MSE*，因此神经网络模型的效果更好。在实践中，可以通过调节六个指标对高校科研经费的投入进行一定的调整并预测，为"双一流"高校建设和学科建设提供参考。

参考文献

[1] 昂洋. 研究生教育管理在高校"双一流"建设中的作用浅析 [J]. 课程教育研究, 2016（33）：146 - 147.

[2] 高玉潼, 周昕, 罗晟誉. 以"双一流"建设引领大学本科教育的改革与发展：以沈阳大学为例 [J]. 现代职业教育, 2017（19）：49 - 52.

[3] 陈路，王艳艳. "双一流"建设背景下的高校分类发展 [J]. 教育发展研究，2017 （23）：50 – 55.

[4] 余小波，陆启越，范玉鹏. "双一流"建设中引入大学社会评价机制的思考 [J]. 大学教育科学，2017（6）：26 – 31.

[5] 宾厚，孙平，王欢芳. 在"双一流"建设下地方高校研究生教学与科研互动路径探析 [J]. 课程教育研究，2018（6）：13 – 14.

[6] 龙宝新. "双一流"建设背景下二级学院内部治理的机制与架构 [J]. 高校教育管理，2019，13（4）：18 – 26.

[7] 赵颖，洪珊. "双一流"建设背景下学院内部治理的路径分析 [J]. 北京教育（高教版），2019（7）：72 – 75.

[8] 于佳倩，秦猛，刘浩. "双一流"建设背景下基本科研业务费的管理 [J]. 中国管理信息化，2019，22（13）：216 – 218.

[9] 胡建华. "双一流"建设对大学学科调整的影响 [J]. 南京师范大学学报（社会科学版），2019（4）：20 – 26.

[10] 谢玉龙，李芳，罗军. "双一流"大学建设背景下地方本科院校教育经费管理探讨 [J]. 经济研究导刊，2019（19）：193 – 195.

[11] 高铃铃，方瑜，于晓云. 教学实验室优化建设促高校"双一流"建设 [J]. 新校园（上旬刊），2017（7）：47 – 48.

[12] 张海峰. "双一流"背景下的一流实验室建设研究 [J]. 实验技术与管理，2017，34（12）：6 – 10.

[13] 刘华，丁冬. "双一流"背景下地方高校图书馆文献资源保障策略：以上海大学图书馆为例 [J]. 图书馆学刊，2019（3）：9 – 14.

[14] 张海峰，郑旭. "双一流"背景下高校大型仪器设备开放共享新举措 [J]. 实验技术与管理，2019，36（6）：8 – 11.

[15] 姜文凤，张永策，宿艳. "双一流"建设中实验教学平台构建及应用研究 [J]. 实验技术与管理，2019，36（6）：16 – 20.

[16] 吴群英，马蕾. 国内"双一流"高校图书馆科研成果开放获取实证研究 [J]. 图书馆学研究，2019（12）：72 – 81.

[17] 范翠玲，于佳亮，李冬秀. "双一流"建设背景下高校图书馆阶梯式资源建设模式探讨 [J]. 高校图书馆工作，2019（4）：62 – 66.

[18] 郭霄鹏，张京京. 以大学文化引领高校"双一流"建设 [J]. 课程教育研究，2016（13）：11 – 12.

[19] 仇洪星. "双一流"建设与大学文化塑造分析 [J]. 课程教育研究，2017（49）：45 – 46.

［20］王慧雯．"双一流"背景下大学行为文化建设的策略研究［D］．大连：大连理工大学，2017．

［21］韩萌．"双一流"战略下我国大学校训文化的优化与升华［J］．当代教育科学，2019（5）：67－71．

［22］艾静．以一流的大学文化引领"双一流"建设［J］．高教学刊，2019（13）：4－6．

［23］李漠叶．"双一流"建设视阈下对大学校园文化建设评价的若干思考［J］．北京教育（高教版），2019（2）：90－91．

［24］王军光．探究高校图书馆电子资源质量评价体系的构建：基于BP神经网络模型研究［J］．新世纪图书馆，2017（3）：30－33．

［25］刘爱琴，李永清．基于SOM神经网络的高校图书馆个性化推荐服务系统构建［J］．图书馆论坛，2018（4）：95－102．

［26］张莉曼，张向先，李中梅，等．基于BP神经网络的智库微信公众平台信息传播力评价研究［J］．情报理论与实践，2018，41（10）：93－99．

［27］张旭，赵彬，卢恒，等．高校图书馆智库服务能力成熟度模型及评价研究［J］．图书馆，2019（7）：26－33．

［28］郑永，陈艳．基于BP神经网络的高校教师教学质量评价模型［J］．重庆理工大学学报（自然科学版），2015（1）：85－90．

［29］范岩，马立平．优化BP神经网络的高校教学质量评价模型［J］．统计与决策，2018（2）：80－82．

［30］朱晴，王晶晶．基于粒子群优化BP神经网络的高校科研管理评估研究［J］．现代电子科技，2019，42（7）：87－89，94．

附录　神经网络算法

代码

```
data < - read. csv("D:\\A - 教育部课题\\data\\2017. csv")
```

#导入数据至R软件中

```
library("neuralnet")
```

#加载之后计算需要用到的添加包neuralnet，帮助我们建立和训练神经网络

```
set. seed(1)
```

#函数set. seed设置了R语言随机数生成器的种子，针对于生成需要重现的模拟或随机对象

```
max_data < - apply (data, 2, max)
```

min_data < – apply（data, 2, min）

#使用最小 – 最大标准化法对数据进行标准化，必须计算数据每列的最小值和最大值，使用 apply 函数达到效果

data_scaled < – scale（data, center = min_data, scale = max_data – min_data）

#函数 scale 是一个数据标准化的通用函数，默认方法是对一个数值矩阵的列进行中心化或者缩放

index = sample(1:nrow(data), round(0.70 * nrow(data)))

#建议将数据集分为 70：30，即 70% 的数据用于训练神经网络，剩余的 30% 数据用于对神经网络进行测试

train_data < – as. data. frame（data_scaled［index, ］）

test_data < – as. data. frame（data_scaled［ – index, ］）

#名为 data 的数据被分为两个新的数据框，称为 train_data 和 test_data

n = names(data)

#建立神经网络首先使用函数 names 获取所有的变量名，将获取或设置一个对象的名字

f = as. formula(paste("科研活动经费 ~ ", paste(n［! n% in% "科研活动经费"］, collapse = " + ")))

#建立将要用来构建神经网络的 formula

net_data = neuralnet（f, data = train_data, hidden = 3, threshold = 0.001, learningrate = 0.01, linear. output = T）#使用 neuralnet 函数建立和训练神经网络，包含有 3 个隐藏层，误差函数的停止阈值为 0.001，学习率为 0.01

net_data $ result. matrix

#输出权重值和阈值

plot(net_data)

#绘制神经网络

predict_net_test < – compute（net_data, test_data［, 1：6］）

#使用神经网络进行预测

predict_net_test_start < – predict_net_test $ net. result * （max（data $ 科研活动经费） – + min（data $ 科研活动经费）） + min（data $ 科研活动经费）

test_start < – as. data. frame((test_data $ 科研活动经费) * （max（data $ 科研活动经费） – + min（data $ 科研活动经费）） + min（data $ 科研活动经费））

MSE. net_data < – sum((test_start – predict_net_test_start) ^2) / nrow（test_start）

#根据均方误差（MSE）公式计算出 MSE。test_start 是实际值，predict_net_test_start 是分析目标的预测值

Regression_Model < – lm（科研活动经费 ~ ., data = data）

#通过建立线性回归模型了解神经网络预测值的准确性。使用 lm 函数建立线性回归模型

```
summary(Regression_Model)
#使用 summary 函数返回结果
test < - data[ - index,]
predict_lm < - predict (Regression_Model, test)
MSE. lm < - sum((predict_lm - test $ 科研活动经费) ^2) /nrow (test)
MSE. net_data
#计算神经网络的 MSE 值
MSE. lm
#计算回归模型的 MSE 值
```

第8章 高等教育科研成果数据包络综合评价研究

8.1 研究背景

2013 年 11 月党的十八届三中全会通过了《中共中央关于全面深化改革若干重大问题的决定》（以下简称《决定》），该《决定》是贯彻落实党的十八大关于全面深化改革的重要战略部署。《决定》中对"人才"和"创新"问题的论述成为新一轮改革战略部署的亮点。《决定》提出了两个改革关键点：一是改革企业和高校培养科技人才方式和科技创新体制；二是管理人才思路创新的改革。由此可见，在我国大力实施人才强国的战略背景下，人才培养少不了创新。

为了加强人才的培养和高校建设，早在 1995 年国务院批准启动了"211工程"。"211 工程"是我国高等教育领域的重点建设工程，其特点主要是规模大、层次高。这项工程的实施在国内外引起较大轰动，推动了我国高校的发展，为中国打造世界一流大学发挥了重要作用。进入 21 世纪以来，世界各国更加重视教育发展，将建设超一流高等学校作为国家战略。中国作为人才大国，正在不断扩大高等教育规模，加大教育资金投入，逐步提升高等教育质量，逐步从人才大国向人才强国改变。《国家中长期教育改革与发展规划纲要（2010—2020 年）》指出：（应）深化公办学校办学体制改革，积极鼓励行业、企业等社会力量参与公办学校办学，扩大优质教育资源，增强办学活力，提高办学效益。

为推动我国高校发展，解决现阶段单一的科研产出问题，高校必须加大科研投入力度，提高科研效率；同时也应该提高财政资金使用效率，进一步推动高校的持续发展。2015 年 10 月，国务院印发了《统筹推进世界一流大学和一流学科建设总体方案》，指出建设"双一流"高校的目标，要求"以学科为基础、以绩效为杠杆"，着力打造"具有中国特色的世界一流高校"。这项方案的实施驱动着创新，也不断完善着高等教育发展。2017 年 1 月，《统筹推进世界一流大学和一流学科建设实施办法（暂行）》不仅体现了我国建设"双一流"的决心，也意味着我国"双一流"战略正在稳步推进。

加大科研投入是我国建设"双一流"高校的基本前提。科研是高校开展教学活动的基础，也是提升高校核心竞争力的必经之路。科研投入的程度、科研成果的多少都是衡量高校教育质量高低的重要组成部分。目前，随着国际竞争的日趋激烈，人才和科技的发展对提高国家软实力变得越来越重要。只有大力推动科研进步，才能促进科技成果产出转化，从而促进整个高等教育的进步。近几年，高等教育的重要性不断加强，许多国家通过投入科研资源，不断提高高等学校科研效率。

近年来，我国通过"211 工程""985 工程""双一流"等建设工程的实施，试图以科研进步来促进高校教育改革，从而提升高等教育水平。只有推进科研的进步，才能把握好"中国特色、世界一流"的要求，在 21 世纪中叶完成建设高等教育强国的伟大目标。本章通过分析"双一流"高校的科研产出效率，对高校的发展进行综合评估管理，进而更好地把握目前我国高校的"双一流"建设状况，为我国"双一流"高校建设提供理论和现实依据。

8.2　文献综述

21 世纪以来，国内外诸多学者对高校科技评估的方法、理论、实践都有了深入的研究，为高校科研效率评估打下了坚实基础。目前学术界普遍使用随机前沿分析（SFA）和数据包络分析（DEA）等方法对高校科研效率进行评估，相关研究主要集中在以下两个方面。

8.2.1　高校科研创新能力研究

闫海燕（2001）将高校科技创新能力划分为人才创新、知识创新、技术创新三个方面，对浙江省高校创新能力进行了分析，认为高校创新能力应与区域创新系统相适应。梅轶群（2006）从科技创新的资源角度出发，将科技创新能力作为一种多种要素作用的共同体，尝试建立了高校科技创新能力的评价指标体系。孙孝科（2006）将高校与企业相结合，从科研机构与企业、政府间的社会关系角度来定义科研创新能力。邵一华（2002）、张炜（2006）等人分别从科技创新在高校中的地位以及高校在国家创新系统中的作用两个角度，对高校科技创新能力的重要地位进行了探讨。

8.2.2　高校科研创新能力的测度和评价研究

Izadi 等（2002）将技术效率作为高校科研创新能力的表现，并对英国 99 所高校的技术效率进行了评估。Stevens P. A.（2005）利用 SFA 方法对 1995—1998 年英国 80 所高校进行了分析，讨论了教师和学生特征对高校科研效率的影响。Horne J、Hu B.（2008）同样采用 SFA 方法测算了澳大利亚 33 所大学的成本效率。目前，利用 DEA 方法进行高校科研效率测算评估的研究日渐增多，Kempkes G、Pohl C. J（2010）借助 DEA 和 SFA 方法考察了德国大学科研效率的变化，并分析了科研效率的影响因素。Giovanni 等（2008）将 DEA 模型与文献计量学相结合，测算了意大利不同高校的科研效率，发现其科研效率具有显著差异。Johnes J、Li Yu（2008）整理了中国 109 所高校的面板数据，分析了其科研生产效率，研究表明中国高校的平均科研效率处于较高水平。

我国对于高校科研创新能力的研究起步较早。在 20 世纪 50 年代，我国就已经出现了绩效评估活动的雏形，但直到科技改革以来，绩效评估的研究才逐步得到重视。我国的科研项目评估主要是从投入产出角度进行评估，张明、鲜荣华等（1997）建立了人力投入产出分析系统，从论文数量和科技成果等方面来描述产出，从而构建了一种相对科学的评价指标体系及计算方法。邓斌（2000）依据不同阶段的科技评估将指标分为中期和终期，提出了一套较为完整且操作性较高的评估体系。随后，国内许多学者开始采用 DEA 方法对高校科研效率进行评估。陆根书（2006）采用 DEA 方法对比评价了中西部与东部地区的高校科研效率，发现由东至西高校科研效率依次递减且存在波动，高校之间的变化趋势不同。田东平、苗玉凤（2006）也利用 DEA 方法评估了我国

50 所高校的科研效率，结果表明高校科研效率随地区不同存在明显差异，由东部地区向西部地区逐级递减。徐娟（2009）以省级单位为切入点，通过 DEA 方法分析了经济发展水平与高校科研效率间的关系，发现省级高校科研的相对效率与地区经济之间并没有必然联系，高效率带来的高科研产出才是高校科研发展的源泉。韩海彬（2010）通过建立 AHP/DEA 评价模型对高校人文社会科学科研效率进行了测度，发现 11 所高校中 5 所学校的技术效率较高，其余学校出现冗余。马玲玲（2019）利用 Malmqusit 指数方法对部分"985"院校进行科研绩效测算并提出相关政策建议。

综上所述，国内有很多关于科研项目的投入产出效率研究，但是针对"双一流"高校的科研效率评估仍然较少。针对"双一流"高校科研效率进行评估，不仅可以为高校科研资金的合理配置提供依据，也可以提升高校发展质量。

因此，本章采用 2013—2018 年部分"双一流"高校投入和产出的面板数据，构建 DEA 科研效率测算模型。

8.3 研究方法、指标选择、数据来源

8.3.1 研究思路与方法

关于效率的测算，通常采用有效前沿分析方法，该方法包括随机前沿分析（SFA）和数据包络分析（DEA）。与 SFA 相比，DEA 能解决多投入和多产出的问题。基于 DEA 法的这个优点，本章将利用 DEA 法来测算高校科研效率。

Malmquist 指数最早被 S. Malmquist 提出，他将此方法用来研究消费。后来，此方法与 DEA 理论相结合，逐渐发展，被广泛应用于各个领域。它可以利用多种投入与多种产出来进行相对效率分析。本章在 Ray 与 Desli（1997）对 FGNZ 修正过的 Malmquist 模型基础上，把 Malmquist 指数分解为技术进步指数（TC）与综合技术效率变化指数（TEC），综合技术效率变化指数又可以分解为纯技术效率变化指数（PTEC）与规模效率变化指数（SEC）。

$$M(x^t, y^t, x^{t+1}, y^{t+1})$$

$$= \frac{D_v^{t+1}(x^{t+1}, y^{t+1})}{D_v^t(x^t, y^t)} \times \left[\frac{D_v^t(x^t, y^t)}{D_v^{t+1}(x^t, y^t)} \times \frac{D_v^t(x^{t+1}, y^{t+1})}{D_v^{t+1}(x^{t+1}, y^{t+1})} \right]^{\frac{1}{2}} \times$$

$$\left[\frac{D_c^t(x^{t+1}, y^{t+1})/D_v^t(x^{t+1}, y^{t+1})}{D_c^t(x^t, y^t)/D_v^t(x^t, y^t)} \times \frac{D_c^{t+1}(x^{t+1}, y^{t+1})/D_v^{t+1}(x^{t+1}, y^{t+1})}{D_c^{t+1}(x^t, y^t)/D_v^{t+1}(x^t, y^t)} \right]^{\frac{1}{2}}$$

$$= TE \times TC \times SE = TC \times TEC \tag{8.1}$$

在式 8.1 中，x^t、x^{t+1}、y^t、y^{t+1} 分别表示在 t 时期以及 $t+1$ 时期的投入产出数量。在规模报酬不变的情况下，$D_c^t(x^t, y^t)$、$D_c^{t+1}(x^t, y^t)$ 是 (x^t, y^t) 在 t 时期以及 $t+1$ 时期的距离函数。$D_c^t(x^{t+1}, y^{t+1})$、$D_c^{t+1}(x^{t+1}, y^{t+1})$ 是 (x^{t+1}, y^{t+1}) 在 t 时期以及 $t+1$ 时期的距离函数。同理，在规模报酬可变的情况下，$D_v^t(x^t, y^t)$、$D_v^{t+1}(x^t, y^t)$ 是 (x^t, y^t) 在 t 时期以及 $t+1$ 时期的距离函数，$D_v^t(x^{t+1}, y^{t+1})$、$D_v^{t+1}(x^{t+1}, y^{t+1})$ 是 (x^{t+1}, y^{t+1}) 在 t 时期以及 $t+1$ 时期的距离函数。

若 $M(x^t, y^t, x^{t+1}, y^{t+1})$ 大于 1，表示从 t 时期以及 $t+1$ 时期的全要素生产率呈现上升的趋势；若等于 1，表示效率不变；若小于 1，表示效率下降。TEC 反映决策单元从 t 到 $t+1$ 时期内的技术效率变动情况，若 $TEC > 1$，表示技术效率改善；若 $TEC < 1$，表示技术效率恶化。TC 表示技术进步情况，若 $TC > 1$，表示产业技术进步；若 $TC < 1$，表示产业技术衰退。

按照 DEAP 软件使用的经验规则，所选取数据必须满足以下条件：一是要求决策单元数大于投入产出指标数总和的 5 倍。本研究中人文社会科学决策单元数为 72，自然科学决策单元数为 65，投入产出指标数为 5，显然符合 DEAP 操作规则。二是 DEA 模型要求输入输出的指标数据具有相同的量纲和非负值。本研究观测值出现了负数，因此需要对原始观测值进行无量纲化处理。具体操作方法如下：

$$Y_{ij} = 0.1 + \frac{X_{ij} - \min(X_{ij})}{\max(X_{ij}) - \min(X_{ij})} \times 0.9 \tag{8.2}$$

式中：Y_{ij} 为量化处理后的数据，$0 \leqslant Y_{ij} \leqslant 1$；$X_{ij}$ 为第 i 个决策单元第 j 项指标的原始值；$\min(X_{ij})$ 为所有决策单元第 j 项指标的最小值；$\max(X_{ij})$ 为所有决策单元第 j 项指标的最大值。

8.3.2　指标选择与数据来源

由于科研活动在人文社会科学和自然科学中具有明显的差异性，所以高校的科研效率评估应从人文社会科学与自然科学两个方面进行评价会更加合理、有效。将高校的科研分为人文社会科学、自然科学两方面进行系统评估，本章的投入指标和产出指标设定如下。

投入指标：

（1）人力投入。人力资源是进行科技创新的重中之重，人力资源的投入能够反映某高校对科研技术的人力资本投入，不仅包括数量投入，也涵盖质量投入。因此，选取高校研究与发展相关数据折合成人员全时当量作为衡量科学技术人力投入指标。

（2）学术交流及提交论文情况。开展科学研究，及时提交论文，参加学术会议，交流知识与科学技术，是高校提高科研教育水平的途径。另外，鼓励高校学生参与国际会议是活跃高校科研气氛，提升高校创新能力的重要举措。因此，"双一流"高校参与国际学术交流会议以及提交论文数量也成为衡量科研投入的指标之一。

（3）科研经费投入。科研经费投入主要包括纵向经费和横向经费。纵向经费主要包括国家拨款的科研等基金项目，能够反映高校科研的竞争力；横向经费是指企事业单位给予学校的委托科研经费，能够更加正确地反映科研活动受重视程度。高水平的科研建设离不开资金的投入，科研经费的横向经费和纵向经费之和成为衡量科研能力的又一投入指标。

产出指标：

（1）研究与发展课题情况。高校科研能力高低的衡量标准之一就是科研工作者的课题研究情况，它能够反映高校从事科研活动的效率和水平。该指标的选取应该具有权威性，因此应选择基础研究、应用研究等课题的累计值作为产出衡量指标。

（2）科学研究与发展成果情况。科学研究成果是提升科研竞争力的关键指标。其中，国际常用评价标准主要有发明专利数、科研获奖数、论文数量等，因此本章考虑到国际标准，选择国际学术刊物发表论文合计作为衡量产出指标。

本章采用2013—2018年"双一流"部分高校投入和产出的面板数据，研究对象为64所高校，数据来源于历年《教育部直属高校事业发展蓝皮书》。

8.4 高等教育科研投入产出数据包络比较静态评价研究

本章运用 DEAP2.1 软件，对部分"双一流"高校的人文科学类及社会科学类分别进行 DEA 测算，分析其静态变化。测算结果按照综合技术效率、技术进步、纯技术效率、规模效率和全要素生产率呈现。

（1）综合效率分析。综合效率又称为综合技术效率，是纯技术效率与规模效率的乘积。当决策单元的综合效率为 1 时，代表决策单元的纯技术效率和规模效率同时有效，达到 DEA 绝对有效；当决策单元的综合效率大于 0.9 时，达到 DEA 相对有效；当决策单元的综合效率小于 0.9 时，达到非 DEA 有效。

（2）纯技术效率分析。在保持既定规模的前提下，纯技术效率是指决策单元由管理类因素影响的效率值。如果决策单元的纯技术效率值等于 1，则说明在既定的技术水平上，资源的使用效率已经达到最优状态。

（3）规模效率分析。规模效率是指决策单元在高校制度、管理水平等其他影响因素既定的条件下，当前的高校规模和最优规模之间的差距，表示决策单元的规模因素对高校科研效率的影响。

8.4.1 人文社会科学类科研效率比较静态评价研究

在规模报酬可变的情况下，2013—2018 年人文社会科学类"双一流"高校的科研效率分析结果如表 8.1 ~ 表 8.6 所示。

据表 8.1 可知，综合技术效率、纯技术效率、规模效率均值分别为 0.701、0.846、0.835，且纯技术效率大于规模效率，说明规模效率会影响"双一流"高等学校的科研效率。中国石油大学（北京）、上海交通大学、华东理工大学、华东师范大学、中国地质大学（武汉）、中国地质大学（北京）、华中师范大学、电子科技大学、西安电子科技大学等高校的综合技术效率值为 1，达到了 DEA 有效。中国人民大学、北京中医药大学、南开大学、大连理工大学、河海大学、华中科技大学、中南大学、西安电子科技大学、西安交通大学等高校的纯技术效率指标有效。纯技术效率指标有效表明在当前技术投入不变的情况下，"双一流"高校的科研绩效投入与产出的比例是有效的。北京大学、中国人民大学、清华大学、北京师范大学、东北大学、河海大学、江南大学、武汉理工大学、湖南大学、西安交通大学、陕西师范大学处于规模报酬递增阶段，科技投入越多，产出的比例越少。

表 8.1　2013 年"双一流"高校的人文社会科学类科研效率表

高校名称	综合技术效率	纯技术效率	规模效率	规模报酬
北京大学	0.365	0.551	0.662	drs
中国人民大学	0.850	1.000	0.850	drs
清华大学	0.520	0.620	0.839	drs
北京交通大学	0.732	0.762	0.960	irs
北京科技大学	0.871	0.981	0.888	irs
北京化工大学	0.537	0.934	0.575	irs
北京邮电大学	0.694	0.971	0.715	irs
中国农业大学	0.720	0.902	0.799	irs
北京林业大学	0.564	0.728	0.775	irs
北京中医药大学	0.531	1.000	0.531	irs
北京师范大学	0.636	0.780	0.816	drs
中国传媒大学	0.588	0.690	0.853	irs
中国政法大学	0.725	0.854	0.848	irs
中国石油大学（北京）	1.000	1.000	1.000	—
中国石油大学（华东）	0.761	0.808	0.942	irs
华北电力大学	0.532	0.565	0.942	irs
南开大学	0.590	1.000	0.590	irs
天津大学	0.521	0.893	0.583	irs
大连理工大学	0.527	1.000	0.527	irs
东北大学	0.770	0.778	0.989	drs
吉林大学	0.623	0.759	0.821	irs
东北师范大学	0.763	0.952	0.802	irs
东北林业大学	0.704	0.712	0.988	irs
复旦大学	0.507	0.864	0.588	irs
同济大学	0.796	0.922	0.863	irs
上海交通大学	1.000	1.000	1.000	—
华东理工大学	1.000	1.000	1.000	—
东华大学	0.535	0.592	0.902	irs

续表

高校名称	综合技术效率	纯技术效率	规模效率	规模报酬
华东师范大学	1.000	1.000	1.000	—
南京大学	0.525	0.528	0.993	irs
东南大学	0.632	0.708	0.892	irs
中国矿业大学	1.000	1.000	1.000	—
中国矿业大学（北京）	0.681	0.822	0.829	irs
河海大学	0.735	1.000	0.735	drs
江南大学	0.703	0.714	0.984	drs
南京农业大学	0.655	0.738	0.888	irs
中国药科大学	0.688	0.694	0.992	irs
浙江大学	0.597	0.647	0.923	irs
合肥工业大学	0.613	0.735	0.833	irs
厦门大学	0.769	0.881	0.873	irs
山东大学	0.608	0.813	0.748	irs
中国海洋大学	0.858	0.983	0.873	irs
武汉大学	0.737	0.828	0.890	irs
华中科技大学	0.728	1.000	0.728	irs
中国地质大学（武汉）	1.000	1.000	1.000	—
中国地质大学（北京）	1.000	1.000	1.000	—
武汉理工大学	0.641	0.663	0.967	drs
华中农业大学	0.719	0.764	0.941	irs
华中师范大学	1.000	1.000	1.000	—
湖南大学	0.674	0.721	0.936	drs
中南大学	0.965	1.000	0.965	irs
中山大学	0.718	0.786	0.914	irs
华南理工大学	0.828	0.959	0.864	irs
重庆大学	0.787	0.871	0.904	irs
西南大学	0.413	0.530	0.779	irs
四川大学	0.803	0.844	0.952	irs
西南交通大学	0.689	0.715	0.962	irs
电子科技大学	1.000	1.000	1.000	—
西安交通大学	0.863	1.000	0.863	drs

高校名称	综合技术效率	纯技术效率	规模效率	规模报酬
西安电子科技大学	1.000	1.000	1.000	—
长安大学	0.616	0.708	0.870	irs
西北农林科技大学	0.767	0.767	1.000	—
陕西师范大学	0.777	0.860	0.904	drs
兰州大学	0.646	0.736	0.877	irs
均值	0.701	0.846	0.835	

注：本章表中 drs 表示规模报酬递减，irs 表示规模报酬递增，—表示规模报酬不变，余表同。

据表8.2可知，综合技术效率、纯技术效率、规模效率均值分别为0.733、0.866、0.852，较2013年相比有小幅度增加，但仍为非 DEA 有效状态，且纯技术效率大于规模效率，说明"双一流"高等学校的科研效率主要受到规模效率的影响。中国石油大学（北京）、中国地质大学（武汉）、华中农业大学、西安电子科技大学、陕西师范大学达到 DEA 有效。北京交通大学、北京科技大学、北京化工大学、北京邮电大学、中国农业大学、北京林业大学、北京中医药大学、中国传媒大学、中国政法大学、中国石油大学（华东）、南开大学、天津大学、大连理工大学、吉林大学、东北师范大学、复旦大学、同济大学、上海交通大学、东华大学、华东师范大学、东南大学、中国矿业大学（北京）、河海大学、南京农业大学、中国药科大学、合肥工业大学、厦门大学、山东大学、中国海洋大学、武汉大学、华中科技大学、中国地质大学（北京）、华中师范大学、中南大学、中山大学、华南理工大学、重庆大学、西南大学、四川大学、西南交通大学、电子科技大学、长安大学、西北农林科技大学、兰州大学处于规模报酬递增阶段，可以加大投入，提高效率。

表8.2　2014年"双一流"高校的人文社会科学类科研效率

高校名称	综合技术效率	纯技术效率	规模效率	规模报酬
北京大学	0.950	1.000	0.950	drs
中国人民大学	0.849	1.000	0.849	drs
清华大学	0.892	0.971	0.918	drs
北京交通大学	0.683	0.692	0.986	irs
北京科技大学	0.838	0.920	0.911	irs
北京化工大学	0.630	0.896	0.703	irs
北京邮电大学	0.695	0.965	0.721	irs

续表

高校名称	综合技术效率	纯技术效率	规模效率	规模报酬
中国农业大学	0.646	0.761	0.848	irs
北京林业大学	0.734	0.754	0.974	irs
北京中医药大学	0.663	1.000	0.663	irs
北京师范大学	0.923	1.000	0.923	drs
中国传媒大学	0.802	0.950	0.843	irs
中国政法大学	0.717	0.775	0.925	irs
中国石油大学（北京）	1.000	1.000	1.000	—
中国石油大学（华东）	0.708	0.715	0.991	irs
华北电力大学	0.677	0.692	0.978	drs
南开大学	0.633	0.984	0.643	irs
天津大学	0.686	0.980	0.700	irs
大连理工大学	0.683	1.000	0.683	irs
东北大学	0.840	0.841	0.999	drs
吉林大学	0.739	0.844	0.876	irs
东北师范大学	0.695	0.963	0.722	irs
东北林业大学	0.705	0.769	0.918	drs
复旦大学	0.566	0.954	0.593	irs
同济大学	0.757	0.930	0.814	irs
上海交通大学	0.564	0.651	0.866	irs
华东理工大学	0.938	1.000	0.938	drs
东华大学	0.566	0.573	0.988	irs
华东师范大学	0.703	1.000	0.703	irs
南京大学	0.470	0.595	0.791	drs
东南大学	0.665	0.672	0.990	irs
中国矿业大学	0.952	0.954	0.998	drs
中国矿业大学（北京）	0.682	0.788	0.866	irs
河海大学	0.453	0.608	0.744	irs
江南大学	0.696	1.000	0.696	drs
南京农业大学	0.792	0.889	0.891	irs
中国药科大学	0.644	0.674	0.955	irs
浙江大学	0.854	1.000	0.854	drs

高校名称	综合技术效率	纯技术效率	规模效率	规模报酬
合肥工业大学	0.645	0.684	0.943	irs
厦门大学	0.701	0.779	0.900	irs
山东大学	0.554	0.814	0.681	irs
中国海洋大学	0.855	0.905	0.945	irs
武汉大学	0.778	0.828	0.941	irs
华中科技大学	0.725	1.000	0.725	irs
中国地质大学（武汉）	1.000	1.000	1.000	—
中国地质大学（北京）	0.822	1.000	0.822	irs
武汉理工大学	0.510	0.573	0.890	drs
华中农业大学	1.000	1.000	1.000	—
华中师范大学	0.802	1.000	0.802	irs
湖南大学	0.704	1.000	0.704	drs
中南大学	0.872	0.904	0.965	irs
中山大学	0.676	0.844	0.801	irs
华南理工大学	0.850	0.914	0.930	irs
重庆大学	0.594	0.751	0.791	irs
西南大学	0.625	0.729	0.858	irs
四川大学	0.694	0.747	0.929	irs
西南交通大学	0.694	0.759	0.914	irs
电子科技大学	0.793	0.978	0.811	irs
西安交通大学	0.969	0.998	0.970	drs
西安电子科技大学	1.000	1.000	1.000	—
长安大学	0.608	0.747	0.814	irs
西北农林科技大学	0.649	0.651	0.997	irs
陕西师范大学	1.000	1.000	1.000	—
兰州大学	0.601	0.778	0.771	irs
均值	0.733	0.866	0.852	

据表8.3可知，综合技术效率、纯技术效率、规模效率均值分别为0.711、0.863、0.831，为非DEA有效状态，且纯技术效率大于规模效率，说明"双一流"高等学校的科研效率主要受到规模效率的影响。中国传媒大学、中国石油大学（北京）、上海交通大学、中国药科大学、华中师范大学、电子科技

大学、西安电子科技大学等高校达到了 DEA 有效，可以加大科研投入，推动提高科技效率。

表 8.3　2015 年"双一流"高校的人文社会科学类科研效率

高校名称	综合技术效率	纯技术效率	规模效率	规模报酬
北京大学	0.774	1.000	0.774	drs
中国人民大学	0.756	1.000	0.756	drs
清华大学	0.760	0.778	0.977	drs
北京交通大学	0.581	0.617	0.942	irs
北京科技大学	0.729	0.890	0.819	irs
北京化工大学	0.659	0.968	0.681	irs
北京邮电大学	0.621	0.898	0.691	irs
中国农业大学	0.769	1.000	0.769	irs
北京林业大学	0.566	0.841	0.673	irs
北京中医药大学	0.625	1.000	0.625	irs
北京师范大学	0.735	0.849	0.866	drs
中国传媒大学	1.000	1.000	1.000	—
中国政法大学	0.545	0.635	0.858	irs
中国石油大学（北京）	1.000	1.000	1.000	—
中国石油大学（华东）	0.643	0.668	0.963	irs
华北电力大学	0.763	0.765	0.997	drs
南开大学	0.521	1.000	0.521	irs
天津大学	0.390	0.930	0.419	irs
大连理工大学	0.591	1.000	0.591	irs
东北大学	0.739	0.746	0.992	irs
吉林大学	0.726	0.898	0.808	irs
东北师范大学	0.870	0.890	0.978	irs
东北林业大学	0.556	0.957	0.581	irs
复旦大学	0.846	1.000	0.846	irs
同济大学	0.529	0.650	0.813	irs
上海交通大学	1.000	1.000	1.000	—
华东理工大学	0.688	0.768	0.897	irs
东华大学	0.631	1.000	0.631	irs
华东师范大学	0.440	0.536	0.821	drs

高校名称	综合技术效率	纯技术效率	规模效率	规模报酬
南京大学	0.688	0.741	0.929	irs
东南大学	0.829	0.862	0.962	irs
中国矿业大学	0.628	0.796	0.789	irs
中国矿业大学（北京）	0.542	0.685	0.791	irs
河海大学	0.765	1.000	0.765	drs
江南大学	0.753	0.784	0.961	irs
南京农业大学	0.524	0.548	0.957	irs
中国药科大学	1.000	1.000	1.000	—
浙江大学	0.573	0.745	0.770	irs
合肥工业大学	0.901	1.000	0.901	irs
厦门大学	0.642	0.738	0.870	irs
山东大学	0.803	0.881	0.911	irs
中国海洋大学	0.685	0.830	0.825	irs
武汉大学	0.658	1.000	0.658	irs
华中科技大学	0.829	1.000	0.829	drs
中国地质大学（武汉）	0.808	1.000	0.808	irs
中国地质大学（北京）	0.536	0.602	0.890	drs
武汉理工大学	0.888	0.939	0.945	drs
华中农业大学	0.703	0.976	0.720	irs
华中师范大学	1.000	1.000	1.000	—
湖南大学	0.905	0.970	0.933	irs
中南大学	0.584	0.757	0.772	irs
中山大学	0.772	0.865	0.892	irs
华南理工大学	0.605	0.750	0.807	irs
重庆大学	0.465	0.540	0.861	irs
西南大学	0.664	0.742	0.896	irs
四川大学	0.593	0.596	0.996	irs
西南交通大学	0.915	1.000	0.915	irs
电子科技大学	1.000	1.000	1.000	—
西安交通大学	0.848	0.968	0.876	drs
西安电子科技大学	1.000	1.000	1.000	—

高校名称	综合技术效率	纯技术效率	规模效率	规模报酬
长安大学	0.658	0.685	0.961	irs
西北农林科技大学	0.640	0.738	0.867	irs
陕西师范大学	0.637	0.833	0.764	irs
兰州大学	0.708	0.723	0.980	irs
均值	0.711	0.836	0.931	

据表 8.4 可知, 综合技术效率、纯技术效率、规模效率均值分别为 0.781、0.902、0.868, 尽管仍为非 DEA 有效状态, 但是相较于 2015 年, 有较大幅度提升。中国传媒大学、中国石油大学 (北京)、东北大学、华东理工大学、南京大学、浙江大学、厦门大学、中国地质大学 (武汉)、华南理工大学、电子科技大学、西安电子科技大学的三个效率指标有效, 达到 DEA 有效。

表 8.4　2016 年"双一流"高校的人文社会科学类科研效率

高校名称	综合技术效率	纯技术效率	规模效率	规模报酬
北京大学	0.756	1.000	0.756	drs
中国人民大学	0.937	1.000	0.937	drs
清华大学	0.565	0.592	0.955	drs
北京交通大学	0.781	0.803	0.972	irs
北京科技大学	0.896	0.974	0.920	irs
北京化工大学	0.647	0.972	0.666	irs
北京邮电大学	0.711	0.925	0.769	irs
中国农业大学	0.921	1.000	0.921	irs
北京林业大学	0.729	0.880	0.829	irs
北京中医药大学	0.633	1.000	0.633	irs
北京师范大学	0.806	1.000	0.806	drs
中国传媒大学	1.000	1.000	1.000	—
中国政法大学	0.593	0.722	0.821	irs
中国石油大学 (北京)	1.000	1.000	1.000	—
中国石油大学 (华东)	0.870	0.898	0.969	drs
华北电力大学	0.776	0.806	0.962	irs
南开大学	0.562	0.992	0.567	irs
天津大学	0.562	0.949	0.593	irs

高校名称	综合技术效率	纯技术效率	规模效率	规模报酬
大连理工大学	0.637	1.000	0.637	irs
东北大学	1.000	1.000	1.000	—
吉林大学	0.996	1.000	0.996	irs
东北师范大学	0.753	0.922	0.817	irs
东北林业大学	0.911	0.941	0.969	irs
复旦大学	0.571	1.000	0.571	irs
同济大学	0.994	1.000	0.994	irs
上海交通大学	0.616	0.630	0.979	irs
华东理工大学	1.000	1.000	1.000	—
东华大学	0.712	0.810	0.878	irs
华东师范大学	0.597	1.000	0.597	irs
南京大学	1.000	1.000	1.000	—
东南大学	0.804	0.804	1.000	—
中国矿业大学	0.772	0.794	0.972	irs
中国矿业大学（北京）	0.676	0.794	0.851	irs
河海大学	0.590	0.799	0.739	irs
江南大学	0.842	1.000	0.842	drs
南京农业大学	0.775	0.775	1.000	—
中国药科大学	0.611	0.613	0.998	irs
浙江大学	1.000	1.000	1.000	—
合肥工业大学	0.853	0.931	0.916	irs
厦门大学	1.000	1.000	1.000	—
山东大学	0.733	0.799	0.917	irs
中国海洋大学	0.856	0.928	0.923	irs
武汉大学	0.980	0.983	0.997	irs
华中科技大学	0.705	0.996	0.708	irs
中国地质大学（武汉）	1.000	1.000	1.000	—
中国地质大学（北京）	0.866	1.000	0.866	irs
武汉理工大学	0.772	0.796	0.969	drs
华中农业大学	0.961	0.986	0.975	drs
华中师范大学	0.714	0.906	0.788	irs

高校名称	综合技术效率	纯技术效率	规模效率	规模报酬
湖南大学	0.661	1.000	0.661	drs
中南大学	0.803	0.814	0.986	drs
中山大学	0.644	0.773	0.833	irs
华南理工大学	1.000	1.000	1.000	—
重庆大学	0.694	0.825	0.841	irs
西南大学	0.692	0.796	0.869	irs
四川大学	0.759	0.761	0.998	irs
西南交通大学	0.622	0.633	0.983	drs
电子科技大学	1.000	1.000	1.000	—
西安交通大学	0.716	0.785	0.912	drs
西安电子科技大学	1.000	1.000	1.000	—
长安大学	0.654	0.714	0.916	irs
西北农林科技大学	0.917	0.970	0.945	drs
陕西师范大学	0.967	0.994	0.972	drs
兰州大学	0.593	0.724	0.820	irs
均值	0.781	0.902	0.868	

据表 8.5 可知，中国传媒大学、中国石油大学（北京）、东北大学、同济大学、南京大学、浙江大学、中国地质大学（武汉）、华南理工大学等高校的三个指标均为有效。部分高校处于规模报酬递增阶段，可以增加投入，大力引进人才。但是北京大学、中国人民大学、清华大学、北京师范大学、吉林大学、中国石油大学（华东）、华北电力大学、东北林业大学、华东理工大学、东南大学、中国矿业大学、江南大学、南京农业大学、山东大学、武汉大学、武汉理工大学、华中农业大学、湖南大学、中南大学、四川大学、西南交通大学、西安交通大学、西安电子科技大学、西北农林科技大学、陕西师范大学处于规模报酬递减阶段，即使增加投入，仍会降低效率，应该注重科技人才的培养。

表 8.5　2017 年"双一流"高校的人文社会科学类科研效率

高校名称	综合技术效率	纯技术效率	规模效率	规模报酬
北京大学	0.965	1.000	0.965	drs
中国人民大学	0.831	1.000	0.831	drs

高校名称	综合技术效率	纯技术效率	规模效率	规模报酬
清华大学	0.652	0.693	0.941	drs
北京交通大学	0.764	0.847	0.902	irs
北京科技大学	0.676	0.854	0.791	irs
北京化工大学	0.684	0.986	0.693	irs
北京邮电大学	0.611	0.868	0.704	irs
中国农业大学	0.865	1.000	0.865	irs
北京林业大学	0.698	0.907	0.769	irs
北京中医药大学	0.591	1.000	0.591	irs
北京师范大学	0.927	1.000	0.927	drs
中国传媒大学	1.000	1.000	1.000	—
中国政法大学	0.573	0.703	0.816	irs
中国石油大学（北京）	1.000	1.000	1.000	—
中国石油大学（华东）	0.883	0.942	0.937	drs
华北电力大学	0.656	0.660	0.994	drs
南开大学	0.508	0.935	0.543	irs
天津大学	0.530	0.940	0.564	irs
大连理工大学	0.687	1.000	0.687	irs
东北大学	1.000	1.000	1.000	—
吉林大学	0.866	0.868	0.997	drs
东北师范大学	0.995	1.000	0.995	irs
东北林业大学	0.967	1.000	0.967	drs
复旦大学	0.689	0.996	0.691	irs
同济大学	1.000	1.000	1.000	—
上海交通大学	0.642	0.651	0.987	irs
华东理工大学	0.893	1.000	0.893	drs
东华大学	0.907	0.913	0.994	irs
华东师范大学	0.683	1.000	0.683	irs
南京大学	1.000	1.000	1.000	—
东南大学	0.737	0.742	0.993	drs
中国矿业大学	0.809	0.823	0.983	drs
中国矿业大学（北京）	0.646	0.807	0.801	irs

高校名称	综合技术效率	纯技术效率	规模效率	规模报酬
河海大学	0.578	0.779	0.742	irs
江南大学	0.705	0.850	0.829	drs
南京农业大学	0.649	0.660	0.984	drs
中国药科大学	0.527	0.558	0.943	irs
浙江大学	1.000	1.000	1.000	—
合肥工业大学	0.734	0.777	0.945	irs
厦门大学	0.904	0.949	0.953	irs
山东大学	0.836	0.841	0.995	drs
中国海洋大学	0.878	0.981	0.895	irs
武汉大学	0.920	0.932	0.987	drs
华中科技大学	0.703	1.000	0.703	irs
中国地质大学（武汉）	1.000	1.000	1.000	—
中国地质大学（北京）	0.873	1.000	0.873	irs
武汉理工大学	0.597	0.721	0.829	drs
华中农业大学	0.791	0.852	0.928	drs
华中师范大学	0.578	0.758	0.763	irs
湖南大学	0.976	1.000	0.976	drs
中南大学	0.818	0.829	0.987	drs
中山大学	0.620	0.794	0.781	irs
华南理工大学	1.000	1.000	1.000	—
重庆大学	0.619	0.791	0.783	irs
西南大学	0.687	0.714	0.963	irs
四川大学	0.671	0.691	0.971	drs
西南交通大学	0.716	0.742	0.966	drs
电子科技大学	0.998	1.000	0.998	irs
西安交通大学	0.912	1.000	0.912	drs
西安电子科技大学	0.957	0.987	0.970	drs
长安大学	0.666	0.710	0.938	irs
西北农林科技大学	0.924	1.000	0.924	drs
陕西师范大学	0.885	1.000	0.885	drs
兰州大学	0.660	0.742	0.890	irs

据表 8.6 可知，北京大学、北京师范大学、北京外国语大学、中国传媒大学、对外经济贸易大学、复旦大学、南京大学、电子科技大学、长安大学、陕西师范大学、兰州大学等高校的三个指标均为有效；部分高校处于规模报酬递增阶段，可以增加投入并且大力引进人才；但是中国人民大学、清华大学、中央财经大学、南开大学、吉林大学、东北师范大学、华东师范大学、河海大学、浙江大学、厦门大学、山东大学、武汉大学、华中科技大学、中南财经政法大学、湖南大学、中山大学、四川大学、西南财经大学、西安交通大学处于规模报酬递减阶段，即使增加投入，仍会降低效率，应该注重科技人才的培养。

表 8.6　2018 年"双一流"高校的人文社会科学类科研效率

高校名称	综合技术效率	纯技术效率	规模效率	规模报酬
北京大学	1.000	1.000	1.000	—
中国人民大学	0.856	1.000	0.856	drs
清华大学	0.65	0.657	0.989	drs
北京交通大学	0.484	0.887	0.546	irs
北京科技大学	0.584	0.876	0.667	irs
北京化工大学	0.646	0.968	0.668	irs
北京邮电大学	0.606	0.897	0.675	irs
中国农业大学	0.791	0.946	0.837	irs
北京林业大学	0.685	1.000	0.685	irs
北京中医药大学	0.560	1.000	0.560	irs
北京师范大学	1.000	1.000	1.000	—
北京外国语大学	1.000	1.000	1.000	—
北京语言大学	0.584	0.735	0.794	irs
中国传媒大学	1.000	1.000	1.000	—
中央财经大学	0.664	0.667	0.997	drs
对外经济贸易大学	1.000	1.000	1.000	—
中央音乐学院	0.651	1.000	0.651	irs
中央美术学院	0.666	1.000	0.666	irs
中央戏剧学院	0.608	1.000	0.608	irs
中国政法大学	0.551	0.69	0.799	irs
中国石油大学	0.788	0.892	0.884	irs

高校名称	综合技术效率	纯技术效率	规模效率	规模报酬
华北电力大学	0.663	0.882	0.751	irs
南开大学	0.838	0.846	0.991	drs
天津大学	0.842	0.918	0.917	irs
大连理工大学	0.828	0.936	0.884	irs
东北大学	0.662	0.783	0.846	irs
吉林大学	0.758	0.814	0.931	drs
东北师范大学	0.954	0.957	0.996	drs
东北林业大学	0.736	1.000	0.736	irs
复旦大学	1.000	1.000	1.000	—
同济大学	0.466	0.535	0.871	irs
上海交通大学	0.608	0.642	0.947	irs
华东理工大学	0.765	0.806	0.949	irs
东华大学	0.598	0.863	0.693	irs
华东师范大学	0.983	1.000	0.983	drs
上海外国语大学	0.697	0.737	0.946	irs
上海财经大学	0.480	0.482	0.996	irs
南京大学	1.000	1.000	1.000	—
东南大学	0.689	0.724	0.952	irs
中国矿业大学	0.877	0.926	0.948	irs
河海大学	0.962	0.969	0.993	drs
江南大学	0.721	0.887	0.812	irs
南京农业大学	0.737	0.809	0.911	irs
中国药科大学	0.910	1.000	0.910	irs
浙江大学	0.602	0.630	0.955	drs
合肥工业大学	0.902	1.000	0.902	irs
厦门大学	0.696	0.721	0.965	drs
山东大学	0.635	0.643	0.988	drs
中国海洋大学	0.779	0.976	0.798	irs
武汉大学	0.983	1.000	0.983	drs
华中科技大学	0.75	0.768	0.978	drs
中国地质大学	0.551	0.792	0.696	irs

高校名称	综合技术效率	纯技术效率	规模效率	规模报酬
武汉理工大学	0.738	0.773	0.954	irs
华中农业大学	0.538	0.671	0.802	irs
华中师范大学	0.630	0.657	0.960	irs
中南财经政法大学	0.705	0.711	0.991	drs
湖南大学	0.613	0.658	0.932	drs
中南大学	0.851	0.999	0.852	irs
中山大学	0.490	0.565	0.867	drs
华南理工大学	0.571	0.572	0.999	—
重庆大学	0.676	0.716	0.943	irs
西南大学	0.557	0.580	0.961	irs
四川大学	0.783	0.793	0.987	drs
西南交通大学	0.838	0.861	0.974	irs
电子科技大学	1.000	1.000	1.000	—
西南财经大学	0.466	0.490	0.951	drs
西安交通大学	0.795	0.862	0.922	drs
西安电子科技大学	0.907	1.000	0.907	irs
长安大学	1.000	1.000	1.000	—
西北农林科技大学	0.739	1.000	0.739	irs
陕西师范大学	1.000	1.000	1.000	—
兰州大学	1.000	1.000	1.000	—

通过对比2013年和2018年的高校人文社会科学科研效率表，2018年在剔除了部分"双一流"高校的同时也新加了部分特色型高校，分别是北京外国语大学、北京语言大学、中央财经大学、对外经济贸易大学、中央音乐学院、中央美术学院、中央戏剧学院、上海外国语大学、上海财经大学、中南财经政法大学和西南财经大学11所高校，其中5所为财经类高校，3所为艺术类高校，3所为语言类高校。这意味着近年来国家在加强传统人文社会科学学科建设的同时，也开始注重财经、艺术和语言类等特色高校和学科的建设。

2013年人文社会科学类高校综合技术效率、纯技术效率、规模效率均值分别为0.701、0.846、0.835，2018年三个指标均值为0.749、0.838和0.887。从指标来看，2018年高校人文社会科学类的综合技术效率、纯技术效率和规模效率较 2013 年有了显著的提高；2013 年有 10 所高校的综合技术效率达到了 DEA 有效；而 2018 年综合技术效率达到 DEA 有效的高校达到了 11 所（只有 1 所新增高校为对外经济贸易大学）。通过对比 2013—2018 年高校综合技术效率、纯技术效率、规模效率指标，我们可以对近年高校人文社会科学"双一流"建设有一个总体的把握，具体如图 8.1 所示。

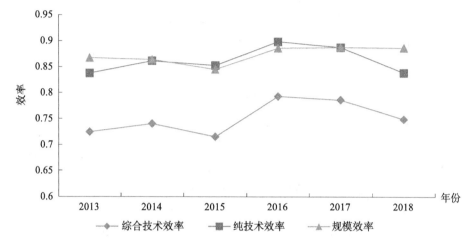

图 8.1　2013—2018 人文社会科学类高校科研效率三个指标（均值）走势

通过图 8.1 可以看出，自 2015 年国家提出高校"双一流"建设方案以来，2016 年高校人文社会科学的综合技术效率、纯技术效率和规模效益均出现了显著的提升，其中规模效率的提升在接下来的两年中呈现上升趋势；但纯技术效率则在 2016 年的显著攀升后出现了下降，且规模效率高于纯技术效率。这说明 2013—2018 年高校人文社会科学类科研产出效率主要受到规模效率的影响，纯技术效率对高校科研效率的影响波动较大。从单独的高校科研产出效率来看，我们挑选了北京大学、清华大学、复旦大学、上海交通大学、中国人民大学和北京师范大学共 6 所高校，分别对它们的综合技术效率、纯技术效率和规模效益走势进行分析，具体如图 8.2 所示。

通过图 8.2 可以看出，北京大学自 2014 年起到 2018 年，其人文社会科学类科研产出的纯技术效率值一直为 1，说明北京大学人文社会科学类科研资源的使用效率连续 5 年达到最优状态，但其规模效率自 2016 年后则呈现逐渐增大的趋势，说明科研投资规模对其科研产出的影响逐渐增大。清华大学人文社会科学类科研产出的纯技术效率和规模效率自 2014 年起均呈现下降的趋势，

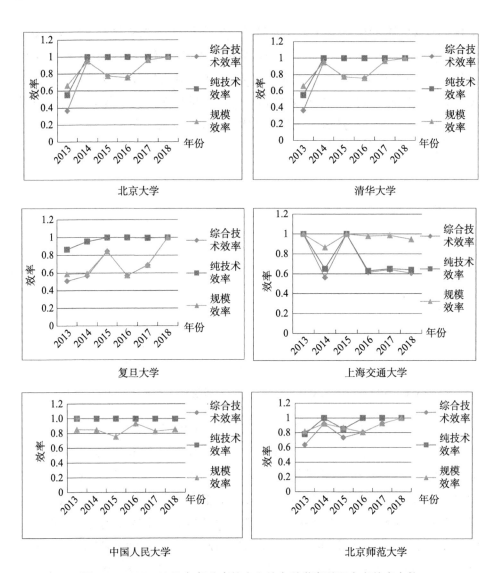

图8.2　2013—2018年部分高校人文社会科学类科研产出效率走势

说明清华大学人文社会科学类的科研资源使用效率不足，科研投资规模对于科研产出的效率则呈现不断减弱的趋势。复旦大学的纯技术效率值自2014年起一直为1，说明复旦大学人文社会科学类科研资源使用效率较高，其规模效率呈现上升状态，综合效率于2018年达到了DEA绝对有效。上海交通大学科研产出的纯技术效率和规模效率走势与清华大学类似，说明其科研资源使用效率需要进一步优化，但其规模效率处于递增的状态，说明投资规模对其科研产出的影响正在不断增大。中国人民大学的纯技术效率值在 2013—2018 年期间均为 1，说明其人文社会科学类科研资源的使用效率一直处于最优状态；规模效率值稳定处于较高状态，说明投资规模对其科研产出的影响较高。北京师范大学的纯技术效率和规模效率近年来一直处于上升状态，且于 2018 年综合技术效率达到了 DEA 绝对有效。

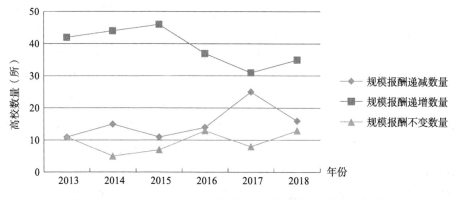

图 8.3　2013—2018 年人文社会科学类高校规模报酬数量趋势图

从规模报酬来看，2013 年规模效率递增的高校为 42 所，而 2018 年这一数字为 41。具体 2013—2018 年人文社会科学类高校规模报酬数量如图 8.3 所示。由图 8.3 可以看出，2013—2018 年规模报酬递增的学校数量始终高于规模报酬递减高校数量，但是呈现明显的下行趋势；而规模报酬递减高校数量则呈现上行趋势，但数量均低于规模报酬递增高校数量，这说明整体而言，我国应适度控制高校人文社会科学类的投资规模，提高科研效率。从单独的六所高校来看，除北京大学、复旦大学和北京师范大学达到 DEA 绝对有效外，中国人民大学和清华大学处于规模报酬递减状态，需要适度缩减投资规模；而上海交通大学则处于规模报酬递增的阶段，需要扩大科研投资规模，提高其科研产出。

总的来说，自 2013 年到 2018 年，"双一流"高校人文社会科学类的科研效率在波动中不断增长变动，每个高校的投入不同，效率也随之波动，应根据每年的实际情况进行政策调整，推动效率的提高。

8.4.2　自然科学类科研效率比较静态评价研究

在规模报酬可变的情况下，2013—2018 年"双一流"高等院校自然科学类的科研效率分析结果如表 8.7~表 8.12 所示。

据表 8.7 可知，综合技术效率、纯技术效率、规模效率均值分别为 0.697、0.752、0.929，规模效率值较高，说明"双一流"高等学校的科研效率主要受到规模效率的影响。北京交通大学、北京林业大学、北京中医药大学、北京师范大学、中国传媒大学、中国石油大学（华东）、复旦大学、上海交通大学、河海大学、合肥工业大学、中国地质大学（武汉）、华中农业大学、重庆大学、西南交通大学、陕西师范大学的综合技术效率值为 1，达到了 DEA 有效。北京大学、清华大学、北京科技大学、中国农业大学、北京邮电大学、吉林大学、东北大学、大连理工大学、天津大学、南开大学、东北林业大学、同济大学、东南大学、南京大学、东华大学、南京农业大学、江南大学、浙江大学、华中科技大学、武汉大学、山东大学、武汉理工大学、华南理工大学、中山大学、中南大学、四川大学、西南大学、西安电子科技大学、西安交通大学、电子科技大学、西北农林科技大学、兰州大学处于规模报酬递减阶段，科技投入越多，产出的比例会减少，因此应该减少科技投入，提升科研效率。

表 8.7　2013 年"双一流"高校自然科学类科研效率

高校名称	综合技术效率	纯技术效率	规模效率	规模报酬
北京大学	0.522	0.646	0.808	drs
中国人民大学	0.475	0.528	0.900	irs
清华大学	0.410	0.752	0.545	drs
北京交通大学	1.000	1.000	1.000	—
北京科技大学	0.468	0.533	0.879	drs
北京化工大学	0.574	0.574	1.000	—
北京邮电大学	0.635	0.640	0.992	drs
中国农业大学	0.905	1.000	0.905	drs
北京林业大学	1.000	1.000	1.000	—
北京中医药大学	1.000	1.000	1.000	—
北京师范大学	1.000	1.000	1.000	—
中国传媒大学	1.000	1.000	1.000	—
中国政法大学	0.691	1.000	0.691	irs
中国石油大学（北京）	0.646	0.656	0.984	irs
中国石油大学（华东）	1.000	1.000	1.000	—
华北电力大学	0.942	0.943	0.998	irs

高校名称	综合技术效率	纯技术效率	规模效率	规模报酬
南开大学	0.780	0.786	0.993	drs
天津大学	0.691	0.745	0.928	—
大连理工大学	0.467	0.562	0.831	drs
东北大学	0.396	0.400	0.990	drs
吉林大学	0.612	0.641	0.954	drs
东北师范大学	0.603	0.617	0.977	irs
东北林业大学	0.891	0.932	0.956	drs
复旦大学	1.000	1.000	1.000	—
同济大学	0.413	0.426	0.970	drs
上海交通大学	1.000	1.000	1.000	—
华东理工大学	0.500	0.504	0.992	irs
东华大学	0.754	0.756	0.998	drs
华东师范大学	0.646	0.648	0.997	irs
南京大学	0.856	0.890	0.961	drs
东南大学	0.337	0.350	0.964	drs
中国矿业大学	0.394	0.400	0.985	irs
中国矿业大学（北京）	0.599	0.619	0.967	irs
河海大学	1.000	1.000	1.000	—
江南大学	0.985	0.988	0.997	drs
南京农业大学	0.712	0.869	0.819	drs
中国药科大学	0.562	0.584	0.962	irs
浙江大学	0.637	1.000	0.637	drs
合肥工业大学	1.000	1.000	1.000	—
厦门大学	0.565	0.575	0.984	irs
山东大学	0.499	0.815	0.613	drs
中国海洋大学	0.947	0.962	0.984	irs
武汉大学	0.600	0.645	0.930	drs
华中科技大学	0.621	0.709	0.877	drs
中国地质大学（武汉）	1.000	1.000	1.000	—
中国地质大学（北京）	0.423	0.432	0.978	irs
武汉理工大学	0.596	0.669	0.890	drs

高校名称	综合技术效率	纯技术效率	规模效率	规模报酬
华中农业大学	1.000	1.000	1.000	—
华中师范大学	0.382	0.425	0.897	irs
湖南大学	0.560	0.562	0.996	irs
中南大学	0.721	0.815	0.884	drs
中山大学	0.777	1.000	0.777	drs
华南理工大学	0.809	1.000	0.809	drs
重庆大学	1.000	1.000	1.000	—
西南大学	0.904	1.000	0.904	drs
四川大学	0.517	0.877	0.590	drs
西南交通大学	1.000	1.000	1.000	—
电子科技大学	0.361	0.395	0.916	drs
西安交通大学	0.687	0.848	0.810	drs
西安电子科技大学	0.738	0.777	0.950	drs
长安大学	0.894	0.898	0.996	irs
西北农林科技大学	0.978	1.000	0.978	drs
陕西师范大学	1.000	1.000	1.000	—
兰州大学	0.729	0.740	0.985	drs
均值	0.697	0.752	0.929	

据表8.8可知，综合技术效率、纯技术效率、规模效率均值分别为0.678、0.771、0.886，较2013年相比纯技术效率的影响逐步提高，"双一流"高等学校的科研效率受二者共同作用，但仍为非DEA有效状态。陕西师范大学、长安大学、西南交通大学、华中农业大学、中国地质大学（武汉）、中国海洋大学、合肥工业大学、华北电力大学、中国传媒大学、北京林业大学、北京中医药大学三个效率指标均有效。中国人民大学、北京化工大学、北京邮电大学、中国政法大学、中国石油大学（北京）、东北师范大学、东北大学、华东理工大学、东华大学、华中师范大学、中国矿业大学、中国矿业大学（北京）、江南大学、中国药科大学、厦门大学、中国地质大学（北京）处于规模报酬递增阶段，可以加大投入，提高效率。

表 8.8　2014 年"双一流"高校自然科学类科研效率

高校名称	综合技术效率	纯技术效率	规模效率	规模报酬
北京大学	0.425	0.631	0.673	drs
中国人民大学	0.552	0.679	0.813	irs
清华大学	0.471	0.706	0.667	drs
北京交通大学	0.891	1.000	0.891	drs
北京科技大学	0.560	0.676	0.829	drs
北京化工大学	0.606	0.620	0.978	irs
北京邮电大学	0.604	0.605	0.998	irs
中国农业大学	0.990	0.990	0.833	drs
北京林业大学	1.000	1.000	1.000	—
北京中医药大学	1.000	1.000	1.000	—
北京师范大学	0.863	0.909	0.949	drs
中国传媒大学	1.000	1.000	1.000	—
中国政法大学	0.535	1.000	0.535	irs
中国石油大学（北京）	0.640	0.646	0.990	irs
中国石油大学（华东）	0.632	0.669	0.945	drs
华北电力大学	0.512	0.512	1.000	—
南开大学	0.490	0.500	0.979	drs
天津大学	0.696	0.832	0.837	drs
大连理工大学	0.544	0.616	0.883	drs
东北大学	0.519	0.526	0.985	irs
吉林大学	0.306	0.355	0.864	drs
东北师范大学	0.517	0.533	0.969	irs
东北林业大学	0.759	1.000	0.759	drs
复旦大学	0.825	1.000	0.825	drs
同济大学	0.655	0.822	0.797	drs
上海交通大学	0.579	1.000	0.579	drs
华东理工大学	0.912	0.917	0.995	irs
东华大学	0.630	0.630	0.996	irs
华东师范大学	0.572	0.585	0.978	drs
南京大学	0.537	0.669	0.803	drs
东南大学	0.412	0.418	0.984	drs
中国矿业大学	0.501	0.524	0.955	irs
中国矿业大学（北京）	0.849	0.871	0.975	irs

续表

高校名称	综合技术效率	纯技术效率	规模效率	规模报酬
河海大学	0.890	0.958	0.929	drs
江南大学	0.948	0.948	0.990	irs
南京农业大学	0.723	0.830	0.830	drs
中国药科大学	0.462	0.487	0.949	irs
浙江大学	0.673	1.000	0.673	drs
合肥工业大学	1.000	1.000	1.000	—
厦门大学	0.548	0.556	0.987	irs
山东大学	0.434	0.814	0.533	drs
中国海洋大学	1.000	1.000	1.000	—
武汉大学	0.607	0.730	0.831	drs
华中科技大学	0.636	0.839	0.758	drs
中国地质大学（武汉）	1.000	1.000	1.000	—
中国地质大学（北京）	0.735	0.747	0.984	irs
武汉理工大学	0.601	0.629	0.956	drs
华中农业大学	1.000	1.000	1.000	—
华中师范大学	0.442	0.481	0.920	irs
湖南大学	0.527	0.589	0.895	drs
中南大学	0.811	0.873	0.873	drs
中山大学	0.649	1.000	0.649	drs
华南理工大学	0.756	0.956	0.790	drs
重庆大学	0.695	0.723	0.962	drs
西南大学	0.801	0.970	0.826	drs
四川大学	0.481	0.851	0.565	drs
西南交通大学	1.000	1.000	1.000	—
电子科技大学	0.335	0.363	0.924	drs
西安交通大学	0.696	0.889	0.783	drs
西安电子科技大学	0.648	0.648	1.000	
长安大学	1.000	1.000	1.000	—
西北农林科技大学	0.871	1.000	0.871	drs
陕西师范大学	1.000	1.000	1.000	—
兰州大学	0.686	0.771	0.889	drs
均值	0.678	0.771	0.886	

据表 8.9 可知，综合技术效率、纯技术效率、规模效率均值分别为 0.700、0.796、0.890，为非 DEA 有效状态，说明"双一流"高等学校的科研效率受到纯技术效率和规模效率的影响。长安大学、西北农林科技大学、陕西师范大学、电子科技大学、华中科技大学、山东大学、浙江大学、中国海洋大学、中国地质大学（北京）、江南大学、东华大学、中国传媒大学、中国农业大学、北京林业大学、北京中医药大学、北京交通大学达到 DEA 有效状态。其余高等院校仍要加大科研投入，推动提高科技效率。

表 8.9　2015 年"双一流"高校自然科学类科研效率

高校名称	综合技术效率	纯技术效率	规模效率	规模报酬
北京大学	0.540	0.780	0.693	drs
中国人民大学	0.541	0.653	0.829	irs
清华大学	0.444	1.000	0.444	drs
北京交通大学	1.000	1.000	1.000	—
北京科技大学	0.495	0.818	0.605	drs
北京化工大学	0.462	0.467	0.988	irs
北京邮电大学	0.701	0.705	0.995	drs
中国农业大学	1.000	1.000	1.000	—
北京林业大学	1.000	1.000	1.000	—
北京中医药大学	1.000	1.000	1.000	—
北京师范大学	0.850	0.912	0.932	drs
中国传媒大学	1.000	1.000	1.000	—
中国政法大学	0.525	1.000	0.525	irs
中国石油大学（北京）	0.948	0.951	0.996	irs
中国石油大学（华东）	0.888	0.897	0.990	irs
华北电力大学	0.521	0.525	0.993	irs
南开大学	0.786	0.796	0.986	drs
天津大学	0.561	0.607	0.924	drs
大连理工大学	0.738	0.911	0.809	drs
东北大学	0.511	0.564	0.906	drs
吉林大学	0.564	0.568	0.993	drs
东北师范大学	0.448	1.000	0.448	drs
东北林业大学	0.465	0.502	0.928	irs

高校名称	综合技术效率	纯技术效率	规模效率	规模报酬
复旦大学	0.519	0.529	0.981	irs
同济大学	0.816	1.000	0.816	drs
上海交通大学	0.632	0.668	0.946	drs
华东理工大学	0.626	1.000	0.626	drs
东华大学	1.000	1.000	1.000	—
华东师范大学	0.570	0.571	0.998	irs
南京大学	0.489	0.492	0.995	irs
东南大学	0.896	1.000	0.896	drs
中国矿业大学	0.420	0.460	0.913	drs
中国矿业大学（北京）	0.511	0.516	0.990	irs
河海大学	0.946	0.968	0.977	drs
江南大学	1.000	1.000	1.000	—
南京农业大学	0.610	0.705	0.865	drs
中国药科大学	0.714	0.775	0.922	irs
浙江大学	0.568	1.000	0.568	drs
合肥工业大学	0.832	0.987	0.843	drs
厦门大学	0.522	0.524	0.996	irs
山东大学	0.482	1.000	0.482	drs
中国海洋大学	1.000	1.000	1.000	—
武汉大学	0.561	0.568	0.988	drs
华中科技大学	0.782	0.822	0.951	drs
中国地质大学（武汉）	0.619	0.748	0.828	drs
中国地质大学（北京）	1.000	1.000	1.000	—
武汉理工大学	0.490	0.524	0.935	drs
华中农业大学	1.000	1.000	1.000	—
华中师范大学	0.489	0.504	0.971	irs
湖南大学	0.454	0.458	0.991	drs
中南大学	0.612	0.835	0.733	drs
中山大学	0.543	0.735	0.738	drs
华南理工大学	0.786	1.000	0.786	drs
重庆大学	0.760	0.965	0.787	drs

高校名称	综合技术效率	纯技术效率	规模效率	规模报酬
西南大学	0.996	1.000	0.996	drs
四川大学	0.547	1.000	0.547	drs
西南交通大学	0.969	1.000	0.969	drs
电子科技大学	0.355	0.365	0.973	drs
西安交通大学	0.626	0.716	0.875	drs
西安电子科技大学	0.702	0.708	0.992	drs
长安大学	0.906	0.925	0.980	irs
西北农林科技大学	0.601	0.935	0.642	drs
陕西师范大学	1.000	1.000	1.000	—
兰州大学	0.718	0.765	0.939	drs
均值	0.700	0.796	0.890	

据表 8.10 可知，综合技术效率、纯技术效率、规模效率均值分别为 0.781、0.902、0.868，尽管仍为非 DEA 有效状态，但是相较于 2015 年有较大幅度提升。中国农业大学、北京林业大学、北京中医药大学、北京交通大学、中国传媒大学、东华大学、河海大学、浙江大学、山东大学、华中科技大学、电子科技大学、长安大学、西北农林科技大学、陕西师范大学的三个效率指标有效，达到 DEA 有效。

表 8.10　2016 年"双一流"高校自然科学类科研效率

高校名称	综合技术效率	纯技术效率	规模效率	规模报酬
北京大学	0.518	0.875	0.592	drs
中国人民大学	0.793	0.856	0.926	irs
清华大学	0.540	1.000	0.540	drs
北京交通大学	1.000	1.000	1.000	—
北京科技大学	0.620	0.944	0.657	drs
北京化工大学	0.478	0.480	0.995	irs
北京邮电大学	0.742	0.794	0.934	drs
中国农业大学	1.000	1.000	1.000	—
北京林业大学	1.000	1.000	1.000	—
北京中医药大学	1.000	1.000	1.000	—

高校名称	综合技术效率	纯技术效率	规模效率	规模报酬
北京师范大学	0.868	0.872	0.996	drs
中国传媒大学	1.000	1.000	1.000	—
中国政法大学	0.718	1.000	0.718	irs
中国石油大学（北京）	0.661	0.665	0.994	drs
中国石油大学（华东）	0.781	0.870	0.898	drs
华北电力大学	0.608	0.612	0.994	drs
南开大学	0.827	1.000	0.827	drs
天津大学	0.567	0.648	0.875	drs
大连理工大学	0.425	0.426	0.998	drs
东北大学	0.523	1.000	0.523	drs
吉林大学	0.729	0.733	0.993	irs
东北师范大学	0.492	0.496	0.993	irs
东北林业大学	0.806	1.000	0.806	drs
复旦大学	0.658	0.664	0.992	drs
同济大学	0.554	1.000	0.554	drs
上海交通大学	0.821	1.000	0.821	drs
华东理工大学	0.546	0.547	0.999	irs
东华大学	0.508	0.509	0.999	—
华东师范大学	0.669	0.683	0.979	drs
南京大学	0.504	0.613	0.821	drs
东南大学	0.743	0.744	0.998	irs
中国矿业大学	0.874	0.881	0.992	irs
中国矿业大学（北京）	0.892	1.000	0.892	drs
河海大学	1.000	1.000	1.000	—
江南大学	0.789	0.870	0.908	drs
南京农业大学	0.832	0.843	0.986	irs
中国药科大学	0.637	1.000	0.637	drs
浙江大学	1.000	1.000	1.000	—
合肥工业大学	0.642	0.655	0.981	drs
厦门大学	0.564	1.000	0.564	drs
山东大学	1.000	1.000	1.000	—

高校名称	综合技术效率	纯技术效率	规模效率	规模报酬
中国海洋大学	0.792	1.000	0.792	drs
武汉大学	0.619	0.793	0.780	drs
华中科技大学	1.000	1.000	1.000	—
中国地质大学（武汉）	0.825	0.826	0.998	drs
中国地质大学（北京）	0.541	0.556	0.974	drs
武汉理工大学	0.981	0.986	0.996	drs
华中农业大学	0.724	0.744	0.974	drs
华中师范大学	0.522	0.537	0.973	drs
湖南大学	0.627	0.998	0.628	drs
中南大学	0.977	1.000	0.977	drs
中山大学	0.970	1.000	0.970	drs
华南理工大学	0.876	1.000	0.876	drs
重庆大学	0.959	1.000	0.959	drs
西南大学	0.599	1.000	0.599	drs
四川大学	0.964	1.000	0.964	drs
西南交通大学	0.366	0.400	0.916	drs
电子科技大学	1.000	1.000	1.000	—
西安交通大学	0.695	0.859	0.810	drs
西安电子科技大学	0.814	0.851	0.957	drs
长安大学	1.000	1.000	1.000	—
西北农林科技大学	1.000	1.000	1.000	—
陕西师范大学	1.000	1.000	1.000	—
兰州大学	0.625	0.632	0.990	drs
均值	0.781	0.902	0.868	

据表 8.11 可知，中国人民大学、北京交通大学、中国农业大学、北京中医药大学、中国传媒大学、中国石油大学（北京）、华北电力大学、南京大学、江南大学、西南交通大学、西安交通大学、兰州大学的三个效率指标均为有效。长安大学、西北农林科技大学、湖南大学、华中农业大学、中国地质大学（北京）、合肥工业大学、厦门大学、中国药科大学、中国矿业大学、中国矿业大学（北京）、东华大学、华东师范大学、东北师范大学、东北林业大学、中国政法大学、北京化工大学处于规模报酬递增阶段，可以增加投入，大力引进人才。

表 8.11　2017 年"双一流"高校自然科学类科研效率

高校名称	综合技术效率	纯技术效率	规模效率	规模报酬
北京大学	0.464	0.797	0.582	drs
中国人民大学	1.000	1.000	1.000	—
清华大学	0.421	0.749	0.561	drs
北京交通大学	1.000	1.000	1.000	—
北京科技大学	0.468	0.590	0.793	drs
北京化工大学	0.468	0.471	0.992	irs
北京邮电大学	0.739	0.784	0.942	drs
中国农业大学	1.000	1.000	1.000	—
北京林业大学	0.763	0.776	0.983	drs
北京中医药大学	1.000	1.000	1.000	—
北京师范大学	0.763	0.770	0.991	drs
中国传媒大学	1.000	1.000	1.000	—
中国政法大学	0.687	1.000	0.687	irs
中国石油大学（北京）	0.514	0.515	0.999	—
中国石油大学（华东）	0.730	0.872	0.837	drs
华北电力大学	1.000	1.000	1.000	—
南开大学	0.550	0.562	0.979	drs
天津大学	0.580	0.696	0.833	drs
大连理工大学	0.483	0.509	0.950	drs
东北大学	0.385	0.391	0.986	drs
吉林大学	0.436	0.971	0.449	drs
东北师范大学	0.604	0.606	0.997	irs
东北林业大学	0.492	0.526	0.936	irs
复旦大学	0.871	1.000	0.871	drs
同济大学	0.462	0.464	0.995	drs
上海交通大学	0.514	1.000	0.514	drs
华东理工大学	0.876	1.000	0.876	drs
东华大学	0.606	0.612	0.990	irs
华东师范大学	0.536	0.551	0.973	irs
南京大学	0.578	0.578	1.000	—
东南大学	0.500	0.529	0.947	drs

高校名称	综合技术效率	纯技术效率	规模效率	规模报酬
中国矿业大学	0.653	0.653	0.999	irs
中国矿业大学（北京）	0.890	0.925	0.962	irs
河海大学	0.924	0.949	0.974	drs
江南大学	1.000	1.000	1.000	—
南京农业大学	0.655	0.795	0.824	drs
中国药科大学	0.575	0.626	0.918	irs
浙江大学	0.580	1.000	0.580	drs
合肥工业大学	0.774	0.777	0.996	irs
厦门大学	0.574	0.578	0.993	irs
山东大学	0.489	1.000	0.489	drs
中国海洋大学	0.701	0.703	0.996	drs
武汉大学	0.734	0.839	0.875	drs
华中科技大学	0.525	0.740	0.709	drs
中国地质大学（武汉）	0.891	0.910	0.979	drs
中国地质大学（北京）	0.771	0.775	0.994	irs
武汉理工大学	0.411	0.418	0.982	drs
华中农业大学	0.662	0.667	0.993	irs
华中师范大学	0.647	0.660	0.980	drs
湖南大学	0.547	0.555	0.987	irs
中南大学	0.870	1.000	0.870	drs
中山大学	0.673	1.000	0.673	drs
华南理工大学	0.896	1.000	0.896	drs
重庆大学	0.853	0.957	0.892	drs
西南大学	0.863	1.000	0.863	drs
四川大学	0.502	1.000	0.502	drs
西南交通大学	1.000	1.000	1.000	—
电子科技大学	0.319	0.322	0.990	drs
西安交通大学	1.000	1.000	1.000	—
西安电子科技大学	0.625	0.946	0.661	drs
长安大学	0.575	0.577	0.997	irs
西北农林科技大学	0.853	0.857	0.995	irs
陕西师范大学	0.981	1.000	0.981	drs
兰州大学	1.000	1.000	1.000	—

据表 8.12 可知，北京交通大学、中国农业大学、北京中医药大学、中国传媒大学、华北电力大学、华东理工大学、中国地质大学（武汉）、华南理工大学、西南交通大学、西南财经大学三个效率指标有效，达到 DEA 有效。其中中国人民大学、北京化工大学、北京林业大学、北京师范大学、中国政法大学、中国石油大学（北京）等 29 所大学属于规模报酬递增的阶段，可以增加科研投入，大力引进人才；而北京大学、清华大学、北京科技大学、北京邮电大学、中国石油大学（华东）、南开大学等 20 所高校处于规模报酬递减阶段，需要缩减投入，提高科研产出效率。

表 8.12　2018 年"双一流"高校自然科学类科研效率

高校名称	综合技术效率	纯技术效率	规模效率	规模报酬
北京大学	0.460	0.555	0.828	drs
中国人民大学	0.906	1.000	0.906	irs
清华大学	0.446	0.760	0.587	drs
北京交通大学	1.000	1.000	1.000	—
北京科技大学	0.581	0.628	0.925	drs
北京化工大学	0.510	0.514	0.991	irs
北京邮电大学	0.857	0.883	0.970	drs
中国农业大学	1.000	1.000	1.000	—
北京林业大学	0.747	0.833	0.896	irs
北京中医药大学	1.000	1.000	1.000	—
北京师范大学	0.856	0.857	0.999	irs
中国传媒大学	1.000	1.000	1.000	—
中国政法大学	0.863	1.000	0.863	irs
中国石油大学（北京）	0.585	0.589	0.992	irs
中国石油大学（华东）	0.857	1.000	0.857	drs
华北电力大学	1.000	1.000	1.000	—
南开大学	0.828	0.849	0.975	drs
天津大学	0.581	0.585	0.993	drs
大连理工大学	0.831	0.875	0.950	drs
东北大学	0.338	0.339	0.997	irs
吉林大学	0.757	1.000	0.757	drs
东北师范大学	0.562	0.563	0.998	irs
东北林业大学	0.581	0.706	0.824	irs

续表

高校名称	综合技术效率	纯技术效率	规模效率	规模报酬
复旦大学	0.895	0.895	1.000	—
同济大学	0.522	0.523	0.999	—
上海交通大学	0.583	1.000	0.583	drs
华东理工大学	1.000	1.000	1.000	—
东华大学	0.682	0.684	0.997	irs
华东师范大学	0.575	0.577	0.997	irs
南京大学	0.668	0.669	0.999	irs
东南大学	0.899	0.900	0.999	irs
中国矿业大学	0.707	0.709	0.997	irs
中国矿业大学（北京）	0.951	0.978	0.972	irs
河海大学	0.960	0.964	0.996	drs
江南大学	0.951	0.952	0.999	irs
南京农业大学	0.939	0.947	0.991	irs
中国药科大学	0.848	0.877	0.967	irs
浙江大学	0.590	1.000	0.590	drs
合肥工业大学	0.431	0.431	0.999	—
厦门大学	0.426	0.427	0.998	irs
山东大学	0.545	0.849	0.642	drs
中国海洋大学	0.859	0.871	0.986	irs
武汉大学	0.698	0.698	1.000	—
华中科技大学	0.610	0.610	1.000	—
中国地质大学（武汉）	1.000	1.000	1.000	—
中国地质大学（北京）	0.813	0.816	0.996	irs
武汉理工大学	0.570	0.571	0.998	irs
华中农业大学	0.874	0.875	0.999	irs
华中师范大学	0.861	0.863	0.998	irs
湖南大学	0.652	0.655	0.996	irs
中南大学	0.952	1.000	0.952	drs
中山大学	0.782	1.000	0.782	drs
华南理工大学	1.000	1.000	1.000	—
重庆大学	0.883	0.884	0.999	irs

高校名称	综合技术效率	纯技术效率	规模效率	规模报酬
西南大学	0.879	0.882	0.997	drs
四川大学	0.573	0.906	0.632	drs
西南交通大学	1.000	1.000	1.000	——
电子科技大学	0.633	0.683	0.926	drs
西安交通大学	0.630	0.745	0.845	drs
西安电子科技大学	0.712	0.714	0.996	irs
长安大学	0.804	0.810	0.993	irs
西北农林科技大学	0.712	0.718	0.992	drs
西南财经大学	1.000	1.000	1.000	——
兰州大学	0.415	0.418	0.993	irs
均值	0.754	0.807	0.939	

2013 年自然科学类高校综合技术效率、纯技术效率、规模效率均值分别为 0.697、0.752、0.929，2018 年三个指标的均值为 0.754、0.807 和 0.939。从指标来看，2018 年高校自然科学类的综合技术效率、纯技术效率和规模效率较 2013 年均有了显著的提高。2013 年有 15 所高校的综合技术效率达到了 DEA 有效，而 2018 年综合技术效率达到 DEA 有效的高校为 10 所，较 2013 年有大幅下降。2013—2018 年自然科学类高校综合技术效率、纯技术效率、规模效率指标走势如图 8.4 所示。

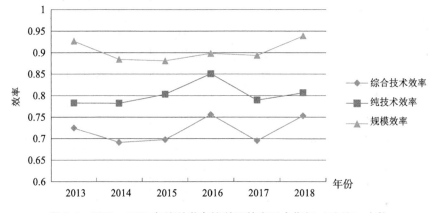

图 8.4 2013—2018 自然科学高校科研效率三个指标（均值）走势

　　通过图 8.4 可以看出，自 2014 年以来，我国自然科学高校科研产出效率三个指标均呈现出上行趋势，2016 年这一趋势出现下降，而 2017 年后再次出现了明显的提升。这与我国 2015 年和 2017 年两次提升和实施"双一流"高校建设政策的时间节点高度吻合。从规模效率来看，2014—2018 年我国高校平均自然科学规模效率一直处于稳步上升的趋势，而纯技术效率指标的波动较大，2013—2018 年出现了三次拐点，且规模效率显著高于纯技术效率，说明 2013—2018 高校自然科学类科研产出效率主要受到规模效率的影响。下面以北京大学、清华大学、复旦大学、上海交通大学、北京科技大学以及北京交通大学六所高校为例，分别对其自然科学类科研产出效率进行分析。

　　通过图 8.5 可以看出，北京大学自然科学类科研产出的纯技术效率和规模效率一直呈现反向变动的趋势且波动较大，2018 年北京大学纯技术效率大幅下降，规模效率超过纯技术效率，说明北京大学自然科学类科研资源使用效率不足，投资规模对科研产出影响较大。清华大学 2015 年和 2016 年纯技术效率值为 1，说明在 2015—2016 年其科研资源使用效率达到了最优，但 2017 年后纯技术效率值出现了下降；规模效率值一直处于较低的状态，说明投资规模对其科研产出的影响有限。复旦大学的纯技术效率在 2015 年出现了一次大幅度的下降，其后逐渐上升并维持在较高水平，说明其自然科学类科研资源使用效率不断优化；规模效率一直居高不下，说明投资规模对其科研产出影响较大。上海交通大学在 2016 年以前，纯技术效率和规模效率波动较大，2016 年后纯技术效率值保持在 1 的水平，说明其科研资源使用效率达到了最优；规模效率一直处于下降的趋势，说明投资规模对其科研产出的影响不断减小。北京科技大学的纯技术效率自 2013 年呈现出不断上升的趋势，但 2017 年出现了大幅的下降，说明其科研资源利用率不断下降；规模效率自 2015 年起处于不断上升的趋势，且数值较高，说明投资规模对其科研产出的影响不断提高。北京交通大学的纯技术效率值自 2013 年起一直为 1，说明 2013—2018 年其自然科学类科研资源的使用效率一直处于最优状态；规模效率在 2014 年出现过波动后，其值在其他年份稳定为 1，说明北京交通大学在近年来的纯技术效率和规模效率同时有效，达到了 DEA 绝对有效。

　　从总体规模报酬来看，2013 年规模效率递增的高校为 16 所，而 2018 年为 29 所；2013 年规模效率递减的高校为 31 所，而 2018 年为 20 所。图 8.6 为 2013—2018 年我国自然科学类高校规模报酬增减趋势。通过图 8.6 可以看出，

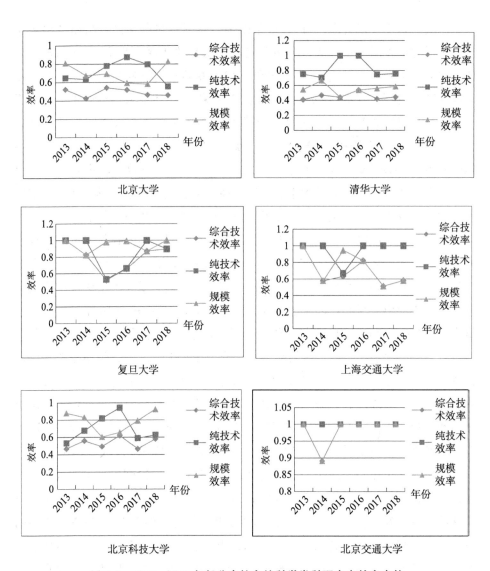

图 8.5 2013—2018 年部分高校自然科学类科研产出效率走势

2013—2018 年我国自然科学类高校的规模效率递减数量呈现先增后减的趋势，而规模报酬递增的高校数量呈现先减后增的趋势，2018 年规模效率递增的高校数量超过了规模效率递减的高校，说明我国整体自然科学类高校仍可以加大科研投入力度，促进科研产出。从单独六所高校来看，2018 年除北京交通大学达到了 DEA 绝对有效外，北京大学、清华大学、复旦大学、上海交通大学以及北京科技大学均处于规模报酬递减的状态，需要缩减投入，提高科研产出效率。

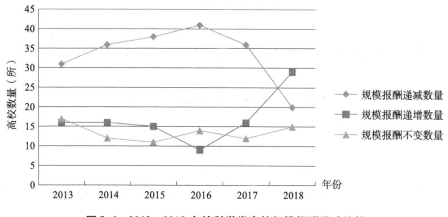

图 8.6　2013—2018 自然科学类高校规模报酬增减趋势

总的来说，自 2013 年到 2018 年，"双一流"高校自然科学类的科研效率持续增长，纯技术效率的影响作用不断增强，与人文社会科学类相比，同类学校的自然科学科研投入支出较多，科研产出情况较为理想。

8.5　高等教育科研投入产出数据包络动态综合评价研究

本节运用 DEAP2.1 软件，对"双一流"高校的人文社会科学、自然科学分别进行 Malmquist 指数测度，以探究科研效率的动态变化。测算结果包含综合技术效率、技术进步、纯技术效率、规模效率和全要素生产率。

综合技术效率（Crste）：综合技术效率＝纯技术效率×规模效率，突出反映了总体投入能力。

技术进步效率（Techch）：用于衡量临近时期的决策单元科研水平变化，在本书的科研效率评价中，技术进步主要体现在增加科研经费投入、促进学校间学术交流合作方面。

纯技术效率（Effch）：纯技术效率的内涵在不同领域中有不同的定义，在科研评估中，它代表科研投入的有效利用程度。

规模效率（Scale）：随着高等院校科研投入规模的扩大，科研产出大于投入，使得科研投入有效。

全要素生产率（Tfpch）：在规模报酬可变的前提下，囊括技术进步和技术效率变化两部分，可以反映科研水平和绩效。

8.5.1　人文社会科学类科研效率数据包络动态评价研究

如表 8.13 所示，通过计算得到"双一流"学校人文社会科学的 2013—2017 年 Malmquist 指数的分解情况。

由表 8.13 可知，自 2013 年开始，"双一流"高校科研全要素生产率的增长速度较慢，在 1 附近波动上升，平均值小于 1，说明呈现递减趋势，没有达到最优效率前沿面，其中，2016—2017 年间的全要素增长率波动最大，由 1.103 下降为 0.968，下降幅度为 12.24%；同年，综合技术效率由 1.100 下降至 0.981，降幅达到 10.82%；纯技术效率由 1.051 下降为 0.982，降幅达到 6.57%；规模效率由 1.046 下降至 0.999，降幅达到 4.49%，由此可以看出，综合技术效率的下降受到技术进步和纯技术效率的影响，纯技术效率的下降使综合技术效率出现负增长，全要素生产率的下降受到纯技术效率和规模效率的共同作用，尽管技术变动指数变化幅度不大，但技术变动指数带来的效应远远小于技术效率和规模效率的下降趋势。因此可以看出，2016—2017 年的全要素生产率变化波动较大，主要是由于科研投入没有得到有效利用，与科技产出不成正比。

表 8.13　2013—2017 年"双一流"学校人文社会科学 Malmquist 指数表

年份	综合技术效率（Effch）	技术进步效率（Teffch）	纯技术效率（Pech）	规模效率（Scale）	全要素生产率（Tfpch）
2013—2014	1.055	0.790	1.026	1.028	0.834
2014—2015	0.966	1.069	0.994	0.971	1.032
2015—2016	1.100	1.003	1.051	1.046	1.103
2016—2017	0.981	0.986	0.982	0.999	0.968

如图 8.7 所示，根据 2013—2018 年部分"双一流"高校人文社会科学类科研成果信息，通过计算得到部分"双一流"学校人文社会科学类科研成果科研效率 Malmquist 指数及其分解情况。

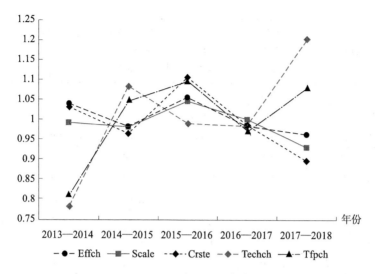

图 8.7 部分"双一流"学校人文社会科学类科研效率 Malmquist 指数分解图

总体来看，综合技术效率变动指数、纯技术效率呈现波动增长，规模指数效率呈现逐年递减趋势，表明"双一流"学校的规模不断扩大，但是管理水平仍有待加强，无法达到最优效率。因此，应在保持技术水平持续发展的前提下，不断扩大科研规模，加大政府、企业科技投入，提高高校产出能力。

根据表 8.14 所示我国高校科研效率水平可以看出，"双一流"高校的科研绩效水平 Malmquist 指数以及分解变动情况存在一定的差异，总体来看，全要素生产率平均值为 0.979，表明"双一流"人文社会科学类科研建设情况未达到总体有效，仍有待加强。

表 8.14 "双一流"高校人文社会科学类年均 Malmquist 指数及其分解情况

高校名称	综合技术效率变动指数（Effch）	技术进步指数（Teffch）	纯技术效率变动指数（Pech）	规模效率指数（Scale）	全要素生产率增长率（Tfpch）
北京大学	1.276	0.854	1.161	1.099	1.090
中国人民大学	0.994	0.973	1.000	0.994	0.968
清华大学	1.058	0.907	1.028	1.029	0.959
北京交通大学	1.011	0.992	1.027	0.984	1.003
北京科技大学	0.939	0.987	0.966	0.972	0.926

高校名称	综合技术效率 变动指数 （Effch）	技术进步 指数 （Teffch）	纯技术效率 变动指数 （Pech）	规模效率 指数 （Scale）	全要素生产率 增长率 （Tfpch）
北京化工大学	1.063	0.987	1.014	1.048	1.049
北京邮电大学	0.969	0.982	0.972	0.996	0.951
中国农业大学	1.047	0.903	1.026	1.020	0.945
北京林业大学	1.055	1.003	1.057	0.998	1.058
北京中医药大学	1.027	1.005	1.000	1.027	1.032
北京师范大学	1.099	0.931	1.064	1.033	1.023
中国传媒大学	1.142	0.930	1.097	1.041	1.062
中国政法大学	0.943	0.976	0.952	0.990	0.920
中国石油大学（北京）	1.000	0.960	1.000	1.000	0.960
中国石油大学（华东）	1.038	0.992	1.039	0.999	1.030
华北电力大学	1.054	0.894	1.040	1.014	0.942
南开大学	0.963	0.996	0.983	0.979	0.979
天津大学	1.005	0.949	1.013	0.992	0.953
大连理工大学	1.068	0.982	1.000	1.068	1.049
东北大学	1.068	1.001	1.065	1.003	1.068
吉林大学	1.086	0.995	1.034	1.050	1.080
东北师范大学	1.069	0.882	1.012	1.055	0.942
东北林业大学	1.083	0.937	1.088	0.995	1.014
复旦大学	1.079	0.945	1.036	1.042	1.020
同济大学	1.059	0.995	1.021	1.038	1.054
上海交通大学	0.895	0.969	0.898	0.997	0.867
华东理工大学	0.972	0.959	1.000	0.972	0.932
东华大学	1.141	0.919	1.114	1.025	1.049
华东师范大学	0.909	0.886	1.000	0.909	0.805
南京大学	1.175	0.943	1.173	1.002	1.108
东南大学	1.039	0.988	1.012	1.027	1.027
中国矿业大学	0.948	0.905	0.952	0.996	0.858
中国矿业大学（北京）	0.987	0.984	0.996	0.991	0.971
河海大学	0.942	0.872	0.940	1.002	0.821

高校名称	综合技术效率变动指数（Effch）	技术进步指数（Teffch）	纯技术效率变动指数（Pech）	规模效率指数（Scale）	全要素生产率增长率（Tfpch）
江南大学	1.001	0.939	1.045	0.958	0.939
南京农业大学	0.997	0.952	0.972	1.026	0.950
中国药科大学	0.935	0.972	0.947	0.988	0.909
浙江大学	1.138	0.889	1.115	1.020	1.012
合肥工业大学	1.046	0.977	1.014	1.032	1.022
厦门大学	1.041	0.966	1.019	1.022	1.006
山东大学	1.083	0.900	1.008	1.074	0.974
中国海洋大学	1.006	0.985	1.000	1.006	0.990
武汉大学	1.057	0.990	1.030	1.026	1.046
华中科技大学	0.991	0.922	1.000	0.991	0.914
中国地质大学（武汉）	1.000	0.957	1.000	1.000	0.957
中国地质大学（北京）	0.967	0.975	1.000	0.967	0.942
武汉理工大学	0.982	0.972	1.021	0.962	0.962
华中农业大学	1.024	1.008	1.027	0.997	1.032
华中师范大学	0.872	0.873	0.933	0.935	0.761
湖南大学	1.097	0.935	1.085	1.011	1.025
中南大学	0.960	0.977	0.954	1.006	0.937
中山大学	0.964	1.003	1.003	0.962	0.967
华南理工大学	1.048	1.001	1.011	1.037	1.049
重庆大学	0.942	0.941	0.976	0.965	0.886
西南大学	1.135	0.932	1.077	1.054	1.058
四川大学	0.956	0.981	0.951	1.005	0.938
西南交通大学	1.010	0.959	1.009	1.001	0.969
电子科技大学	0.999	1.003	1.000	0.999	1.003
西安交通大学	1.014	0.963	1.000	1.014	0.976
西安电子科技大学	0.989	0.958	0.997	0.992	0.947
长安大学	1.020	0.895	1.001	1.019	0.913
西北农林科技大学	1.048	0.989	1.068	0.980	1.036
陕西师范大学	1.033	0.995	1.039	0.995	1.027
兰州大学	1.005	0.922	1.002	1.004	0.927

其中，Malmquist 指数大于 1 的高校有 36 所，主要分为以下两类情况：北京林业大学、北京中医药大学、东北大学、华中农业大学、中山大学、华南理工大学、电子科技大学的技术进步指数大于 1，使技术效率趋于稳定，在"双一流"高校平均全要素生产率波动的趋势下，说明总体技术产出效率呈现提升状态，影响这几所高校科研绩效建设的因素是技术进步效率，即技术进步对于投入资源利用能力有较好的推动作用。北京交通大学、厦门大学、浙江大学、东北林业大学、复旦大学、合肥工业大学、北京师范大学、湖南大学、东南大学、陕西师范大学、中国石油大学（华东）、西北农林科技大学、武汉大学、北京化工大学、大连理工大学、东华大学、同济大学、北京林业大学、西南大学、中国传媒大学、吉林大学、北京大学、南京大学等高校的综合技术效率及纯技术效率值均大于 1，说明这些高等院校的教学科研资源利用效率较高，有个别学校的科技绩效水平受到了规模效率弱和纯技术效率强的双向制约，说明高等学校在注重加强提高科研资源利用的同时也要逐步扩大科研规模，进一步提升科研效率。

其余高校 Malmquist 指数均小于 1，使科研产出效率出现负增长的主要原因在技术进步上，技术效率的增长难以抵消技术进步负增长带来的负面效应。如表 8.14 所示，主要有以下三种情况：第一类是技术进步指数增长为正，但技术效率增长率为负值，中山大学等高校均为此类体现，说明综合技术变动效率低会影响投入产出能力，在一定程度上制约了技术进步，使全要素生产率负增长。第二类是由于技术进步缓慢导致全要素生产率出现负增长，例如华东师范大学、华中科技大学、华东理工大学、兰州大学、江南大学、华北电力大学、东北师范大学、中国地质大学（北京）、中国农业大学、天津大学、中国地质大学（武汉）、中国石油大学（北京）、武汉理工大学、中山大学、中国人民大学、西南交通大学、山东大学、西安交通大学，说明这些高校科研管理机制有待改善，管理能力不够高效，极大地限制了高等学校绩效水平的提高。第三类是技术变动指数和技术效率均小于 1，说明两者效率均未达到有效值，使全要素生产率水平也出现负增长，例如，华中师范大学、河海大学、中国矿业大学、上海交通大学、重庆大学、中国药科大学、中国政法大学、北京科技大学、中南大学、四川大学、西安电子科技大学、南京农业大学、北京邮电大学、中国矿业大学（北京）、南开大学。该类高校应当对科研投入产出体系进行调整，提升金融支持效率。

由于综合技术效率受纯技术效率和规模效率的影响，因此，在综合技术效率小于 1 的高校中，华中师范大学、华东师范大学、中国矿业大学、上海交通大学、重庆大学、中国药科大学、天津大学、华中科技大学、中国政法大学、华东理工大学、江南大学、中国地质大学（北京）、西安电子科技大学、北京邮电大学、武汉理工大学、中山大学、中国人民大学、中国矿业大学（北京）的综合技术效率负增长是由于规模效率增长速度过慢引起的，说明高校的技术水平比较突出，而科技投入规模无法匹配，应该扩大科学技术资源投资规模。此外，上述高校中的华中师范大学、中国矿业大学、上海交通大学、重庆大学、中国药科大学、中国政法大学、北京科技大学、西安电子科技大学、北京邮电大学、中国矿业大学（北京）的纯技术效率和规模效率均出现负增长，两者的共同作用导致综合技术效率变动下降。

在规模报酬可变的情况下，部分"双一流"高等院校人文社会科学类的科研成果效率分析结果如表 8.15 所示。

表 8.15　部分高校人文社会科学类科研效率分析表　　　　单位：所

类别	综合技术效率	技术进步效率	纯技术效率	规模效率	全要素生产率
>1	33	35	31	32	38
=1	1	1	10	3	4
<1	38	36	31	37	30

对 2013—2018 年部分"双一流"高等院校综合技术效率变动情况进行分析，有 33 所高校综合技术效率呈现上升趋势，有 38 所高校综合技术效率呈现下滑趋势，只有中国传媒大学综合技术效率保持不变。对 2013—2018 年部分"双一流"高等院校技术进步效率变动情况进行分析，有 35 所高校综合技术效率呈现上升趋势，有 36 所高校技术进步效率呈现下滑趋势，只有华东理工大学 1 所高校技术进步效率保持不变。对 2013—2018 年部分"双一流"高等院校纯技术效率变动情况进行分析，有 31 所高校综合技术效率呈现上升趋势，有 31 所高校纯技术效率呈现下滑趋势，有中国传媒大学、中国人民大学、北京中医药大学等 10 所高校纯技术效率保持不变。对 2013—2018 年部分"双一流"高等院校规模效率变动情况进行分析，有 32 所高校规模效率呈现上升趋势，有 37 所高校综合技术效率呈现下滑趋势，有中国传媒大学、华东师范大学和湖南大学 3 所高校规模效率保持不变。对 2013—2018 年部分"双一流"

高等院校全要素生产率变动情况进行分析，有 38 所高校全要素生产率呈现上升趋势，有 30 所高校全要素生产率呈现下滑趋势，有同济大学、中国地质大学、中央戏剧学院和陕西师范大学 4 所高校全要素生产率保持不变。

8.5.2　自然科学类科研效率数据包络动态评价研究

根据表 8.16 可分析"双一流"高校自然科学类 2013—2017 年 Malmquist 指数及其分解情况。

表 8.16　2013—2017 年"双一流"高校自然科学类年均 Malmquist 指数分解表

年份	综合技术效率 变动指数 （Effch）	技术进步 指数 （Teffch）	纯技术效率 变动指数 （Pech）	规模效率 指数 （Scale）	全要素生产率 增长率 （Tfpch）
2013—2014	0.978	1.075	1.031	0.949	1.051
2014—2015	1.037	1.033	1.037	1.001	1.072
2015—2016	1.072	1.041	1.045	1.025	1.115
2016—2017	0.920	1.084	0.927	0.992	0.997
均值	1.002	1.058	1.010	0.992	1.059

由表 8.16 可知，自 2013 年开始，"双一流"高校科研全要素生产率呈现正向增长，平均值为 1.059，呈现逐年递增趋势，达到了最优效率前沿面；但 2016—2017 年间的全要素增长率出现了负增长，由 1.115 下降至 0.997，下降幅度为 10.58%；同年，综合技术效率由 1.072 下降至 0.920，下降幅度为 14.18%；纯技术效率由 1.045 下降为 0.927，降幅达到 11.29%；规模效率由 1.025 下降至 0.992，降幅达到 3.22%，因此可以看出，2016—2017 年的全要素生产率变化波动较大，原因可能是科研投入量过大，与科技产出不成正比例。总体来看，综合技术效率与纯技术效率变动呈正向增长，技术进步指数取得有效 DEA 状态，但规模效率呈现逐年递减趋势，表明自然科学类院校的科研投入管理水平较高，已达到最优效率，但仍需要调整科研规模，优化科研产出能力。

如图 8.8 所示，根据 2013—2018 年部分"双一流"高校自然科学类科研成果信息，计算得到部分"双一流"学校自然科学类科研成果科研效率 Malmquist 指数及其分解情况。

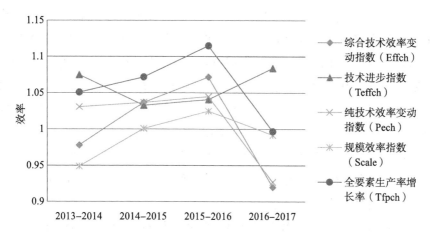

图 8.8　部分"双一流"学校自然科学类科研效率 Malmquist 指数分解图

由图 8.8 可知，自 2013 年开始，"双一流"高校科研全要素生产率呈现正向增长，平均值为 1.022，呈现逐年递增趋势，达到了最优效率前沿面，但 2016—2017 年间的全要素增长率出现了负增长，由 1.029 下降至 0.950，下降幅度为 7.68%；同年，综合技术效率由 1.080 下降至 0.943，下降幅度为 12.69%；纯技术效率由 1.054 下降为 0.929，降幅达到 11.86%，由此可以看出，2016—2017 年的全要素生产率变化波动较大，原因可能是科研投入量过大，与科技产出不成正比。2013—2018 年综合技术效率变动平均指数有所上升，上升幅度为 1.16%。2013—2018 年技术进步平均指数也有所上升，上升幅度为 1.24%。2013—2018 年纯技术效率变动平均指数呈现上升趋势，增长幅度为 0.96%。2013—2018 年规模效率指数平均指数也有所上升，上升幅度为 0.22%。通过综合分析，2013—2018 年全要素生产率增长率平均指数总体有上升趋势，上升幅度为 2.28%。总体来看，纯技术效率与综合技术效率变动呈正向增长，规模效率指数呈现逐年波动增长趋势，表明"双一流"高等院校自然科学类的科研投入管理水平较高，可以达到最优效率，但科研规模仍需要调整，从而推动优化科研产出能力。

由表 8.17 可知，"双一流"高等学校自然科学类的科研水平较高，全要素生产率平均值为 1.031，这表明"双一流"高校自然科学类科研投入产出有效，达到最优前沿。Malmquist 指数大于 1 的高校有 39 所，其中，除中国石油大学（北京）、武汉大学高校外，其余学校的技术进步指数均大于 1，使得技术效率趋于稳定，达到了技术进步推动科研投入产出的优化状态。北京科技大学、兰州大学、厦门大学、东北师范大学、东华大学、电子科技大学、东南大学的规模效率较弱，未达到1的有效水平，说明这几所学校的科研规模速度无法合理匹配科技产出成果，需要合理有计划地扩大科研规模。中国石油大学（北京）、中国人民大学、中国农业大学、山东大学、中国传媒大学、武汉大学、武汉理工大学、长安大学、华北电力大学、四川大学、北京大学、西安交通大学、浙江大学、湖南大学、陕西师范大学、大连理工大学、中国矿业大学、中国药科大学、北京化工大学、中国地质大学（北京）、清华大学、华中师范大学、东北大学等高校的综合技术效率值大于1，可以看出高校的科技资源利用效率较高，应不断保持。

表 8.17 "双一流"高校自然科学类年均 Malmquist 指数及其分解情况

高校名称	综合技术效率变动指数（Effch）	技术进步指数（Teffch）	纯技术效率变动指数（Pech）	规模效率指数（Scale）	全要素生产率增长率（Tfpch）
北京大学	1.053	1.038	0.999	1.054	1.093
中国人民大学	1.024	1.025	1.002	1.021	1.049
清华大学	1.210	1.037	1.055	1.147	1.256
北京交通大学	0.837	1.052	1.000	0.837	0.880
北京科技大学	0.998	1.017	1.061	0.941	1.014
北京化工大学	1.149	1.020	1.149	1.000	1.172
北京邮电大学	0.902	0.994	1.000	0.902	0.897
中国农业大学	1.025	1.025	1.000	1.025	1.051
北京林业大学	0.827	1.054	0.864	0.957	0.872
北京中医药大学	0.827	1.050	0.829	0.998	0.868
北京师范大学	0.927	1.026	0.941	0.985	0.952
中国传媒大学	1.000	1.061	1.000	1.000	1.061
中国政法大学	1.025	0.967	0.939	1.092	0.991
中国石油大学（北京）	1.115	0.996	1.111	1.004	1.004
中国石油大学（华东）	0.935	0.933	0.937	0.998	0.872

续表

高校名称	综合技术效率变动指数（Effch）	技术进步指数（Teffch）	纯技术效率变动指数（Pech）	规模效率指数（Scale）	全要素生产率增长率（Tfpch）
华北电力大学	1.015	1.059	1.059	1.000	1.075
南开大学	0.969	1.008	1.062	0.912	0.976
天津大学	0.929	1.013	0.912	1.019	0.941
大连理工大学	1.118	1.029	1.116	1.002	1.151
东北大学	1.261	1.017	1.258	1.002	1.282
吉林大学	0.974	0.978	0.968	1.006	0.953
东北师范大学	0.990	1.085	1.030	0.961	1.074
东北林业大学	0.858	0.995	0.858	1.000	0.854
复旦大学	0.788	1.007	0.791	0.997	0.793
同济大学	1.014	0.982	1.229	0.825	0.995
上海交通大学	0.882	0.937	0.882	0.999	0.827
华东理工大学	0.996	1.053	1.011	0.986	0.986
东华大学	1.037	1.047	1.072	0.967	1.086
华东师范大学	0.920	1.008	0.920	1.000	0.927
南京大学	0.880	1.024	0.977	0.901	0.902
东南大学	1.269	1.048	1.300	0.976	1.330
中国矿业大学	1.114	1.037	1.112	1.001	1.155
中国矿业大学（北京）	0.973	1.075	0.971	1.001	1.045
河海大学	0.872	1.064	0.872	1.000	0.928
江南大学	0.844	1.009	0.855	0.987	0.852
南京农业大学	0.978	1.020	0.931	1.051	0.998
中国药科大学	1.122	1.039	1.122	1.000	1.166
浙江大学	1.097	1.014	0.987	1.112	1.113
合肥工业大学	1.000	0.991	1.000	1.000	0.991
厦门大学	1.037	1.033	1.085	0.957	1.072
山东大学	1.036	1.016	0.936	1.106	1.053
中国海洋大学	0.885	1.104	0.998	0.887	0.977
武汉大学	1.066	0.998	1.048	1.017	1.064
华中科技大学	0.980	0.984	0.950	1.032	0.964

续表

高校名称	综合技术效率变动指数（Effch）	技术进步指数（Teffch）	纯技术效率变动指数（Pech）	规模效率指数（Scale）	全要素生产率增长率（Tfpch）
中国地质大学（武汉）	0.836	1.031	1.000	0.836	0.862
中国地质大学（北京）	1.135	1.035	1.130	1.005	1.175
武汉理工大学	1.054	1.015	1.036	1.017	1.070
华中农业大学	0.851	1.052	0.915	0.930	0.895
华中师范大学	1.236	1.024	1.210	1.022	1.267
湖南大学	1.083	1.048	1.084	1.000	1.136
中南大学	0.869	1.042	0.846	1.027	0.905
中山大学	0.961	1.043	0.904	1.063	1.002
华南理工大学	0.946	1.010	0.901	1.049	0.955
重庆大学	0.860	1.020	0.863	0.997	0.877
西南大学	0.990	0.980	1.000	0.990	0.970
四川大学	1.068	1.022	1.033	1.034	1.091
西南交通大学	0.973	0.992	1.000	0.973	0.965
电子科技大学	1.240	1.024	1.248	0.993	1.270
西安交通大学	1.059	1.033	1.042	1.016	1.094
西安电子科技大学	0.908	1.006	1.050	0.865	0.913
长安大学	1.028	1.044	1.027	1.001	1.073
西北农林科技大学	0.756	1.070	0.753	1.003	0.809
陕西师范大学	1.000	1.143	1.000	1.000	1.143
兰州大学	0.962	1.105	1.042	0.923	1.063

在上述 5 个分解指数均小于 1 的高校中，上海交通大学、东北林业大学、中国石油大学（华东）、吉林大学、华中科技大学、西南交通大学、西南大学、中国政法大学、合肥工业大学、同济大学等高校的技术进步指数为负增长，导致高校全要素增长率也出现负增长。通过表 8.17 可知，复旦大学、西北农林科技大学、上海交通大学、江南大学、东北林业大学、中国地质大学（武汉）、北京中医药大学、北京林业大学、中国石油大学（华东）、重庆大学、北京交通大学、华中农业大学、北京邮电大学、南京大学、中南大学、西

安电子科技大学、华东师范大学、河海大学、天津大学、北京师范大学、吉林大学、华南理工大学、华中科技大学、西南交通大学、西南大学、南开大学、中国海洋大学、华东理工大学、南京农业大学的综合技术效率值小于 1，其中，东北林业大学、中南大学、华东师范大学、河海大学、天津大学、吉林大学、华南理工大学、华中科技大学、南京农业大学的规模效率值大于或等于 1，说明规模与科研产出水平相匹配，综合技术效率值小于 1 主要由于纯技术效率值小于 1 导致，说明科研技术效率有待提高。而中国地质大学（武汉）、北京交通大学、北京邮电大学、西安电子科技大学、西南交通大学、西南大学、南开大学、华东理工大学、合肥工业大学纯技术效率值有效，能够达到合理配置科研资源的功能，但是规模效率有待提高。

在规模报酬可变的情况下，部分"双一流"高等院校自然科学类的科研成果效率分析结果如表 8.18 所示。

表 8.18　部分高校自然科学类科研效率分析表

高校名称	综合技术效率	技术进步效率	纯技术效率	规模效率	全要素生产率
>1	31	37	33	33	38
=1	3	0	5	11	0
<1	31	28	27	21	27

对 2013—2018 年部分"双一流"高等院校综合技术效率变动情况进行分析，有 31 所高校综合技术效率呈现上升趋势，也有 31 所高校综合技术效率呈现下滑趋势，中国传媒大学、西南交通大学、西北农林科技大学 3 所高校综合技术效率保持不变。对 2013—2018 年部分"双一流"高等院校技术进步效率变动情况进行分析，有 37 所高校综合技术效率呈现上升趋势，有 38 所高校技术进步效率呈现下滑趋势，没有高校技术进步效率保持不变。对 2013—2018 年部分"双一流"高等院校纯技术效率变动情况进行分析，有 33 所高校综合技术效率呈现上升趋势，有 27 所高校纯技术效率呈现下滑趋势，中国农业大学、中国传媒大学、西南大学、西南交通大学、西北农林科技大学 5 所高校纯技术效率保持不变。对 2013—2018 年部分"双一流"高等院校规模效率变动情况进行分析，有 33 所高校规模效率呈现上升趋势，有 21 所高校综合技术效率呈现下滑趋势，北京交通大学、中国传媒大学、华北电力大学、上海交通大学等 11 所高校规模效率保持不变。对 2013—2018 年部分

"双一流"高等院校全要素生产率变动情况进行分析，有38所高校全要素生产率呈现上升趋势，有27所高校全要素生产率呈现下滑趋势，没有高校全要素生产率保持不变。

8.6 结论与建议

为加快建设高等教育事业，国家提出"双一流"目标，强调以"具有中国特色的世界一流高校"为目标，对高校进行综合评估管理。本章通过利用BCC-DEA模型从静态角度分析2013—2017年"双一流"高校科研产出效率每年的效率指标，并利用Malmquist模型从动态角度分析得到2013—2017年平均的效率分解指标与全要素生产率。研究表明，大部分"双一流"高校已达到DEA有效状态，但仍有部分高校科研投入与产出效率不成正比，最根本的制约因素是管理决策与规模报酬递减。因此，各高校应因地制宜地提高科研投入产出水平，从而提升中国"双一流"高校建设水平。

为进一步提高"双一流"高等院校科研效率，应着眼于内部建设、外部推动共同作用，建立完善的科研效率提升机制。

（1）建立"双一流"高校科研激励机制。将高校科研产出成果与高校科研资源配置建立联系，使政府财政支持做到有针对性，科研绩效较为突出或是进步较为明显的高校予以配置高强度的科研资源；反之，予以负向激励。对于资源匮乏的新型组建团队，要给予适当政策帮助、予以关怀、提供经费支持等，团队内部或者团队间也要互帮互助，可以多渠道交叉筹集经费，共同打造科研资源平台，推动资源交流整合以及人才培养进步，在此基础上，进一步提升科研投入产出效率，实现科技成果经济价值的转换。

（2）加强外部环境优化建设，促进人才培养。要不断提升外部环境建设，打造专属高校的文化校园，推动校园创新。一所有凝聚力的高校是以优良文化为基点的，"双一流"高等学校要多方面开展科研学术活动，打造高效优良的学术周活动等。

（3）实施绩效考核，提高利用效率。要想提高"双一流"高校的科研效率，就要不断提高绩效评价标准，将科技的转化成果、所产生的相关经济效益纳入衡量体系。在知识成果产出维度，应建立以高水平科技论文、高层次科研成果等为导向的知识成果产出引导机制。在经济成果产出维度，应积极引导高校加强技术成果的转让和交易等。

参考文献

［1］ 中国人民政府. 统筹推进世界一流大学和一流学科建设总体方案［EB/OL］，（2015 – 11 – 05）［2021 – 10 – 17］. http：//www. gov. cn/zhengce/content/2015 – 11/05/content_10269. htm.

［2］ 中国人民政府. 统筹推进世界一流大学和一流学科建设实施办法（暂行）［EB/OL］，（2017 – 01 – 27）［2021 – 10 – 17］. http：//www. gov. cn/xinwen/2017 – 01/27/content_5163903. htm#1.

［3］ 闫海燕. 浙江省高校科技创新能力评估研究［D］. 杭州：浙江工业大学，2001.

［4］ 梅轶群，张燕. 高校科技创新能力的分析和评价［J］. 技术经济，2006（5）：74 – 77.

［5］ 孙孝科. 高校科技创新：意蕴与系统结构［J］. 广西社会科学，2006（1）：190 – 192.

［6］ 邵一华. 国家创新系统中的大学：国际比较研究［J］. 科学学与科学技术管理，2002（3）：9 – 12.

［7］ 张炜，杨选留. 国家创新体系中高校与研发机构的作用与定位研究［J］. 研究与发展管理，2006（4）：97 – 103.

［8］ STEVENS PA. A. Stochastic frontier analysis of English and Welsh universities［J］. Education economics，2005，13（4）：355 – 374.

［9］ IZADI H，JOHNES G，OSKROCHI R，et al. Stochastic frontier estimation of a CES cost function：the case of higher education in Britain［J］. Economics of education review，2002，21（1）：63 – 71.

［10］ HORNE，J，HU B. Estimation of cost efficiency of Australian universities［J］. Mathematics and computers in simulation，2008，78：266 – 275.

［11］ KEMPKES G，POHL C. The efficiency of German universities：some evidence from non – parametric and methods［J］. Applied economics，2010，42（16）：2063 – 2079.

［12］ ABRAMO G，D'ANGELO C A，PUG – NI F. The measurement of Italian universities' research productivity by a non – parametric – bibliometric methodology［J］. Scientometric，2008，76：225 – 244.

［13］ JOHNES. J，LI Y. Measuring the research performance of Chinese higher education institutions usingdata envelopment analysis［J］. China economic review，2008，19（4）：679 – 696.

［14］ 张明，曹文献，陈红，等. 对医学学科带头人的综合量化评价［J］. 东南国际医药，1995（5）：63 – 66.

［15］ 邓斌. 高校科技项目管理的绩效评估［J］. 国土资源科技管理，2000（5）：38 – 42.

［16］陆根书，刘蕾．不同地区教育部直属高校科研效率比较研究［J］．复旦教育论坛，
　　　2006（2）：55－59．

［17］田东平，苗玉凤．2001—2003年我国重点高校效率研究［J］．高等工程教育研究，
　　　2006（4）：83－86．

［18］徐娟．我国各省高校科研投入产出相对效率评价研究：基于数据包络分析方法［J］．
　　　清华大学教育研究，2009，30（2）：76－80．

［19］韩海彬，李全生．基于AHP/DEA的高校人文社会科学科研效率评价研究［J］．高教
　　　发展与评估，2010，26（2）：49－56．

［20］马玲玲．基于Malmquist指数模型的研究型高校科研绩效评价［J］．统计与决策，
　　　2018，34（22）：68－70．

［21］BANKER R D，CHARNES A，COOPER W W. Some models for estimating technical and
　　　scale inefficiencies in data envelopment analysis［J］. Management science，1984，30
　　　（9）：1078－1092.

第9章 高等教育发展质量直觉模糊综合评价研究

9.1 研究背景

从狭义上来看，教育质量是对教学结果的评价，教育质量的高低很大程度反映在教学结果的好坏上。从广义上来看，教育质量包含衡量标准和内容。而教育质量的评价过程一定程度上是培养质量的量化过程，但由于学校、学科和毕业生存在差异，我们还要认识到对教育质量的评价不应该仅通过单一的标准体系来衡量。

作为整个高等教育评价基本单位的高校，在对教育质量监控的把握方面，要能够将高校的社会责任感和使命感体现出来。现实中，很多高校为了维护自身的声誉，彰显自身办学成果，鲜少愿意看到自身教育质量下降的评价结果。《国家中长期教育改革发展规划纲要（2010—2020）》中指出强调国际交流合作的同时，更要形成中国特色的学校评价模式。各高校一方面要发挥自身优势，突出办学特色，另一方面要重点建设相关学科，所以对应的评价指标的选取也要有所调整。总之，多元化评价指标体系不但要考虑到各高校的办学特色，还要兼顾其将来的健康发展。

因此各大院校当前的首要工作是在相关政策的引导下，结合自己的条件，彰显新的办学特色。除此之外，考虑到中国的高等教育质量评价同各学校的办学特色还未很好地融合，因此高等教育质量评价体系不仅要顺应高校改革的潮流，还要建立符合自身特色的评价指标。

9.2 高等教育质量评价研究文献综述

毋庸置疑，高等教育在国家建设和发展中处于非常重要的地位，因此有关高等教育评价的研究更是层出不穷。

在这一问题上最著名的是泰勒，他认为评估是"判定现有的教育目标达到实现程度的过程"（Ralph Tyler，1950）。除此之外，后来的日本学者从数量测量或从性质上将其界定为一种系统的、有步骤地对学习过程和结果进行描述，并依据这个原则来判定是否实现期望目标的手段（胡中锋、李方，1999）。基于对泰勒评价观的反思和评价，从 20 世纪 60 年代开始，形成了两大具有代表性的观点和派别。一种观点突出强调评估价值判断的本质。斯克里文（Scriven）和豪斯（House）提出评估既是一种针对优缺点和价值的评价，又是一种兼具描述和判断的活动。其他的学者如日本学者大桥正夫也认为，教育评估就是依据教育目标，从价值上对教育行为产生的变化进行判断（胡中锋、李方，1999）。另一种观点则更强调评估的资料收集与分析的描述本质，其中克伦巴赫（Cronbach）和埃尔金（Alkin）等人是主要代表。就目前发展情况来看，众多国家都纷纷针对本国大学的科研和教学质量进行了一系列评价和评估，因而催生出了各种各样的院系、学科评估与排名活动（马丁·杰娜，2003），如英国的科研评价（Research Assessment Exercise，RAE）（埃尔顿，2000）、美国的研究生院排行和国家研究委员会的博士学科评价以及德国高等教育发展中心的学科排名等。

现有的研究主要集中在高等教育存在的问题和高等教育质量评价体系的构建两大方面。赵坤、王振维（2005）以资源和能力理论为基础，建立了大学重点学科核心竞争力的评价指标体系，构建了模糊综合评价模型以分析大学的重点学科及其核心竞争力。李健宁（2004）针对中国大学生构建了评价指标体系来评估中国和美国学科竞争力，并进一步构建学科竞争力预警指标体系。此外，李蕴、段婕（2011）提出，高校科研竞争力是市场经济里高校在科研方面获取稀缺资源的角逐中所表现出来的超越竞争对手的能力。李洁（2013）指出了高校教育质量评估工作存在的困难，一是高等教育呈现多元化价值取向趋势，影响了教育改革的社会环境。二是社会环境影响高校教育的发展，高校内部在新形势下也发生了诸多变化，而这些内外环境的变化，使总结教育规律的工作愈来愈复杂，推行教育改革也就不是那么顺利。谢武纪（2018）指出高等教育质量问题的发生是教育民主化进程的必然，多元质量观是理解高等教育质量问题的关键因素。杨静怡（2018）通过研究分析地方高校教师教学质量，发现在准则设置中主体利益诉求和程序效率间仍存在矛盾，同时评价程序的有效性与评价结果的可靠性、评价结果的透明性与教师的隐私性之间尚存在矛盾。张妍（2018）在明晰应用型高校内涵和质量价值取向的基础上，基于 CIPP 模型构建了适用于应用型高校的教育质量评价指标体系，为地方高校转型发展提供了思路和导向。杨梓慧（2018）运用大数据辅助教育评价体系的构建，推进了我国高等教育评价体系的发展，从而实现了科学评价的目的。黄海军（2018）构建主客观指标相统一的评价指标体系，运用 PLS 结构方程模型方法计算了各指数得分。

学界对于建立科学合理的高等教育质量评价体系如今还未形成统一的标准。考虑到高等教育质量的评价不应该是一个或几个定量的指标的叠加或简单组合，因此可以用直觉模糊综合评价法来构建一个有关教育质量相对科学合理的评价体系。

9.3　直觉模糊综合评价模型

直觉模糊综合评价法是基于模糊数学原理，在考虑不同因素影响的同时，出于某种研究意义和目的来对事物做出综合性决策的方法。其特点是每个被评价对象都被赋予唯一的评价值，可以避免不同的被评价对象所处对象集合不同的影响。直观模糊综合评价的目的是要选出较优对象，故还需要确定全部对象的综合评价结果的排序集，最后基于排序总结果进一步地择优选择。

依据模糊综合评价法对"双一流"高校建立评判决策模型，首先，设置评判因素集 $U = \{u_1, u_2, \cdots, u_m\}$，其中 u_m 是单个评价因素。其次，构建评分集 $V = \{V_1, V_2, \cdots, V_n\}$，其中 V_n 代表第 n 个评价结果。从"双一流"高校教育质量因素出发，将单因素模糊评价标准化并单位化后组成模糊关系矩阵 R。

$$R = \begin{bmatrix} \gamma_{11} & \gamma_{12} & \cdots & \gamma_{1n} \\ \gamma_{21} & \gamma_{22} & \cdots & \gamma_{2n} \\ \vdots & \vdots & & \vdots \\ \gamma_{m1} & \gamma_{m2} & \cdots & \gamma_{mn} \end{bmatrix} \tag{9.1}$$

事实上，由于每个评价因素的重要性不一致，对各评价因素的权重进行赋值，并进一步设立权重集，设为 $A = \{a_1, a_2, \cdots, a_m\}$，其中 a_m 为第 m 个评价因素的权重，且 $a_m \geq 0$，$\sum a_m = 1$。

将权重集 A 与模糊关系矩阵 R 进行乘法运算合成模糊综合评价结果矢量 B。模糊综合评价模型构建为：

$$B = A \cdot R = (b_1, b_2, \cdots, b_m) \tag{9.2}$$

合理的权重集对最终的评判结果会产生重要的影响，因此本书选用层次分析法（AHP）估算权重。简言之，综合评价问题本质上就是一个确定顺序问题。

层次分析法中引入了 1—9 标度法，用判断矩阵形式表示，实现比较判断的定量化。在形成判断矩阵后，通过计算判断矩阵的最大特征根及其特征向量，得出某层对于上一层次某一个元素的相对重要性权值。然后对上一层次因素本身的权值进行加权综合处理得出结果，最终得到层次总排序权值。

9.4　高等教育教育质量综合评价实证研究

9.4.1　高等教育教育质量评价指标构建

当前阶段，中国高等教育已经迈入世界中上水平，但是关于高等教育质量该如何评价还没有一致的定论。为将问题具体化，先将问题层级化处理，然后选取几个重要指标构建评价指标，再对我国"双一流"高校的教育质量进行综合评价。

影响高等教育质量的指标众多。通过研究相关的资料，依据研究目的，最终确定了九个具体指标：人文科学水平、社会科学水平、自然科学水平、科技经费投入、基建完成投资、长江学者数量、杰出青年数量、博士生数量和硕士生数量。所用数据均来源于2015—2018年"教育部直属高校工作咨询委员会"内部数据。为了使数据符合研究要求，对每个指标做了量化处理，构建实证分析模型，综合评价我国当前"双一流"高校的教育质量。

9.4.2　基于层次分析模型的高等教育质量综合评价

依照"双一流"高校的教育质量构建确定层次综合评价体系模型，模型框架指标体系如图9.1所示。

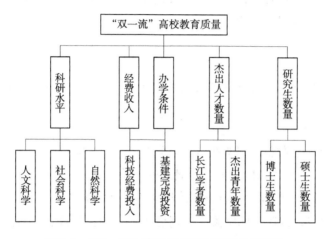

图9.1　"双一流"高校教育质量评价分析模型

1. 确定教育质量的因素集

对教育质量从五大方面进行评价，即 U 由5个因素子集构成：$U = \{U_1, U_2, U_3, U_4, U_5\}$ = {科研水平，经费投入，办学条件，杰出人才数量，研究生数量}。各因素子集分别为 U_1 = {人文科学，社会科学，自然科学}，U_2 = {科技经费投入，基建完成投资}，U_3 = {科技经费投入，基建完成投资}，U_4 = {长江学者数量，杰出青年数量}，U_5 = {博士生数量，硕士生数量}。

2. 确立各指标的因素权重

（1）准则层 B 的判断矩阵的建立和各因素权重的构建。对模糊综合评价结果矢量 B 中各因子，按照相对重要性，依据经验进行两两比较，利用层次分析法中引入了1—9标度法，并判断矩阵进一步计算各权重，得出结果如表9.1所示。

表9.1　准则层 *B* 相对于目标层 *A* 的判断矩阵

A	B_1	B_2	B_3	B_4	B_5	权重 W
B_1	1	6	1/3	3	1/3	$W_{B1} = 0.1660$
B_2	1/6	1	1/4	1/2	1/6	$W_{B2} = 0.0466$
B_3	3	4	1	7	3	$W_{B3} = 0.4367$
B_4	1/3	2	1/7	1	1/5	$W_{B4} = 0.0654$
B_5	3	6	1/3	5	1	$W_{B5} = 0.2853$

根据表9.1可以计算该矩阵的特征向量和最大特征值，然后对判断矩阵进行一致性检验。先计算偏离指标 CI：

$$CI = \frac{\lambda_{\max}}{n-1} \tag{9.3}$$

然后计算随机一致性比率 CR，式中 RI 的值参照平均一致性随机指标为

$$CR = \frac{CI}{RI} \tag{9.4}$$

根据表9.1中数值，可算得 $\lambda_{\max} = 5.4059$，$CI = 0.1014$，$RI = 1.12$，$CR = 0.0906 < 0.1$，即认为判断矩阵具有满意的一致性。

（2）指标层中各因素判断矩阵的建立和权重的确定。

依据表9.2，构造指标层关于准则层 $B_1 \sim B_5$ 的判断矩阵，并计算各权重，如表9.3～表9.7所示。

表9.2　平均随机一致性指标

n	1	2	3	4	5	6	7	8	9
RI	0.00	0.00	0.58	0.90	1.12	1.24	1.32	1.41	1.45

表9.3　指标层相对于准则层 B_1 的判断矩阵

B_1	B_{11}	B_{12}	B_{13}	权重 W
B_{11}	1	1/2	2	$W_{B11} = 0.2970$
B_{12}	2	1	3	$W_{B12} = 0.5396$
B_{13}	1/2	1/3	1	$W_{B13} = 0.1634$

$\lambda_{\max} = 3.0092$，$CI = 0.0046$，$RI = 0.58$，$CR = 0.0079 < 0.1$

表 9.4 指标层相对于准则层 B_2 的判断矩阵

B_2	B_{21}	B_{22}	权重 W
B_{21}	1	1/3	$W_{B21} = 0.2500$
B_{22}	3	1	$W_{B22} = 0.7500$

$\lambda_{max} = 2.0000$, $CI = 0.0000$, $RI = 0.00$, $CR = 0.0000 < 0.1$

表 9.5 指标层相对于准则层 B_3 的判断矩阵

B_3	B_{31}	B_{32}	权重 W
B_{31}	1	1/4	$W_{B31} = 0.2000$
B_{32}	4	1	$W_{B32} = 0.8000$

$\lambda_{max} = 2.0000$, $CI = 0.0000$, $RI = 0.00$, $CR = 0.0000 < 0.1$

表 9.6 指标层相对于准则层 B_4 的判断矩阵

B_4	B_{41}	B_{42}	权重 W
B_{41}	1	3	$W_{B41} = 0.2500$
B_{42}	1/3	1	$W_{B42} = 0.7500$

$\lambda_{max} = 2.0000$, $CI = 0.0000$, $RI = 0.00$, $CR = 0.0000 < 0.1$

表 9.7 指标层相对于准则层 B_5 的判断矩阵

B_5	B_{51}	B_{52}	权重 W
B_{51}	1	5	$W_{B51} = 0.8333$
B_{52}	1/5	1	$W_{B52} = 0.1667$

$\lambda_{max} = 2.0000$, $CI = 0.0000$, $RI = 0.00$, $CR = 0.0000 < 0.1$

如表 9.3～表 9.7 所示,各判断矩阵的一致性指标 CR 均小于 0.1,则可认为建立的判断矩阵具有满意的一致性。根据表 9.2～表 9.7 计算出指标层各个评价因素对目标层的组合权重:$W = W_i = [\,0.0493\ 0.0896\ 0.0271\ 0.0117\ 0.0350\ 0.0873\ 0.3494\ 0.0164\ 0.0491\ 0.2377\ 0.0476\,]$。

由表 9.8 可知,科技经费投入的权重最大,其次为博士生数量,然后为社会科学方面的科研水平,这与现实情况基本吻合,进一步证实用层次分析法确定的评价因素权重较为可靠,即判断矩阵具有较好的一致性。

表 9.8　指标层相对于目标层 *A* 的组合权重

评价内容	权重（W_i）	评价项目	权重（W_{ij}）	组合权重（W）
科研水平（B_1）	0.1660	人文科学	0.2970	0.0493
		社会科学	0.5396	0.0896
		自然科学	0.1634	0.0271
经费投入（B_2）	0.0466	科技经费投入	0.2500	0.0117
		基建完成投资	0.7500	0.0350
办学条件（B_3）	0.4367	基建完成投资	0.2000	0.0873
		科技经费投入	0.8000	0.3494
杰出人才数量（B_4）	0.0654	长江学者数量	0.2500	0.0164
		杰出青年数量	0.7500	0.0491
研究生数量（B_5）	0.2853	博士生数量	0.8333	0.2377
		硕士生数量	0.1667	0.0476

9.4.3　高等教育教学质量直觉模糊评价算法

根据表 9.8 建立教学质量的直觉模糊综合评价模型。

1. 确定模糊综合评判因素集

考虑到上文分析的影响"双一流"高校教育质量的几大因素，建立评价因素集 $U = \{$科研水平，经费投入，办学条件，杰出人才数量，研究生数量$\}$。

2. 建立综合评判的评价集

本章对"双一流"高校教育质量的评语集采用四级划分法：1 = 优秀，2 = 良好，3 = 中等，4 = 较差，即评语集 $V = \{1, 2, 3, 4\}$。

3. 进行单因素模糊评判，并求得评判矩阵 *R*

单独从上述各因素出发，通过专家组成的评审团对教育质量进行评判，分别得出单因素评判集：

$$R_1 = [0.37 \quad 0.30 \quad 0.32 \quad 0.01]$$
$$R_2 = [0.45 \quad 0.30 \quad 0.25 \quad 0.00]$$
$$R_3 = [0.33 \quad 0.40 \quad 0.26 \quad 0.01]$$
$$R_4 = [0.50 \quad 0.40 \quad 0.10 \quad 0.00]$$

$$R_5 = \begin{bmatrix} 0.35 & 0.30 & 0.35 & 0.00 \end{bmatrix}$$
$$R_6 = \begin{bmatrix} 0.35 & 0.30 & 0.35 & 0.00 \end{bmatrix}$$
$$R_7 = \begin{bmatrix} 0.50 & 0.40 & 0.10 & 0.00 \end{bmatrix}$$
$$R_8 = \begin{bmatrix} 0.60 & 0.30 & 0.10 & 0.00 \end{bmatrix}$$
$$R_9 = \begin{bmatrix} 0.55 & 0.33 & 0.12 & 0.00 \end{bmatrix}$$
$$R_{10} = \begin{bmatrix} 0.58 & 0.20 & 0.22 & 0.00 \end{bmatrix}$$
$$R_{11} = \begin{bmatrix} 0.45 & 0.35 & 0.19 & 0.01 \end{bmatrix}$$

由此得出评判矩阵为

$$\boldsymbol{R} = \begin{bmatrix} 0.37 & 0.30 & 0.32 & 0.01 \\ 0.45 & 0.30 & 0.25 & 0.00 \\ 0.33 & 0.40 & 0.26 & 0.01 \\ 0.50 & 0.40 & 0.10 & 0.00 \\ 0.35 & 0.30 & 0.35 & 0.00 \\ 0.35 & 0.30 & 0.35 & 0.00 \\ 0.50 & 0.40 & 0.10 & 0.00 \\ 0.60 & 0.30 & 0.10 & 0.00 \\ 0.55 & 0.33 & 0.12 & 0.00 \\ 0.58 & 0.20 & 0.22 & 0.00 \\ 0.45 & 0.35 & 0.19 & 0.01 \end{bmatrix} \tag{9.5}$$

4. 建立评判模型，进行综合评判

根据上文层次分析法确定的各因素权数为：$W = \begin{bmatrix} 0.0493 & 0.0896 \end{bmatrix}$ 0.0271　0.0117　0.0350　0.0873　0.3494　0.0164　0.0491　0.2377 0.0476]。

将 A 和 $\boldsymbol{R}$ 进行模糊变换，于是得到评判模型：

$$\boldsymbol{B} = A \cdot \boldsymbol{R} = \begin{bmatrix} 0.4870 & 0.3190 & 0.1930 & 0.0012 \end{bmatrix} \tag{9.6}$$

9.4.4　高等教育教育质量综合评价结果分析

结合上文构建的模糊评价体系得出当前"双一流"高校的教育质量评价结果为：约有 48.7% 的人认为当前的"双一流"高校教育质量优秀，31.9%的人认为教育质量良好，19.3% 的人认为教育质量处于中等水平，0.12% 的人认为教育质量较差。即当前的教育模式下，"双一流"高校的教育质量呈现一种整体良好的形势，这对于我国高层次人才的培养具有非常重要的意义。

9.5 高等教育质量提升和发展政策建议

"双一流"建设作为国家新时期提出的高等教育发展目标，针对当前大学的高等教育质量，尤其为"双一流"高校的教育质量的提升和发展提出了以下政策建议。

1. 省域高等教育补短板，推动综合发展水平的提高

现阶段，我国部分省份存在高等教育综合发展水平偏低的问题，具体体现在社会服务、经费投入、信息化等方面。因此，要提高综合发展水平，应全面提高以下几个方面的发展水平。

一方面，要增强高等教育社会服务能力建设。通过相关的研究和技术的转移进行"知识再造"，通过教育和人力资源开发、文化开发和社区开发进行"知识移动"，创造一种有利于创新发展的环境。

另一方面，要逐渐增加高等教育经费投入。高等教育的组织特性决定了高等教育办学成本与办学经费的增长。由于当前我国高等教育经费投入占 GDP 比重较低，因此加快建设高等教育强国、高等教育强省和加大财政投入都是当前的紧要措施。

除此之外，还要进一步加快信息化的建设，推进"三通两平台"建设，使信息化发展由应用阶段向融合、创新的更高阶段迈进。2016 年先后颁布的《关于做好新时期教育对外开放工作的若干意见》《推进共建"一带一路"教育行动》两个文件都为提升我国高等教育国际化水平明确了接下来的方向。各地各校应拓宽国际交流合作，实现在交流中发展，在合作中共赢，从而不断提升自身实力、国际影响力和国际竞争力。

2. 妥善处理"双一流"大学与非"双一流"大学的关系

随着高等教育竞争的日益激烈，大学只有跻身于"双一流"大学之中才能获得长远的发展。这是由优胜劣汰的自然法所导致的。例如，高校之间对人才的竞争，"双一流"大学为了吸引人才采用多样的政策，与此同时，优秀的人才队伍提升也会同时促进大学内涵式发展，激发大学的积极性与创造性。

除此之外，只有在人才培养和学科建设方面占据优势地位，才能保持一流大学与一流学科的地位。因此要将危机意识和竞争意识常记于心，同时也要将眼光国际化，逐渐同世界一流大学看齐，促进民族特色与世界一流相融合。

9.6　小　结

本章借助层次分析法估算权重，构造直觉模糊综合评价模型，对我国高校的教育质量进行综合评价。研究发现，约有 48.7% 的人认为当前"双一流"高校教育质量优秀，31.9% 的人认为教育质量良好，19.3% 的人认为教育质量处于中等水平，0.12% 的人认为教育质量较差。

参考文献

[1] MADAUS G F, SCRIVEN M, STUFFLEBEAM D L. Program evaluation：A historical overview ［M］//Evaluation models：viewpoints on educational and human services evaluation (2nd). Boston, MA：Kluwer Academic, 2000：3 – 18.

[2] T Kellaghan, Stufflebeam D L. The CIPP model for evaluation ［M］//Evaluation models：viewpoints on educational and human services evaluation (2nd). Boston, MA：Kluwer Academic, 2000：279 – 318.

[3] STUFFLEBEAM D. L. The CIPP model for program evaluation ［M］//Annual conference of the oregon program evaluators network. Portland：Oregon, 2003：125 – 127.

[4] GENNA A, MARTIN B. University research evaluation and funding：an international comparison ［J］. Minerva, 2003, 41 (4)：1 – 15.

[5] ELTON L. The UK research assessment exercise：unintended consequences ［J］. Higher Education Quarterly, 2000 (54)：392 – 418.

[6] 周玉清, 沈红, 毕世栋. 美国的研究生教育评估及带给我们的启示 ［J］. 清华大学教育研究, 2002, 23 (4)：83 – 89.

[7] GLENNO. A Critic Sees Deep Problems in the Doctoral Rankings ［J］. Chronicle of Higher Education, 2010, 57 (7)：12 – 12. (2010 – 09 – 01). http：/chronicle. com/article/A Critic Sees Deep Problems in/124725/ ［2021 – 10 – 17］.

[8] 靳诺. 世界一流大学一流学科建设的"形"与"魂" ［J］. 国家教育行政学院学报,

2016（6）：3 - 8.

［9］周光礼. "双一流"建设的三重突破：体制、管理与技术［J］. 大学教育科学，2016
（4）：4 - 14.

［10］刘宝存，张伟. 国际比较视野下的创建世界一流大学政策研究［J］. 比较教育研究，
2016，38（6）：1 - 8.

［11］TEICHLER，U. Hochschulstruktu'ren im umbruch. ein bilanz der reform dynamik seitvier
jahrzehten［M］. Frankfurt am Main：Campus Verlag，2005.

［12］钟秉林. 人才培养模式改革是高等学校内涵建设的核心［J］. 高等教育研究，2013，
34（11）：71 - 76.

［13］袁贵仁. 建立现代大学制度推进高等教育改革和发展［J］. 国家高级教育行政学院
学报，2000（2）：23 - 26.

［14］徐金梧. 大学科技创新与人才培养模式改革问题的思考［J］. 中国高教研究，2008
（1）：10 - 12.

［15］李立国. 工业4.0时代的高等教育人才培养模式［J］. 清华大学教育研究，2016，37
（1）：6 - 15.

［16］林杰，刘国瑞. 关于深化中国特色高等教育人才培养体系改革的几个问题［J］. 中
国高教研究，2015（3）：21 - 25.

［17］刘贵芹. 创新高校人才培养机制的探索与思考［J］. 中国大学教学，2014（10）：
4 - 8.

［18］乔万敏，邢亮. 开放式教育：创新型人才培养的新视角［J］. 教育研究，2010，31
（10）：86 - 90，106.

［19］谢武纪. 高等教育质量问题与大学质量自觉：基于对扩招以来中国高等教育的考察
［J］. 湖南师范大学教育科学学报，2018，17（6）：58 - 65.

［20］周奔波，菊梦. 迈入高等教育新时代：问题与对策［J］. 中国冶金教育，2018（3）：
36 - 37.

［21］孙微，郭飞君. 我国高等教育大众化进程中存在的问题与对策［J］. 长春师范大学
学报，2018，37（5）：138 - 140.

［22］张妍. 基于CIPP模型的应用型高校教育质量评价指标体系构建［J］. 上海教育评估
研究，2018，7（1）：8 - 12.

［23］杨梓慧，陈维嘉. 论我国高等教育多元化的评价指标体系的建设［J］. 现代商贸工
业，2017（24）：146 - 147.

［24］黄海军，孙继红. 我国省域高等教育综合发展水平评价研究［J］. 当代教育科学，
2018（10）：63 - 68.

［25］胡中锋. 教育测量与评价［M］. 广东：广东高等教育出版社，1999.

第 10 章　高等教育对社会经济发展影响的投入产出分析

10.1　引　言

　　人力资源、创新和知识 R&D 是区域经济稳定、持续增长的关键因素，高等教育对社会经济的发展更有举足轻重的影响。首先，这些影响包括大学或其他高教机构的办学投资、对产品和服务的购买以及对职工的工资支付等支出对社会经济发展的推动作用。其次，高效的设置还为当地经济吸引了大批劳动力与消费者，比如外地学生、工人等。再次，大学通常会建立一些图书馆、文化中心等基础设施，有助于文化的发展及区域形象的提升。最后，校企合作研发平台、实践培训基地等，能促进经济规模扩大，产业结构优化升级，经济质量和效益提高，经济与环境协调发展，实现区域经济高质量发展。

　　20 世纪 80 年代以来，随着罗默（Romer）和卢卡斯（Lucas）等经济学家所开创的内生增长理论的发展，教育人力资本的溢出效应对经济增长的作用日益为人们所重视。与经典人力资本理论强调人力资本的提升会带来个人劳动生产率提高不同，内生增长理论更强调人力资本的技术知识外溢机制，强调个体人力资本提升不仅会提高个人劳动生产率，而且还有助于群体中的其他个体劳动生产率的提高，进而有助于经济增长。罗默认为技术进步是经济增长的真正源泉，而技术进步依赖于教育的投入，教育部门在社会经济发展中具有重要地位。Jakobi（2007）认为持续不断地学习是全球化背景下加速发展的关键，而这种学习源头是教育部门的投入。对于不同种类教育在经济发展中的作用，Ljungberg（2002）认为虽然基础教育对未来经济发展的铺垫作用并没有显著表现，但高等教育对经济和生产力带来的增长作用非常明显。以上学者的研究证实了高等教育部门的发展会增加全国的人力资本，从而促进社会经济增长。然而，从产业角度出发，上述研究并没有具体分析高等教育对其他各产业部门的影响。高等教育部门是一个提供最终产品和服务的部门，与提供中间产品和服务的部门相比，高等教育部门对其他各行业的影响大小如何？对我国经济整体的影响如何？本章旨在借助投入产出模型，利用 2012 年投入产出表及高等教育相关数据，探讨高等教育部门在中国产业链中对其他各行业的影响，以及高等教育在上下游产业链中的地位及波及作用。这一研究对于我们更好地认识高等教育跟社会经济增长的关系，更深入地了解高等教育与其他产业之间的紧密关系，进一步贯彻实施科教兴国战略及人才优化政策具有重要意义。

10.2　文献综述

10.2.1　高等教育对社会经济的影响机制

近年来，高校不仅被看作传授知识的场所，而且通过与当地政府、企业等相互合作，高校已经成为经济建设的重要参与者，对经济发展发挥着重要促进作用。Goldstein 等（1990）将高等教育的经济行为概括为六大类，分别是：①知识创造及基础设施建设；②人力资源的创造；③技术转化及创新；④产品及服务投资（提升了当地需求）；⑤区域领导力；⑥区域自然及文化环境方面的影响力。其中⑤、⑥是高等教育对区域经济的间接影响，很难估算。Siegfried 等（2007）对 241 个大学的 138 种区域经济影响做了理论探讨，并利用产出乘数具体计算了 1 欧元高等教育投资对区域经济的影响。Drucker、Goldstein（2007）对以往文献进行了综述，发现分析方法和所用参数不同，结论也大相径庭。但是，总体来说，高等教育对创新、知识转化及区域经济发展具有积极作用。Valero、V. Reenen（2019）评估了 78 个国家 1500 个地区的15000 所高校对当地经济的影响，结果发现从 1950 年到 2010 年，高校数量的增加对地区经济发展有重要的积极作用。高校数量增长 10% 会带来 0.4% 的GDP 增长。另外，高校对当地经济的影响途径除了高校及其职工和学生的支出外，更重要的是人力资源的质量提升及科技创新。梁军（2018）利用我国

2000—2015 年的省际面板数据，利用动态面板数据模型特别是广义矩估计方法，实证检验了以高等教育为代表的人力资本及其溢出效应对我国经济及科技创新的影响。实证分析证实，教育人力资本及其溢出效应对我国科技创新及经济增长均具有显著影响。包耀东等（2019）根据 1996—2016 年江苏省 13 个城市的面板数据，计算分析高等教育与江苏经济增长之间的关系。结果表明固定资本在经济增长中起主导作用，高等教育和从业人员对经济增长的影响次之。另外，有些学者认为高等教育对区域经济的影响是通过 R&D 支出实现的（Jaffee，1989；Varga，1998，2000 等），也有学者认为是通过高校毕业生实现的（Riddel、Schwer，2003；Martin，1998）。根据研究目的的不同，高等教育对社会经济发展的影响效应可以从以下两种效应去理解。

10.2.2　需求侧效应和供给侧效应

高等教育对当地经济的影响包括了若干彼此相连的方面。Florax（1992）首次对这些影响做了比较系统的阐述。他将高等教育对经济的影响概括为八个方面，比如，高等教育对经济系统、文化系统、人口、企业等方面的影响。这些影响可以从两个不同的角度去测量：高校的投入（需求侧，后向关联）及高校的产出（供给侧，前向关联）。高等教育对社会经济的影响机制如图 10.1 所示。

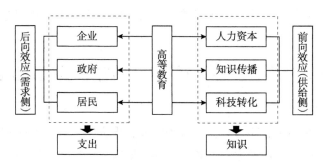

图 10.1　高等教育对社会经济的影响机制

从需求侧来看，高校对区域经济有重要的促进作用。高校建设、学生生活需要产品及服务（公共部门及私人部门），很大部分是由当地提供。高校活动还能为当地创造劳动岗位（劳动力效应），提高居民工资（收入效应）。另外，通过一些社会活动（会议、文化传播等活动），高校可以促进当地酒店、餐饮等产业的发展。这些效应都属于"后向关联效应"。Lambooy（1996）通过高校创造的收益及劳动岗位，从需求侧和供给侧角度分析了高等教育对区域经济的影响效应。Segarra Ilasco（2003）实证研究表明高校对当地居民的收入、劳动力及产品的生产都有积极促进作用。

10.2.3　直接、间接和衍生效应

高等教育对区域经济的影响效应从需求方面可以分为三大类：直接效应、间接效应和衍生效应。直接效应是由学校、职员及学生的直接消费支出引起的。例如学校在硬件建设中对商品和服务的购买以及学生在生活过程中的消费。这些消费直接拉动了相关商品和服务的生产，促进了当地经济发展。同时，商品或者服务的产出增加了，那么生产过程中需要的原料也会增加，这样又会拉动原料的生产，以此往复，高校的消费支出不仅会拉动他们购买的商品和服务的产出，而且通过产业之间的关系，会促进其他产业的发展。另外，以上支出除了能拉动产品及服务的产出外，还会导致生产这些商品和服务的工人的工资增加，也有可能会创造更多的劳动岗位，拉动就业，这就是高校消费对经济增长的间接效应。间接效应可以从收入乘数和劳动力乘数估算。衍生效应包括人力资源提升、知识转化、企业合作等方面对经济增长的促进作用以及来校访问的外来人员的支出给本地经济、文化、贸易等带来的效应等。

10.3　高等教育对经济影响效应的测度方法

高等教育时刻在影响着社会经济的发展，很多学者在研究中对这些影响做了测度分析，但是所用的方法、角度不同，所得出的结果也不同。针对高等教育对当地经济的影响效应的测度方法可以总结为以下两类。

（1）直接测度法。这种方法是由美国教育学会（ACE，American Council of Education）于20世纪70年代提出的。ACE将高等教育对区域经济的影响分成了若干不同的效应，然后对不同的效应使用了不同的测度方法。这些效应大体上可以被分为三类：①对当地经济或公司的影响；②对当地居民的影响；

③对当地管理方面的影响。每类效应选用不同的变量，使用不同的方法加以测度。除了 ACE 的模型以外，直接测量法中还包括一些其他不常用的模型，比如，凯恩斯本地乘数模型（Bleaney 等，1992；Canterbury City Council，2001）、可计算一般均衡模型（Giessecke、Madden，2005）等。

（2）间接测度法。这类方法中最具代表性的是投入产出分析。投入产出模型清晰的显示了高校对产品及服务需求的来源，其中丰富的数据可以提供更加详细的分析结果，比如对产出的影响、对居民收入的影响等。这些影响效应可以被分为：①直接效应，指高校的投资或支出产生的第一轮效应。②间接效应，指经济运行中由直接效应引起的间接影响。比如，高校购买了当地产品及服务，促进了该产品或服务的产量提高（直接效应），进而使用更多的原料，促进了其他产业产量的提高及工人工资的提高（间接效应）。③衍生效应，当生产要素改变时，一些经济变量的变化会更加深入地传递到整个经济系统，引起其他变量的变化。比如，工资提高会进一步增加居民支出，使其他行业产量进一步增加等。这种方法的优势在于既可以直观地测度直接、间接及衍生效应，又可以从现存的投入产出表中分解出模型所需要的数据，降低数据收集的成本。

10.4　模型设定及数据

10.4.1　投入产出模型

投入产出模型是一种研究经济的数学模型，用来分析经济活动中投入产出的数量依赖性，由投入产出表以及基于投入产出表的部门之间的数量关系建立的方程组构成。1936 年列昂惕夫发表在《经济和统计审查》的《美国经济体系中的定量投入产出关系》是其诞生的标志。随着列昂惕夫对投入产出分析方法的深入研究，该理论逐渐趋于成熟，经过多年的发展完善，已有 100 多个国家成功编制了投入产出表。1941 年，列昂惕夫发表的《美国经济结构：1919—1929》详细描述了投入产出分析方法，并于 1953 年系统规范地编著成《美国经济研究》，这本书被称为投入产出分析的经典力作。投入产出表根据不同的划分标准有不同的类型，常用的类型是以计量单位为划分标准：一种以物理单位计量的实物型投入产出表，指基于实物产品编制的平衡表；一种是以货币为计量单位的价值型投入产出表。经济市场提供的产品和服务种类繁多，价值型投入产出表是将基本用途相同、生产消耗机构性质相似的产品或服务整合为一个产业部门，以价值的形式表示出来，通过各种数值表现部门间相互关系的一种平衡表格。其基本形式如表 10.1 所示。

表 10.1 价值型投入产出表（简表）

项目		中间使用（Intermediate Demands）			最终产出（Final Output）	总产出（Output）
		产业 1（Sector 1）	产业 j（Sector j）	产业 n（Sector n）		
中间投入（Intermediate Input）	产业 1（Sector 1）	x_{11}	x_{1j}	x_{1n}	Y_1	X_1
	产业 i（Sector i）	x_{i1}	x_{ij}	x_{in}	Y_i	X_i
	产业 n（Sector n）	x_{n1}	x_{nj}	x_{nn}	Y_n	X_n
最初投入/增加值（Value - added）		N_1	N_j	N_n		
总投入（Input）		X_1	X_j	X_n		

表 10.1 中第 j 列反映了第 j 个部门在生产过程中对其他部门产品的消耗以及增加值，即第 j 个部门在生产中的消耗结构。表格的第 i 行反映了第 i 个部门产品的分配去向和分配数量，即第 i 个部门的产出被其他部门所消耗的数量以及不进入生产过程的最终产品的数量。投入产出表被分割为四个象限，其中中间投入与中间使用的重合部分为第 Ⅰ 象限。这一象限是整个表格最基本的部分，同时也是最重要的部分，用来研究各部门之间的投入产出联系。行表示某部门的产品产出的分配情况，列表示某部门在生产过程中对其他部门提供的资源的消耗情况。第 Ⅰ 象限内任何一个元素 x_{ij} 都具有双重含义，即 j 部门对 i 部门的生产消耗量和 i 部门提供给 j 部门的产品分配量。右上角为 Ⅱ 象限，表示了各产业的产品不进入生产过程而直接作为最终产品使用的数量。左下角为第 Ⅲ 象限，表示国民收入的初次分配，也就是各产业的增加值。右下角为第 Ⅳ 象限，表示国民收入的再分配，目前无数据，暂不讨论。

从 1987 年编制出第一张实物型投入产出表后，我国逢年份尾数为 2、7 编制投入产出基本表，逢年份尾数为 0、5 编制投入产出延长表，延长表是对基本表的补充和完善。我国已经编制了 1987—2012 年投入产出表以及 1990—2015 年投入产出延长表。利用投入产出表，研究产业结构和产业间的关联效应，为完善市场经济结构，制定经济发展政策提供依据。

使用投入产出技术分析经济现象的工作原理是以投入产出分析理论为基础，投入产出表作为主要研究对象，基于投入产出表反映的基本内容和经济关系，通过相关系数的计算，揭示经济运行过程中各部门之间盘根错节的产业关联，各部门之间相互作用、相互依赖的关系。

（1）投入是指各部门在生产过程中对其他部门所提供的产品或服务的消耗，如劳动力、原材料等。投入可以分为中间投入和初始投入，中间投入为其他部门在生产过程中消耗的所有除固定资产之外的产品或服务；初始投入也称增加值，实质为生产过程创造的新增价值和固定资产的转移价值。

（2）产出是指生产过程中各部门创造的物品或服务，可以用来直接消费，也可以间接地用来生产。产出分为中间产出和最终使用，中间产出是那些作为原材料再次进入生产过程而被消耗的产品；最终使用是指产品不再进入生产流通过程，直接供最终消费和使用的物品。

行平衡关系如下：

$$\left.\begin{aligned}
X_{11} + X_{12} + \cdots + X_{1n} + Y_1 &= X_1 \\
X_{21} + X_{22} + \cdots + X_{2n} + Y_2 &= X_2 \\
\cdots\cdots\cdots\cdots \\
X_{n1} + X_{n2} + \cdots + X_{nn} + Y_n &= X_n
\end{aligned}\right\} \tag{10.1}$$

即 $\sum_{j=1}^{n} X_{ij} + Y_i = X_i (i = 1, 2, \cdots, n)$。

式中：X_{ij} 为 i 部门产出分配给 j 部门的中间使用；Y_i 为 i 部门的最终使用；X_i 为 i 部门的总产出。

列平衡关系如下：

$$\left.\begin{aligned}
X_{11} + X_{21} + \cdots + X_{n1} + N_1 &= X_1 \\
X_{11} + X_{21} + \cdots + X_{n1} + N_1 &= X_1 \\
\cdots\cdots\cdots\cdots \\
X_{1n} + X_{2n} + \cdots + X_{nn} + N_n &= X_n
\end{aligned}\right\} \tag{10.2}$$

即 $\sum_{i=1}^{n} X_{ij} + N_j = X_j (j = 1, 2, \cdots, n)$。

式中：N_j 为 j 部门的初始投入；X_j 为 j 部门的总投入。

除以上两个基本的平衡关系外，投入产出表还具有以下特性：

（1）总产出与总投入相等，适用于部门与整个国民经济。

（2）初始投入＝最终产出，即第Ⅲ象限与第Ⅱ象限在数量上相等。

10.4.2 高等教育投入产出模型的构建

首先将区域投入产出表中教育行业分为高等教育及其他教育两个细分产业。由于数据的缺失及限制，高等教育对其他行业的投入很难确定。这里假设高等教育对每个行业的投入均是整个教育行业对其他行业投入的一部分，那么：

$$X_j^h = \alpha_j X_j^e \tag{10.3}$$

式中：X_j^h 为高等教育（high education）对其他各行业的投入；X_j^e 为整个教育行业（education）对其他行业的投入；α_j 为系数，用来确定教育行业对其他行业的投入中高等教育所占的比例。由于数据的缺失，暂时可以用一个平均数来代替：

$$\alpha = \frac{X^h}{X^e} \tag{10.4}$$

式中，X^h 为高等教育的产值；X^e 为教育行业总产值。详见表 10.2。

表 10.2　价值型投入产出教育经费分解表

项目		中间使用（Intermediate Demands）			最终产出（Final Output）	总产出（Output）
		产业 1（Sector 1）	产业 j（Sector j）	产业 n（Sector n）		
中间投入（Intermediate Input）	产业 1（Sector 1）	x_{11}	x_{1j}	x_{1n}	Y_1	X_1
	产业 i（Sector i）	x_{i1}	x_{ij}	x_{in}	Y_i	X_i
	高等教育（Sector h）	x_{h1}	x_{hj}	x_{hn}	Y_h	X_h
	其他教育（Sector e）	x_{e1}	x_{ej}	x_{en}	Y_e	X_e
	产业 n（Sector n）	x_{n1}	x_{nj}	x_{nn}	Y_n	X_n
最初投入/增加值（Value－added）		v_1	v_j	v_n		
总投入（Input）		X_1	X_j	X_n		

根据投入产出行模型：

$$\sum x_{ij} + Y_i = X_i \tag{10.5}$$

引入直接消耗系数：

$$x_{ij} = a_{ij}X_j \tag{10.6}$$

可以推出：

$$a_{ij}X_j + Y_i = X_i \tag{10.7}$$

矩阵形式为：

$$AX + Y = X \tag{10.8}$$

整理可得：

$$X = (I - A)^{-1}Y = LY \tag{10.9}$$

其中 $L = (I - A)^{-1}$ 被称为里昂惕夫逆矩阵，Y 是最终需求，X 是各行业的总产出。

（1）影响力系数，指 j 产业部门在生产过程中每增加一个单位的最终需求，对国民经济各产业部门产出的拉动程度，计算公式为

$$F_j = \sum_{i=1}^{n} b_{ij} \bigg/ \frac{1}{n} \sum_{j=1}^{n} \sum_{i=1}^{n} b_{ij}(j = 1, 2, \cdots, n) \tag{10.10}$$

式中：b_{ij} 为列昂惕夫逆矩阵元素。

当 $F_j > 1$ 时，说明 j 部门的生产对国民经济其他部门产生的生产需求波及效应程度超过全社会平均影响水平。

当 $F_j = 1$ 时，说明 j 部门的生产对国民经济其他部门产生的生产需求波及效应程度等于全社会平均影响水平。

当 $F_j < 1$ 时，说明 j 部门的生产对国民经济其他部门产生的生产需求波及效应程度小于全社会平均影响水平。

因此，影响力系数越大，j 产业部门对社会其他产业部门产品的拉动作用越大，在国民经济中的支柱作用就越强，优先发展该产业对国民经济的增长将起到事半功倍的效果。

（2）感应度系数，指国民经济各产业部门均增加一个单位最终产品时，i 部门所受到的需求感应程度，计算公式为

$$E_i = \sum_{j=1}^{n} b_{ij} \bigg/ \frac{1}{n} \sum_{j=1}^{n} \sum_{i=1}^{n} b_{ij} \quad (i = 1, 2, \cdots, n) \tag{10.11}$$

当 $E_i > 1$ 时，说明 i 部门受到的感应程度高于社会平均感应度水平。

当 $E_i = 1$ 时，说明 i 部门受到的感应程度等于社会平均感应度水平。

当 $E_i < 1$ 时，说明 i 部门受到的感应程度低于社会平均感应度水平。

某产业部门的感应度系数越高，说明该部门受到其他部门的需求程度越

高,对经济的发展越起着较大的制约作用,尤其是经济增长过快时,这些产业部门将先受到社会需求的巨大压力,造成供不应求的局面,容易成为瓶颈产业,在经济结构调整时应该优先发展。

以感应度系数和影响力系数的社会平均值 1 为界限,以影响力系数作为横轴,感应度系数作为纵轴,将国民经济各产业部门分为四类:①敏感关联型:需求拉动力大、供给推动力大的产业部门,即强制约力、强辐射力的部门。②感应关联型:需求拉动力小、供给推动力大的部门。③影响关联型:需求拉动力大、供给推动力小的部门。④迟钝关联型:需求拉动力小、供给推动力小的部门。如表 10.3 所示。

表 10.3　国民经济各产业部门分类标准

项目	影响力系数大于 1	影响力系数小于 1
感应度系数大于 1	敏感关联型	感应关联型
感应度系数小于 1	影响关联型	迟钝关联型

10.5　实证分析

我国高等教育经费的来源具体包括国家财政性教育经费、民办学校经费、社会捐赠、事业收入以及其他收入五个部分,其中事业收入主要为学杂费,而其他收入主要包括附属单位交款与其他收入中扣除对校办产业投资收益之和。简单归类可将五大经费来源划分为两类,一类为财政性教育经费,另一类为非财政性教育经费。

从总量上看,我国高等教育经费一直呈现不断增加的态势,从图 10.2 可以看出,高等教育在整个教育系统中的经费获得比例从 2007 年的 31% 降至2016 年的 26%,呈逐年降低的趋势。

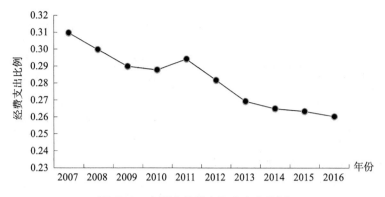

图 10.2 中国高等教育经费支出比例

以高等教育经费在整个教育行业经费中的比例作为系数将高等教育的产出从整个教育行业的产出中剥离出来,从而在投入产出表中新增"高等教育"产业。运用投入产出模型,分析高等教育产业对其他产业的直接波及效应,结果如表 10.4 所示。

表 10.4 中国高等教育对其他行业的直接波及效应

代码	部门	直接消耗系数		直接分配系数	
		大小	排名	大小	排名
1	农林牧渔产品和服务	0.0054	16	0.0000	38
2	煤炭采选产品	0.0013	24	0.0002	12
3	石油和天然气开采产品	0.0000	40	0.0000	36
4	金属矿采选产品	0.0000	40	0.0001	15
5	非金属矿和其他矿采选产品	0.0000	38	0.0001	26
6	食品和烟草	0.0215	4	0.0000	34
7	纺织品	0.0022	21	0.0000	40
8	纺织服装鞋帽皮革羽绒及其制品	0.0003	31	0.0001	31
9	木材加工品和家具	0.0000	37	0.0001	30
10	造纸印刷和文教体育用品	0.0225	3	0.0001	28
11	石油、炼焦产品和核燃料加工品	0.0068	13	0.0000	41
12	化学产品	0.0186	6	0.0001	32
13	非金属矿物制品	0.0023	20	0.0001	25
14	金属冶炼和压延加工品	0.0001	33	0.0000	42
15	金属制品	0.0020	23	0.0001	22

代码	部门	直接消耗系数		直接分配系数	
		大小	排名	大小	排名
16	通用设备	0.0010	28	0.0001	24
17	专用设备	0.0000	35	0.0001	20
18	交通运输设备	0.0000	36	0.0001	29
19	电气机械和器材	0.0000	34	0.0001	33
20	通信设备、计算机和其他电子设备	0.0020	22	0.0000	35
21	仪器仪表	0.0089	10	0.0001	18
22	其他制造产品	0.0000	39	0.0001	17
23	废品废料	0.0000	40	0.0000	37
24	金属制品、机械和设备修理服务	0.0002	32	0.0003	8
25	电力、热力的生产和供应	0.0056	15	0.0000	39
26	燃气生产和供应	0.0011	26	0.0001	27
27	水的生产和供应	0.0010	27	0.0002	9
28	建筑	0.0051	17	0.0001	16
29	批发和零售	0.0106	9	0.0002	13
30	交通运输、仓储和邮政	0.0258	2	0.0002	14
31	住宿和餐饮	0.0187	5	0.0001	23
32	信息传输、软件和信息技术服务	0.0141	7	0.0002	11
33	金融	0.0359	1	0.0015	3
34	房地产	0.0085	11	0.0001	21
35	租赁和商务服务	0.0056	14	0.0001	19
36	科学研究和技术服务	0.0074	12	0.0005	6
37	水利、环境和公共设施管理	0.0005	29	0.0008	4
38	居民服务、修理和其他服务	0.0113	8	0.0002	10
39	高等教育	0.0040	18	0.0040	1
40	卫生和社会工作	0.0003	30	0.0007	5
41	文化、体育和娱乐	0.0040	19	0.0005	7
42	公共管理、社会保障和社会组织	0.0013	25	0.0023	2

注：教育行业经费数据来自历年《中国教育统计年鉴》，2012 年投入产出表来自于国家统计局官网。表中系数前 4 位显示为 0，第 5 位以后的数值无法显示，但大小有所区别，故产业排名有所不同。

在社会整个产业链中，各个产业都是紧密联系在一起的。某个产业的生产，需要按一定比例得到其他行业的产品作为投入，从而增加其他行业的产出，这种拉动效应称为直接拉动效应，可以用直接消耗系数来衡量。从表10.4 中可以看到，高等教育拉动作用在金融、交通运输、仓储和邮政业、造纸印刷和文教体育用品、食品和烟草、住宿和餐饮及化学产品等行业明显。这些行业为高等教育的产出提供投入，与高等教育行业关系密切。高等教育的产出每多增加一个单位，与之关系最为密切的金融业可以提高 0.04 个单位的产出，而关系最为疏远的行业为石油及天然气、矿产采掘业及废品废料等行业，产出的提高程度近似为零。

　　某个行业的生产需要其他行业的产品作为投入，同时该行业的产出也会作为其他行业生产过程的投入。该行业的产出是如何分配到其他行业作为其他行业生产过程中的投入呢？可以用直接分配系数来衡量。表10.4 中的分配系数表示高等教育产业的产品作为中间投入分配到其他各行业的比例。该数值越大，表示高等教育对该行业的贡献作用越大；反之，表示高等教育对该行业生产的影响越小。如果高等教育的产能不能完全满足其他行业的需求，那么高等教育将会成为制约该行业发展的瓶颈。从表10.4 中可以看出对高等教育产品需求最大的产业集中在第三产业，比如公共管理、社会保障和社会组织，金融业，水利、环境和公共设施管理，卫生和社会工作，科学研究和技术服务等行业。这些行业在发展过程中需要高等教育提供强力的支持，例如更多的管理人才或者科技产品等。同时，这也说明我国高等教育对社会发展的贡献已经从制造业扩展到了服务业，符合我国国情及产业发展政策。

　　任何一个部门的生产都会由于其直接、间接消耗而在产业链上对其他各部门的生产产生波及作用。但是由于每一部门在产业链上的地位与作用不同，对其他部门波及的深度和强度也不同。影响力系数就是描述某一部门最终产出增加（或减少）一个单位的时候，对社会经济系统所有其他部门生产与服务的拉动效应，综合了直接和间接效应。其数值越大，表示该部门对其他产业部门的波及作用越大，进而对其他部门产出的影响越大。从表10.5 中可以看出，我国高等教育拉动效应最大的部门是通信设备、计算机和其他电子设备产业，系数大小为 1.5531，即高等教育每增加一个单位产出，通信设备、计算机和其他电子设备部门增加的产出是整个社会平均增加水平的 1.55 倍。对电气机械和器材的拉动作用排名第二，影响力系数是 1.4822。换言之，高等教育产出增加一个单位时，该部门产出的增量相当于所有社会总产出增量平均水平的

1.48 倍。影响力系数最小的三个产业是房地产、废品废料及高等教育产业，说明高等教育跟这几个行业的关联度最小。其中高等教育对本行业的影响力系数为 0.3661，即高等教育产出增加一个单位，对该行业的拉动作用仅为全国总产出增量平均水平的 1/3，充分说明国内高校之间的资金流动较少，相互依赖程度较低。

表 10.5　中国高等教育对其他行业的完全波及效应

代码	部门	影响力系数		感应度系数	
		大小	排名	大小	排名
1	农林牧渔产品和服务	0.5787	36	0.8563	19
2	煤炭采选产品	0.7464	32	2.0189	4
3	石油和天然气开采产品	0.6078	35	4.0690	1
4	金属矿采选产品	0.9504	24	3.1191	2
5	非金属矿和其他矿采选产品	0.8960	27	1.9620	5
6	食品和烟草	0.9688	22	0.6299	29
7	纺织品	1.2642	13	0.9566	17
8	纺织服装鞋帽皮革羽绒及其制品	1.2794	12	0.2941	38
9	木材加工品和家具	1.2297	14	0.6866	28
10	造纸印刷和文教体育用品	1.2247	15	0.9775	16
11	石油、炼焦产品和核燃料加工品	0.9947	21	1.5447	8
12	化学产品	1.3202	9	1.3815	10
13	非金属矿物制品	1.1766	17	0.7603	22
14	金属冶炼和压延加工品	1.3014	10	1.3121	11
15	金属制品	1.3703	8	0.8918	18
16	通用设备	1.3934	4	0.7826	21
17	专用设备	1.3805	7	0.4639	34
18	交通运输设备	1.4186	3	0.4837	33
19	电气机械和器材	1.4822	2	0.7076	25
20	通信设备、计算机和其他电子设备	1.5531	1	0.9973	14
21	仪器仪表	1.3890	6	1.4339	9
22	其他制造产品	1.2873	11	0.8143	20
23	废品废料	0.3325	41	2.5733	3
24	金属制品、机械和设备修理服务	1.3932	5	1.5581	7
25	电力、热力的生产和供应	1.1061	18	1.6180	6

续表

代码	部门	影响力系数		感应度系数	
		大小	排名	大小	排名
26	燃气生产和供应	0.9590	23	0.7033	26
27	水的生产和供应	0.8027	30	0.7082	24
28	建筑	1.2210	16	0.0537	40
29	批发和零售	0.4091	39	0.7026	27
30	交通运输、仓储和邮政	0.9147	26	0.9886	15
31	住宿和餐饮	0.7911	31	0.6206	30
32	信息传输、软件和信息技术服务	0.8168	29	0.4339	35
33	金融	0.5241	38	1.0589	13
34	房地产	0.3165	42	0.3246	37
35	租赁和商务服务	1.0399	19	1.1414	12
36	科学研究和技术服务	1.0076	20	0.7502	23
37	水利、环境和公共设施管理	0.8490	28	0.3588	36
38	居民服务、修理和其他服务	0.7370	33	0.5676	31
39	高等教育	0.3661	40	0.0592	39
40	卫生和社会工作	0.9497	25	0.0212	42
41	文化、体育和娱乐	0.7112	34	0.5125	32
42	公共管理、社会保障和社会组织	0.5729	37	0.0426	41

感应度系数指其他行业产出同时增加一个单位的时候，对高等教育产出的拉动效应，换言之，感应度系数代表了高等教育对其他行业的推动作用，揭示了其他产业对高等教育的需求程度。数值越大，其他行业对高等教育的需求越多，否则需求越低。表 10.5 中高等教育感应度系数最高的三个产业是石油和天然气开采产品、金属矿采选产品及废品废料产业，系数分别为 4.07、3.12、2.57。原因之一可能是这三个产业生产过程需要高层次的人力资源及高级科学技术作为支撑。系数最低的三个产业分别是卫生和社会工作，公共管理、社会保障和社会组织及建筑产业，说明这三个产业在生产过程中对高等教育的需求较少。

自 20 世纪 90 年代中期提出"科教兴国"战略后，各地高校坚持教育为本，把科技和教育摆在经济、社会发展的重要位置，致力于增强国家的科技实力及向现实生产力转化的能力，把重心从经济建设转移到依靠科技进步和提高劳动者素质的轨道上来，加速实现国家的繁荣强盛。从以上实证分析看出，高校产出的拉动作用集中在以手机、电脑等高科技设备为代表的通信设备、计算机和其他电子设备，以汽车为代表的交通运输业以及电器机械和器材等制造业充分显示了我国"科教兴国"、科学技术是第一生产力的政策落实情况。而推动作用却集中在采掘业中，例如，石油和天然气开采产品，金属矿采选产品，煤炭采选产品，电力、热力的生产和供应，及石油、炼焦产品和核燃料加工品等产业。这些产业产出每增加一个单位，需要高等教育提供相对较高的投入，换言之，高等教育是推动这些产业发展的关键，同时，也是制约这些产业发展的瓶颈。

上文分析了我国高等教育产业在整个产业链中的地位及其与其他产业之间的依赖程度，高等教育产业的发展可以有力地拉动或者推动其他产业的发展，尤其是制造业和矿床采掘业。但是高等教育对整个社会经济发展的贡献具体是多少呢？可以用高等教育的产出效应来衡量。产出效应是高等教育的产出增加一个单位时其他产业的产出增量。由投入产出模型可知，某一产业最终需求增加一个单位而引起其他产业产出的增量可以用公式 $\Delta x = L\Delta Y$ 来计算。结果如表 10.6 所示。

表 10.6　高等教育产业在社会经济中的产出效应

代码	部门	产出增量	排名
1	农林牧渔产品和服务	0.0404	7
2	煤炭采选产品	0.0136	19
3	石油和天然气开采产品	0.0181	16
4	金属矿采选产品	0.0056	30
5	非金属矿和其他矿采选产品	0.0033	32
6	食品和烟草	0.0508	4
7	纺织品	0.0110	22
8	纺织服装鞋帽皮革羽绒及其制品	0.0029	33
9	木材加工品和家具	0.0028	34
10	造纸印刷和文教体育用品	0.0418	6
11	石油、炼焦产品和核燃料加工品	0.0282	9
12	化学产品	0.0736	2
13	非金属矿物制品	0.0088	26
14	金属冶炼和压延加工品	0.0267	11
15	金属制品	0.0092	24

代码	部门	产出增量	排名
16	通用设备	0.0078	28
17	专用设备	0.0036	31
18	交通运输设备	0.0090	25
19	电气机械和器材	0.0098	23
20	通信设备、计算机和其他电子设备	0.0219	14
21	仪器仪表	0.0127	21
22	其他制造产品	0.0009	40
23	废品废料	0.0025	35
24	金属制品、机械和设备修理服务	0.0006	41
25	电力、热力的生产和供应	0.0276	10
26	燃气生产和供应	0.0022	36
27	水的生产和供应	0.0015	38
28	建筑	0.0079	27
29	批发和零售	0.0295	8
30	交通运输、仓储和邮政	0.0492	5
31	住宿和餐饮	0.0253	12
32	信息传输、软件和信息技术服务	0.0203	15
33	金融业	0.0604	3
34	房地产	0.0165	17
35	租赁和商务服务	0.0231	13
36	科学研究和技术服务	0.0132	20
37	水利、环境和公共设施管理	0.0013	39
38	居民服务、修理和其他服务	0.0151	18
39	高等教育	1.0042	1
40	卫生和社会工作	0.0005	42
41	文化、体育和娱乐	0.0058	29
42	公共管理、社会保障和社会组织	0.0018	37
	社会经济增量总计	1.7111	

　　由表 10.6 可知，高等教育的最终需求增加一个单位时，它本身的产出会增加一个单位。此外，该过程会间接引起其他产业产出的变化量，称为"间接效应"。产出效应是直接效应和间接效应的综合。当高等教育最终需求增加

一个单位，通过综合效应会提高社会经济产出 1.71 个单位，除掉高等教育本身 1 个单位的增量，会给社会经济带来 0.71 单位的产出增量，其中化学产品、金融、食品和烟草产业产出增量最高，分别是 0.07、0.06、0.05 个单位，反映了高校对化学、金融、食品和烟草产品的需求较高。相反，高等教育最终需求增加一个单位时，产出增量较少的产业是卫生和社会工作、金属制品、机械和设备修理服务、其他制造产品、水利、环境和公共设施管理、水的生产和供应、公共管理、社会保障和社会组织等，说明高等教育的产品及服务在上述部门中应用较少，对其拉动作用不明显，有待于进一步开发。

10.6　小　结

党的十九大报告提出实施教育强国、人才强国、科教兴国、创新驱动的发展战略，把教育放在优先发展的位置，这充分体现出新时代党对教育重要性的认识达到了新高度。教育不仅是实现中华民族伟大复兴的基础工程，也是增强人民获得感和幸福感的基本保证。我国财政性教育经费支出占国内生产总值比例连续五年保持在 4% 以上，每年新增 2000 亿元以上，教育投入的增加促进了教育事业的长足发展。

首先，教育投入的增加不仅促进了教育事业的发展，还通过投资乘数效应、吸纳劳动力就业效应和技术溢出效应对国民经济其他部门产生了影响。对新常态下的社会经济来说，推进科学研究与产业结合、改革人才培养模式、创新服务社会路径、加快传统优秀文化传承进程，为产业发展提供高端科学技术、校企合作研发平台、实践培训基地等，对促进经济规模扩大，产业结构优化升级，经济质量和效益提高，经济与环境协调发展，实现经济高质量发展具有重要作用。从本章实证分析来看，高等教育对制造业及采掘业的发展具有重要作用。

其次，高等教育的拉动作用集中在通信设备、计算机和其他电子设备，电气机械和器材及交通运输设备，仪器仪表等制造业部门。高等教育的产出每增加一个单位，大部分制造业的产出增加量都大于一个单位，说明高等教育在制造业的发展中可以起到事半功倍的作用。另外，此现象也体现了我国"科教兴国""创新驱动"战略思想的落实成就，高等教育通过创新、技术支持、高科技产品孵化等途径，有力地促进了我国制造业的发展。

再次，高等教育的推动作用集中体现在矿床采掘业方面，例如石油和天然气开采产品、金属矿产采选业及废品废料产业等。这些产业产出增加一个单位需要高等教育提供的投入远远大于一个单位，换言之，高等教育可能会成为采矿业发展的瓶颈，只有高等教育的发展才可以大力促进采矿业的发展。

最后，纵观中国整个产业链的发展，高等教育与农业及服务业关联度较低，原因之一是高等教育孵化的高科技产品技术在制造业中的应用最为广泛。所以在未来应该提高高等教育对农业及服务业的技术及产品支持，这也符合我国"以产业转型升级需求为导向"的发展思路，可以进一步加快生产性服务业发展，促进我国产业逐步由生产制造型向生产服务型转变。

参考文献

［1］ DORIS R. E, CONVISER R. Input – output analysis in education ［J］. The high school journal, 1969, 52 (4)：192 – 198.

［2］ COHN E, MILLMAN S D, Chew I K. Input – output analysis in public education ［J］. Ballinger Pub. Co. 1975.

［3］ HEON – GOO K, NAM – CHULL. Input – output analysis of the effect of education and research on the Korean economic structure ［J］. Journal of applied business research, 2011, 14 (2)：129.

［4］ GERA S, MANG K. The knowledge – based economy：shifts in industrial output ［J］. Canadian public policy, 1998, 24 (2)：149 – 184.

［5］ ANIA P, JAKOBI. The knowledge society and global dynamics in education politics ［J］. European educational research journal, 2007, 6 (1)：39 – 51.

［6］ JUNGBERG J. L. About the role of education in Swedish economic growth ［J］. Historical social research, 2002, 102 (4)：125 – 139.

［7］ CHONG – SUP K, Min – Kyung H. Education policy and industrial development：the cases of Korean and Mexico ［J］. Journal of international and area studies, 2010, 17 (2)：21 – 30.

［8］ DE WITTE K, LOPEZ – TORRES L. Efficiency in education：a review of literature and a way forward ［J］. Journal of the operational research society, 2017, 68 (4)：339 – 363.

［9］ DRUCKER J. Reconsidering the regional economic development impacts of higher education institutions in the United States ［J］. Regional studies, 2015, 50 (7)：1185 – 1202.

［10］ GOLDSTEIN H A. Estimating the regional economic impact of universities：an application of input – output analysis ［J］. Planning for higher education, 1990, 18：51 – 64.

［11］VALERO A，REENEN J V. The economic impact of universities：evidence from across the globe article（published version）（refereed）［J］. Economics of education review，2019，68：53 – 67.

［12］史仕新，金周英. 教育促进经济发展的作用机制分析［J］. 经济问题探索，2005（11）：22 – 28.

［13］李楠. 黑龙江省高等教育对经济增长的贡献研究［D］. 哈尔滨：哈尔滨工业大学，2007.

［14］刘宇. 教育对经济影响的测算方法［J］. 北京理工大学学报（社会科学版），2012（2）：152 – 156.

［15］李冠霖. 中日两国教育业的产业关联与波及特点比较［J］. 外国教育研究，2004（2）：29 – 33.

［16］李芳芝，李超. 中国教育业的产业关联及中美比较分析［J］. 统计与信息论坛，2013（12）：66 – 71.

［17］林石莲. 基于投入产出法对广东教育业关联行业影响的研究［J］. 发展改革理论与实践，2016（4）：50 – 56.

［18］冒小栋，冯梦思，温大鹏. 基于投入产出技术的江西教育部门产业关联分析［J］. 教育观察，2017，6（5）：12 – 15.

［19］舒尔茨·W. 人力资本投资：教育和研究的作用［M］. 蒋斌，张衡，译. 北京：商务印书馆，1990：18 – 19.

［20］曹阳龙. 我国区域高等教育投入产出能力评价［D］. 重庆：西南交通大学，2006.

［21］陈通，白建英. 西部地区高等教育投入产出相对有效性的评价研究［J］. 西北农林科技大学学报（社会科学版），2003（2）：102 – 105.

［22］丁宝根，罗志红. 江西省高等教育投入产出效率的测度与评价：基于国贸本科专业相关数据的考察［J］. 辽宁教育行政学院学报，2019，36（3）：103 – 107.

［23］郭燕芬，柏维春. 我国学前教育经费投入—产出效率分析及政策建议［J］. 学前教育研究，2017（2）：3 – 16.

［24］侯丹. 基于 DEA 方法的湖北省高等教育投入产出效率研究［D］. 武汉：华中科技大学，2013.

［25］黄林芳. 高等教育投入产出主成分分析［J］. 财经研究，2005（7）：112 – 122.

［26］卢剑峰，郑盼盼. 基于 DEA 法的高等教育投入产出效率评价：以辽宁部分高校为例［J］. 中小企业管理与科技，2015（1）：56.

［27］罗伟明. 基于熵值法的高等教育投入产出评价模型及其应用［J］. 科教导刊，2011（23）：143 – 144.

［28］孙凤，张浩凌，罗振男. 教育部门的投入溢出效应分析：基于投入产出法的计算

[J]. 清华大学教育研究, 2018, 39 (5): 38 – 47.

[29] 唐文忠. 我国高等职业教育投入产出的经济学分析与对策思考 [J]. 福建师范大学学报 (哲学社会科学版), 2015 (2): 15 – 21, 166.

[30] 詹秋泉, 林海明. 我国高等教育投入产出效率及影响因素实证分析 [J]. 高教学刊, 2018 (7): 186 – 187, 190.

[31] 张宏. 提升区域高等教育投入产出效率的对策研究: 基于 DEA 方法和 TOBIT 模型分析 [J]. 教育评论, 2015 (10): 80 – 83.

[32] 赵素杰, 张长青. 少数民族高等教育投入产出探析: 兼论高校毕业生质量评价问题 [J]. 北方经贸, 2015 (4): 36 – 37.

[33] 梁军, 赵青. 教育人力资本及其溢出效应对中国科技创新的影响研究: 基于省际面板数据的经验分析 [J]. 上海大学学报 (社会科学版), 2018, 35 (6): 122 – 131.

[34] 包耀东, 李晏墅, 程林. 高等教育与江苏经济增长关系的实证研究 [J]. 黑龙江高教研究, 2019, 37 (5): 17 – 21.